먼저 읽은 독자의 글

교육은 책에 나온 대로 되지 않는다. 살아 있는 사람의 상호작용이라서 그렇다. 이 책에는 저자들이 학교 자치를 위해 노력하는 과정에서 겪은 갈등, 부딪침, 성공 또는 실패 사례가 고스란히 담겨 있다. 학교를 좋게 바꿔보려고 애쓰다 지친 사람이 이 책을 집어 들면 좋겠다. 학교자치를 궁리하다 막힌 지점의 돌파구를 반갑게 발견하게 될 것이다. 나만 그랬던 게 아니구나, 내가 간과한 디테일이 이거였구나, 다시 해보고 싶다, 하는 마음이 들 것이다. 동지를 얻은 듯 든든하다. ─ 최가진_광주중앙고등학교 교사

오아시스를 만난 기분이다. 학생자치에서 학교자치까지 현장 교사들이 직접 체득한 경험 이야말로 가장 소중하고 공감가는 이야기다. 학교 민주주의 실현을 갈망하는 선생님들에게 마중물 역할을 하는 지침서가 될 것이라 확신한다. ─ 류승희_판교중학교 교장

정말 반가운 책이다. 학교자치와 민주주의에 대한 이론과 실천, 그리고 현장의 세밀한 고민들이 살아 있는 언어로 말을 걸어온다. 민주주의의 의미, 개인과 공동체의 관계, 학생의 자유와 교사의 역할, 학부모 참여의 의미 등 한번쯤 꼭 짚고 넘어갔으면 하는 문제들을 쉽고 깊이 있게 풀어주고 있다. 학교 자치를 고민하는 교사, 학부모라면 꼭 읽어보기를 권한다. 자칫, 행정업무로 여기기 쉬운 학교자치가 진정한 교육의 영역으로 보이기 시작할 것이다. ─ 정해진_교육철학 박사, 전 덕양중학교 학부모회장

경험과 실천에 의한 생생한 이야기로 마치 내가 교사가 되어 학생들과 함께하는 느낌을 받았다. 아이들을 사랑하며 더 나은 학교를, 나아가 더 나은 사회를 만들기 위한 저자들의 치열한 고민의 과정을 보며 '나는 훗날 어떤 교사가 될 것인가'에 대해 생각해볼 수 있었다. 이 책을 통해 교직을 꿈꾸는 청소년이나 대학생들이 교육 현장의 현실과 실천, 그리고 희망을 공유했으면 하는 바람이다. ─ 정세현_가톨릭대학교 사회학과 학생

자유 속에서 어떻게 자기 생각을 드러낼지, 민주주의 안에서 우리가 어떻게 행동할지를 생각하게 하는 책입니다. ─ 강정연_배곧해솔중학교 학생

학부모자치를 학교자치의 동반자로 다루고 있어 반가웠다. 학교 참여 활동에 주저하는 학부모님들이 읽고 힘내서서 건강한 교육 시민으로 성장했으면 좋겠다.

박은진_전국혁신학교학부모네트워크 전국대표

이 책의 저자들은 오랜 시간 학교민주주의를 실천하며, 잎새에 이는 바람에도 괴로워하듯 자신의 교육을 성찰하였다. 이 책을 통해 저마다의 생각과 가치들이 더해져 마침내 우리가 학교자치로 연결되기를 바란다. 그 과정이 만만치 않겠지만 교사는 광장의 민주주의를 학교와 교실로, 일상의 민주주의로 이어가야 하는 실천가들이다.

이홍근_경기도교육청 민주시민교육과 장학사

학교자치는 교육 관련 컨퍼런스나 세미나의 단골 메뉴다. 새로운 시대에 맞는 슬로건임에 틀림없지만 컨퍼런스에서 말하는 학교자치는 억지로 해야 하는 숙제거나 아직 오지 않은 먼 나라 이야기가 많았다. 그런데 이 책 속에는 아이들과 울고 웃으며, 동료와 손 잡고 해나가는 생생한 학교자치의 이야기가 있다. 일상만으로도 버거운 학교 현장에서 기꺼이 용기 내어 시작하는 선생님들의 건투를 빈다.

조윤금_한솔고등학교 교감

자기 일을 스스로 다스리는 게 자치다. 무엇을 할 것인가, 하지 않을 것인가를 결정하고 행동하는 것. 그 결정과 행동이 나만을 위한 것이 아니라 다 함께 즐겁고 행복한 세상을 위해 노력하는 게 민주시민의 자질이 아닐까. 여러 선생님의 경험, 생각, 성찰이 담긴 이 책과 함께 더 많은 학교가 학생들이 삶을 사는 공간, 삶을 배울 수 있는 공간으로 거듭나면 좋겠다.

최호영_이우고등학교 학생

최근 우리 반은 복도에서 벌어지는 잦은 다툼 때문에 학급회의에서 되도록 복도에 나가지 않기로 규칙을 정했다. 옆반 친구들이 그런 사정을 모르고 우리 반에 놀러오면 다툼이 생겨 갈등이 심해졌다. 그런데 이 책을 읽고 이 문제는 우리 학년 친구들 모두의 마음이 모여 함께 결정해야 하는 거라는 걸 알게 되었다. 학년다모임이 필요하다는 생각이 든다. 2학기가 되면 이 책에서처럼 학년다모임을 꼭 건의해보고 싶다.

임치영_석곶초등학교 학생

SCHOOL AUTONOMY

교사들이 들려주는 학교자치 현장의 이야기

학교자치를 말하다

초판 1쇄 발행 2021년 8월 23일
초판 2쇄 발행 2022년 6월 20일

지은이 백원석 서강선 이강복 이민영 정신영숙 정태윤 정해은 조성현

발행인 김병주
COO 이기택 **CMO** 임종훈 **뉴비즈팀** 백헌탁, 이문주, 백설
행복한연수원 이종균, 반성현, 이보름
에듀니티교육연구소 조지연 **경영지원** 박란희
주간 이하영 **디자인** 정혜미

펴낸 곳 (주)에듀니티
도서문의 070-4342-6114
일원화 구입처 031-407-6368 (주)태양서적
등록 2009년 1월 6일 제300-2011-51호
주소 서울특별시 종로구 인사동5길 29 태화빌딩 9층
출판 이메일 book@eduniety.net
홈페이지 www.eduniety.net
페이스북 www.facebook.com/eduniety
인스타그램 www.instagram.com/eduniety/
　　　　　　www.instagram.com/eduniety_books/
포스트 post.naver.com/eduniety

ISBN 979-11-6425-095-0 (13370)
값은 뒤표지에 있습니다.

문의하기

투고안내

SCHOOL
AUTONOMY

학교자치를 말하다

교사들이 들려주는 학교자치 현장의 이야기

백원석·서강선·이강복·이민영·정신영숙·정태윤·정해은·조성현 지음

에듀니티

고민은 실천이, 실천은 책이 되었다

전작 《학생자치를 말하다》(백원석·이민영·조성현 지음, 에듀니티, 2017)를 펴낸 지 어느새 4년이 되었다. 매일의 일상에 치여 '세상이 뭐라도 바뀌고 있는 것일까?' 좌절하다가도, '만일 10년 전 학교의 모습으로 돌아갈 수 있는 방법이 있다면 갈 것인가?'라고 스스로 물었을 때 주저하게 되는 우리 모습을 보면, 교육 현장은 조금씩이라도 변화하고 있다는 것을 믿게 된다. 그 변화가 저자들이 함께 고민하는 교육의 방향성과 궤를 같이하기를 바란다.

지난 4년 동안 책의 깊이에 어울리지 않게 과분한 관심을 받았다. 학생자치에 관심이 많은 선생님과 학생들을 만날 수 있었고, '소중한학생자치실천연구회'를 통해 학교에서 실천할 수 있는 인권과 자치, 생활공동체와 관련된 이야기꽃을 피웠다. 저자들은 때마다 우스 갯소리로 '발'로 쓴 책이라는 것을 강조했는데, 이에 대한 반응으로 매끄럽지 않은 글솜씨를 질책하기보다, 투박한 실천에 큰 점수를 주신 것 같아 감사하다. 무엇보다 '나도 책을 쓸 수 있겠다'라고 이야기한 선생님들의 용기에 박수를 보내며 보람을 느낀다.

　아쉬운 것은 여전히 자치가 변방에 있는 점이다. 학교 현장에서 자치는 업무 담당자만의 고민과 짐으로 취급되고 있고, 학교장과 담당자의 관심 정도에 따라 실천의 폭이 너무도 다른 현실을 보게 되었다. 한편으로 이 과정에서 대다수 교사의 역할이라고 할 수 있는 담임교사의 입장에서 바라보는 학급자치에 대한 요구의 목소리도 들을 수 있었다. 아울러 날로 중요성을 더해가는 민주시민교육의 측면에서 학교자치를 어떻게 바라볼 것인가에 대한 숙제도 안게 되었다.

　결국 이 모든 고민은 교실민주주의와 학교자치의 실천으로 귀결된다. 그동안 교육과정의 목표가 수없이 바뀌었지만, 여전히 그리고 앞으로도 학생들을 공동체 의식을 갖고 더불어 살아가는 민주시민으로 기르는 것이 공교육의 핵심 목표가 될 것이라 생각한다. 그런데 과연 우리 교실과 학교에서 민주주의의 실천이 가능한 것일까? 쉽지 않은 길이다. 또한 개별 담임교사 혹은 업무 담당교사 개인의 능력 밖에 있는 문제이다.

그래서 이러한 고민을 동료 교사들과 함께 다시 한번 책을 통해 풀어가려고 한다. 학생자치실천연구회가 학교자치실천연구회로 확장되어 만나게 된 여러 교사들이 참여하여 현장에서 자치와 교실민주주의를 실천한 이야기를 풀어낸 만큼 전작보다 좀더 다양한 눈높이로 다가갈 수 있으리라 기대한다. 바쁜 와중에도 함께 머리 맞대어 고민하고 소중한 글을 내어준 선생님들께 감사드린다.

여러 명이 함께 글을 쓰다 보니 책을 발간하는 과정이 곧 작은 민주주의를 경험하는 시간이었다. 학교 현장에서 저자들에게 실천의 용기와 함께하는 즐거움을 알려준 모든 학생과 동료 교사, 인터뷰에 참여해주신 학부모님께 깊은 사랑과 감사를 드린다. 부족한 글이 누군가에게는 희망이 되고, 어떤 이에게는 용기가 되어 학교자치가 제도와 문화로 모든 학교와 교실에 뿌리내리기를 간절히 바란다.

2021. 7.

소중한학교자치실천연구회

학교자치로 사람을 만나다

2019년은 '학교자치 원년'이라고 말해도 부족하지 않습니다. 전라북도, 광주 광역시, 경기도에서 차례로 학교자치 관련 조례를 발표하고, 조례에 따라 단위학교에서 기존에 있던 학생회, 학부모회에 교직원회를 더해 학교자치기구를 구성하기 시작했습니다. 법과 제도가 바탕을 이루면서 학교마다 학교자치가 이루어질 것처럼 보였습니다.

그런데 실제 학교에서는 그런 꿈 같은 일은 벌어지지 않았습니다. 공문의 원활한 처리와 완벽한 보고를 목표로 빠르고 효율적으로 학교자치를 실행할 뿐이었습니다. 물론 이런 시각은 이 책을 쓰는 사람들이 듣고 경험한 학교에 한정된 것이지만, 민주주의와 자치를 지지하는 법과 제도가 완벽히 만들어졌다고 해서 그것이 완성되었다고 자신할 수 없는 것은 사실입니다. 왜냐하면 민주주의와 자치는 사람의 이야기이기 때문입니다.

어떤 사람들이 함께 이야기하고, 어떻게 공동체를 만들었느냐에 따라 민주주의와 자치는 달라집니다. 학교는 매년 구성원이 바뀌기 때문에 계속 민주주의와 자치를 새로 시작해야 합니다. 올해 잘되었다고 내년에도 잘될 거라 확신할 수 없고, 한 번 실패했다고 다음 기회가 없는 것도 아닙니다. 서로를 알아가고 사람을 믿으면 공동체는 형성됩니다.

그래서 저희 책도 사람으로 시작하려고 합니다. 단순히 이름과 경력을 나열하지 않고 우리가 만든 공동체(소중한학교자치실천연구회)에서 각자가 서로의 역할을 어떻게 해냈는지를 중심으로 말씀드려볼까 합니다. 아래 소개 글은 저자 중한 명인 서강선 선생님이 예리한 눈과 따뜻한 시선으로 글쓴이들을 바라보면서 작성했습니다. 소개 글 뒤에 숨어 있는 매력은 책 속에서 발견하시기 바랍니다.

이민영 선생님

우리 연구회에서 단단한 생각을 맡고 있습니다. 든든하고, 함께 있는 것만으로도 흐뭇합니다. 우리가 함께 책을 쓸 수 있겠다는 생각을, 민영 샘의 글을 읽고 했었죠. 철학적이고 학술적인 글과 따뜻한 일상의 글을 오가는 모습은 놀랍습니다. 소명여자중학교에서 아이들과 함께 뮤지컬, 영화, 축제를 만들고 있습니다.

백원석 선생님

행동을 담당하고 있습니다. 한때 교문에서 배꼽인사 하면서 이상한 학생부장으로 살았는데, 현재는 장곡중학교에서 학교 자치를 위해 선생님들과 의기투합 중입니다. 원고가 더이상 늦어지지 않도록 보이지 않는 채찍을 들고 있었습니다. 그러면서도 늘 '잘하고 있다'고 말하며 다른 손에 든 당근을 슬쩍 내밀었습니다.

정신영숙 선생님

다양한 아이디어, 다른 생각과 마음을 담당하고 있습니다. 고등학교에서 고군분투하며 학생자치와 학교자치를 가꿔가는 선생님의 이야기는 들을 때마다 두근거리고 탄성을 내지르게 됩니다. '어떻게 저렇게 할 수 있지?'하고 말이죠. 조금은 다른 시각, 멋진 아이디어가 반짝입니다. 지금 구리여자고등학교에서 아이들과 매일을 보내고 있습니다.

이강복 선생님

바름과 정돈을 담당하고 있습니다. 화상회의에서 반바지 입은 강복 샘을 처음 보았습니다. 정장이 몸에 붙어 있는 줄 알았는데 말이죠. 발랄한 아이들과 함께하면서 매일 아이의 사진을 보내주시는 걸 보면 정장 속에 감춰둔 따뜻한 마음이 느껴집니다. 아이들 기억에 단정하고 바르면서도 따뜻한 교사로 기억되겠죠? 지금 배곧한울초등학교에서 아이들과 만나고 있습니다.

정해은 선생님

움직임과 에너지를 담당하고 있습니다. 초등학생들이 자유로운 생각을 바탕으로 다른 사람들과 만나고, 연대할 수 있도록 먼저 길을 내주는 교사입니다. 아이들의 의견을 모아내고 이견을 함께 조율할 수 있도록 만드는 일은 쉽지 않죠. 그런 면에서 에너지를 잘 관리하고 그걸 움직임으로 적절히 배분해나가는 사람입니다. 산들초등학교에서 아이들과 만납니다.

정태윤 선생님

우리 연구회에서 자유를 담당하고 있습니다. 처음부터 끝까지 '이 정도면 되지 않을까?'하는 마음을 끊어내도록 해주었습니다. 자유에 관한 멋진 생각을 가진 사람이라고, 아이들과의 이야기 속에 성장하는 모습을 보여주는 사람이라고 생각합니다. 인터뷰하고 쓰고 고치는 내내 차분하면서 발랄한 건 어떻게 하는 걸까요? 경기스마트고등학교에서 아이들과 만납니다.

서강선 선생님

우리 선생님들에 관해 적고 있는 접니다. 연구회에서 관찰을 담당하고 있습니다. 상대방의 의중을 꿰뚫는 수준은 아니지만, 지켜보는 걸 좋아합니다. 학생자치도, 학교자치도 모두의 관계 속에서 만들어진다고 생각합니다. 그 사이사이를 지켜보고 싶습니다. 장곡중학교에서 아이들을 만나고 있습니다.

조성현 선생님

지금은 시흥교육지원청에서 장학사로 일하고 있지만, 선생님이 더 어울리기 때문에 선생님이라고 부릅니다. 아이들을 좋아하고 아이들과 '이렇게 할 수 있지 않겠니?' 이야기 나누는 걸 좋아하는 교사입니다. 우리 연구회에서는 연결을 담당하고 있습니다. 우리는 모두 조성현 선생님 덕분에 서로를 만날 수 있었고, 함께 생각을 모아낼 수 있었습니다.

차례

1장

학교민주주의

2장

교실민주주의

3장

학생자치

1장

학교
민주
주의

책을 처음부터 꼼꼼하게 읽는 분을 만났네요. 반갑습니다. 책 중간중간에 등장해 어떤 고민 속에서 이런 글을 쓰게 되었는지 말씀드리겠습니다. 이 장에 어떤 글을 배치하고 싶었는지, 그런 위치에 놓인 글로 무슨 생각을 함께 나누고자 했는지 이야기해보려고 합니다. 이렇게 묶인 글로 전달하고 싶은 진심에 관해서도 말씀드리고 싶고요. 진심이라니, 조금 거창할지도 모르겠습니다. 사실, 글이 독자에게 전달되었다면 어떻게 읽어내더라도 좋다는 마음으로 믿고 맡겨야 한다는 것을 알고 있습니다. 조바심과 직업병으로 자꾸만 말을 덧붙이고 있는 것은 아닌지, 속으로 갈등이 많습니다. 혹시 이런 덧붙임이 방해된다고 생각하신다면 이 페이지들을 훌쩍 넘어 본문으로 바로 들어가셔도 좋습니다. 하지만 한 편의 글이 나오기까지 우리가 어떤 대화를 나누었는지, 어떤 생각으로 이런 구성을 선택했는지 궁금하시다면 잠시 읽어주세요. 한 권의 책에 모든 것을 담을 수 없었다는 아쉬움을 함께 메울 수 있지 않을까 합니다.

1장은 학교와 교실에서 만나는 민주주의라는 단어에 대해 곰곰 생각한 글입니다. 특히 학교민주주의의 발견이 교실에서 시작되면 좋겠다는 바람을 담았습니다. 또한 민주주의가 모든 사람이 동의하는 완전체의 모습이 아니라는 생각을 담았습니다. 민주주의라는 말은 함께 있는 자리에서 존재감을 드러냅니다. 여러 사람이 다양한 생각으로 모인 학교와 교실에서 민주주의는 어떤 모습으로 보이고, 또 보여야만 할까요? 학교자치는 학교민주주의와 어떤 관계에 놓인 걸까요? 학교 여기저기에 자세히 들여다보고 싶지는 않았던 민주주의에 관한 상자가 늘 놓여 있습니다. 그 상자에서 민주주의를 꺼낸다면 어떻게 바라보아야 할지 고민했습니다. 꽁꽁 담겨 있던 민주주의가 상자 밖으로 나온다면, 학교의 문화와 교실의 공기가 모두 아름다운 모습을 찾을 수 있을까요? 폭력에 물들지 않고, 서로를 소외시키지 않는 자유를 가진 그런 모습으로요. 그런 시각과 만남을 추구하는 글들입니다. 자, 이제 그 상자를 저희와 함께 열어보시겠어요?

학교는 민주주의를 원하는가?

학교에 대한 기억을 만드는 것

몇 년 전 일이다. 아직 꽃샘추위가 옷깃을 여미게 하는 3월 둘째 주쯤으로 기억한다. 조금이라도 일찍 출근하려고 부지런히 학교 계단을 오른 나는 복도에서 새로 부임한 선생님을 만났다.

"안녕하세요… 선생님…."

이상하다. 왜 저렇게 기운이 없고 표정이 좋지 않을까? 의아하게 생각할 만한 것이 2월 교육과정 수립 워크숍 때 초임교사 특유의 밝은 첫인상을 기억하기 때문이었다. 아니, 지난주만 해도 출근길에 만나면 활기찬 인사를 건네어 아침을 기분 좋게 열어주던 선생님이었다. 그랬던 그의 표정이 무언가 부자연스러운 모습으로 변한 것이다. 그런 표정이 하루가 아니라 며칠간 계속되었다. 그래서 걱정스러운 마음에 물어보게 되었다.

"선생님! 요 며칠 표정이 안 좋으신데 무슨 일 있으세요?"

"아… 그게… 어떤 선배 선생님께서 3월에 아이들을 꽉 잡아야 1년이 편하다고 말씀하셔서 일부러 좀 무서운 표정을 하고 있는 거예요. 그런데… 제가 잘 못하죠?"

다소 겸연쩍은 표정으로 이야기하는 후배 교사에게 하마터면 '네, 선생님! 표정이 너무 부자연스러워요'라고 말할 뻔했다. 서로 어색한 웃음과 목례로 헤어진 후 교무실 자리에 멍하니 앉은 나는 머릿속이 무거워졌다. 초임 시절, 나 역시 학생부장 선생님에게 여러 번 들었던 말이 있다. 이번 경우와 토씨 하나 다르지 않은 말이다.

"3월에 아이들을 꽉 잡아야 1년이 편하다!"

최고의 요리 레시피도 아니고 절세 무공의 비급도 아닌 교사들의 학급관리 비법은 이렇게 신성시되며 꾸준히 구전되고 있다. 무척이나 밝았던, 하지만 며칠 사이에 딱딱하게 굳어버린 초임 선생님의 얼굴이 좀처럼 잊히지 않는다. 학교에 대한 이러한 기억이 학교의 이미지를 형성한다. 학교는 누구나 일정 정도의 기간 동안 거쳐야 하는 곳이다. 그런데, 사람들에게 학교는 어떤 기억을 남기고, 어떤 이미지를 주었을까?

출퇴근 때마다 오가는 길이 있다. 지하철역에서 학교까지 10분 남짓 걷게 되는 거리다. 꽤 긴 시간이 흐르는 동안에도 크게 변하지 않은 시장 골목길을 지나노라면 더러 낯익은 사람들과 마주치게 된다. 그중에는 제자들도 있다. 담임으로 만났거나 동아리를 함께한 친구도 있고, 이름과 얼굴 정도만 아는 친구들도 있다. 물론 개인적인 친분 정도에 따라 다르긴 하지만, 학생들은 모교 교사인 나를 알아보고도 내 눈빛을 피한다. 바빠서일까, 부끄러워서일까, 아니면 나에 대한 감정이 안 좋아서 그러는 것일까? 나도 애써 아는 척하지 않으며 지나가지만 어쩐지 마음 한구석이 허전해지곤 한다.

졸업한 제자들을 이런저런 우연과 인연으로 다시 만나곤 하는데 모교로 교생실습을 나오기도 하고, 우리 반 학생들이 다니는 학원의 선생님이 되어 있기도 하다. 연예인이 된 제자의 활약상을 TV에서 보게 되는가 하면, 학부모로 재회하기도 한다. 얼마 전, 10여 년 전에 졸업한 두 사람의 제자와 각각 연락이 닿았는데, 그들의 똑같은 반응에 무척 놀란 적이 있다. 그들은 내가 담임했던 반의 학급 임원이었다. 늘 밝고 활기차게 생활하던 모습이 지금도 내 기억에 생생하게 남아 있다. 그런데 그 친구들은 나를 비롯한 학교 선생님들이 그 시절의 자신을 어떻게 기억할까를 무척 걱정하는 것 같았다. 모범적이지 않고 말썽 부린 학생으로 기억하고 있지는 않은지 두려워했다.

그래, 그런 두려움에서 나오는 눈빛이었구나. 내가 출퇴근길에 마주치곤 하던 졸업생들은 최근에 연락이 닿은 두 친구보다 소극적이고 평범하다. 그들은 자신의 학창 시절을 떠올리게 하는 이 앞에서 움츠러들고 만다. 교사의 기억 속 학생의 모습과 학생의 기억 속 교

사와 학교의 모습은 얼마나 다르고, 그 거리는 얼마나 먼 것일까. 민
주주의와 자치를 권력과 소통의 문제로 바라본다면, 우리는 이미 학
교에서 그 출발선의 기울기를 충분히 경험하고 있는 셈이다.

　2015년부터 대학에서 교직과목 강의를 하고 있다. 학교폭력과 학
생자치에 관한 과제를 통해 학생들의 중고등학교 시절 경험을 생생
하게 듣는다. 좋은 추억을 이야기하는 학생들도 있지만, 대부분의
학생들이 학교에 대한 불편한 기억들을 소환한다. 지난 학기 한 학
생의 과제가 내 마음을 무척 아프게 했다. 학생의 허락을 받고 과제
일부를 소개한다.

> 나는 선생님에 대한 좋은 추억이 별로 없다. 초등학교
> 6년, 중학교 3년, 고등학교 3년의 학교생활 중 내가 생
> 각하는 좋은 선생님은 딱 한 분이다. 어떻게 보면, 한 분
> 밖에 없는 것이 아니라, 한 분이나 있는 것이라고 볼 수
> 도 있다. 초등학교 3학년 때 숙제를 하지 않았다고 무
> 릎을 꿇고 벽에 머리를 박게 했던 담임선생님, 4학년 때
> 학생들의 의견은 무시하고 수업 시간마다 소리를 지르
> 던 담임선생님, 중학교 1학년 때 화장을 한다는 이유로
> 화장품을 다 뺏어가던 담임선생님과 '네가 그렇게 하니
> 까 그렇게 밖에 못 사는 거야'라고 말하던 도덕 선생님,
> 고등학교 1학년 때 대놓고 공부를 잘하는 학생과 잘하
> 지 못하는 학생을 차별하던 담임선생님, 2학년 때 잘못

했다는 이유로 복도 바닥에 무릎을 꿇게 했던 담임선생님. 이 밖에도 다른 여러 선생님들이 있지만, 위에서 말한 분들이 나에게 가장 안 좋은 기억으로 남아 있는 선생님들이다.

여러 기억 중 제일 충격적인 것은 고등학교 2학년 때 나에게 무릎을 꿇으라고 한 담임선생님에 대한 기억이다. 그 선생님은 학생들에 대한 관심이 다른 선생님에 비해 현저히 적었고 학생들을 위한 일을 하는 것을 굉장히 귀찮아했다. 이 선생님이 나와 친구들에게 무릎을 꿇으라고 해서 어쩔 수 없이 무릎을 꿇은 일은 나에게 아주 치욕스러운 사건이다. 시간이 지난 지금도 치욕스럽고 화가 난다. 우리가 체육 시간에 체육복을 갈아입느라 운동장에 조금 늦게 나갔다고 무릎을 꿇렸다. 체육시간에 늦게 나간 것은 잘못이지만 꼭 그런 방식으로 벌을 줘야만 했을까? 쉬는 시간 10분 동안 학급 모든 아이들이 체육복을 갈아입는 것은 사실 어려운 일이다. 화장실에서 갈아입어야 하지만 화장실의 칸 수는 아이들이 한꺼번에 체육복을 갈아입는 것을 감당할 수 없었다. 먼저 화장실에 들어간 아이들을 기다리고 그 다음에 들어가 갈아입으면 항상 쉬는 시간이 끝나는 것을 알리는 종이 쳤다.

무릎을 꿇린 담임선생님과 뒤에서 '쯧쯧'거리며 쳐다보

던 학생부장 선생님의 표정 또한 잊히지 않는다. 그 사건으로 큰 상처를 받았지만, 나는 담임선생님에게 어떠한 말도 하지 못하고 거짓된 얼굴로 선생님을 대할 수밖에 없었다. 만약 내가 담임선생님, 부장교사였다면 절대 아이들을 이런 식으로 혼내지 않았을 것이다.

탈의실이 없어 화장실에서 급하게 체육복을 갈아입다 수업에 늦어 벌을 받았던 억울한 마음이 전해지며 속상하고 미안했다. 걸핏하면 무릎을 꿇고 벌을 받았던, 이유도 묻지 않고 그 모습을 경멸하듯이 바라보던 선생님들 시선이 난무했던 내 중학교 시절이 생각나 심한 감정 이입이 되었다. 과제를 작성한 학생은 '치욕'이라는 표현을 몇 번이나 사용했다. 억울하게 무릎을 꿇어본 사람은 그 표현이 과장이 아님을 안다. 일부 교사의 개인적인 문제로 볼 수도 있겠지만 대체로 '교사(문화)=학교(문화)'라는 등식이 성립한다. 전작에서 밝혔듯이 인간은 자신이 속한 사회체제나 문화를 벗어나기 어렵고 교사 또한 마찬가지이다. 폭력적인 문화가 지배적이었던 내 중고등학교 시절의 선생님들이나 교직 초년기에 깊은 생각 없이 아이들에게 체벌을 했던 나 역시 여기서 자유롭지 못하다.

교사들은 자신에게 주어진 알량한 권력으로 작은 사회의 지배자가 된다. 아이들은 처음 맞이하는 사회라고 할 수 있는 학교에서 무릎을 꿇으며 굴복을 강요받는다. 체벌과 반인권적 규정은 폭력과 전체주의적 DNA를 우리 몸속에 넣어 자라게 한다. 수직적인 관료 체제, 과밀 학급, 제왕적인 학교 의사 결정 구조, 경쟁과 성과 위주의 교실 문화, 폭력적인 환경에서 자란 교사의 한정된 경험은 이를 철저히 방관 혹은 조장한다. 구조적인 학교폭력의 피해자는 골목에서 교사를 마주치거나 예전 선생님께 연락이 오면 기쁘고 그립기보다 자신도 모르게 먼저 움츠러드는 몸의 기억을 느끼게 된다. 여전히 사라지지 않고 있는 개인적 학교폭력도 구조적인 폭력에서 파생된다고 할 수 있다. 평화롭지 않은 학교와 가정에서 배우고 자란 우리의 아이들은 폭력에 노출되기 쉽다. 구조적 폭력의 피해자만큼 개인적 학교폭력의 피해를 경험한 아이들도 가해자 앞에서는 자신도 모르게 움츠러들게 된다. 영화 〈박하사탕〉에서 주인공인 고문 경관과 피해자가 우연히 만나는 장면은 구조적 폭력이 인간을 얼마나 위축시키는지 섬세하게 잘 그려내고 있다.

30년 전 대학에서 M.T.를 갔을 때 위 학번 선배가 우리 학번 동기들을 모두 불러 소위 얼차려를 시도한 적이 있다. 후배들의 반발로 무산되기는 했지만, 지성의 전당이라는 대학에서 어떻게 이러한 일이 벌어지는지 이해할 수 없었다. 오랜 세월이 흘렀지만 우리 사회는 여기에서 얼마나 더 걸음을 떼었을까 묻고 싶다. 21세기 대학 강의실에서 학창 시절 매 맞은 경험을 물어보면 아직도 절반 가까이가 손을 든다. 이런 현실이 서글프다. 아이들은 맞아야 한다고, 그래야 사람 된다는 주장이 아직도 여러 매체에서 나오는 것이 불편하다. '우리 때가 좋았다'고 학창 시절의 아름다운 기억만 떠올리려는 기성세대의 추억은 폭력과 전체주의로 얼룩진 학교에 대한 파편적인 기억과 환상이다. 민주주의는 모든 억압과 폭력으로부터 탈출하는 것에서 시작할 수 있다. 20여 년의 교직 생활동안 나로 인해, 학교의 폭력적이고 비민주적인 모습으로 인해 상처받고 치욕적인 벌을 받았던 모든 친구들에게 사죄한다. 진심은 아니었다고 비겁한 변명을 해본다.

우리가 괴물이 되지 않으려면

'따르릉~ 따르릉~'

사무실 전화기가 긴박하게 울린다. 눈에 보이지 않지만 이 정도의 긴박함이면 참모님이 틀림없다. 점심식사 후의 나른함을 깨우는 벨소리에 수화기를 급하게 들었다. 내 관등성명보다 참모님의 다급한 목소리가 먼저 치고 들어온다. 군 복무 시절 공보장교[1]로 근무했을 때의 일이다.

"이 중위! '꼬모'가 뭔가?"
"네…?"

---

[1] 주로 지휘관의 연설문이나 보도자료 작성 등 대외 및 언론 관련 홍보 업무를 담당하는 군대의 간부.

"꼬모의 뜻이 무엇인지 빨리 좀 알아봐."

"네… 참모님, 충성!"

성격 급한 우리 참모님의 앞뒤 설명 없는 명령이다. 나중에 알게 된 전후 사정은 이렇다. 지휘관과의 점심식사 때 후식으로 유제품이 나왔고 그 이름의 뜻을 지휘관이 궁금해하자 참모님이 바로 연락을 한 것이다. 인터넷도 없던 시절 내가 취했던 방법은 신속하게 해당 기업 홍보실로 전화를 해보는 것이었다.

"안녕하십니까? ○○부대 공보장교입니다. 저희 지휘관께서 꼬모라는 제품의 의미를 궁금해하셔서 여쭈어보고자 연락드립니다."

"아… 네. 특별한 뜻은 아니고 귀엽게 꼬물꼬물하는 모습을 의태어로 표현한 조어(造語)입니다."

지휘관 한 사람의 명령과 판단에 의해 수많은 병사들의 생사가 좌우되는 군 작전에서 강력한 리더십과 법적 권한은 필수적이다. 따라서 참모들은 평소에도 지휘관의 사소한 행동과 궁금증에 반응할 수밖에 없다. 충성이 과하다고 생각할 수도 있겠지만 군대라는 특수한 조직에서라면 이런 일은 웃어넘길 수 있는 에피소드 정도가 되지 않을까 싶다.

하지만 학교에서라면 어떨까? '요즘 학교가 설마…'라고 생각한다면 '과연 설마일까?'라는 질문을 다시 던져본다. 관료 조직은? 회사는? 우리 사회 전반을 지배해온 권위주의적 문화를 생각할 때 이 사례를 그냥 웃어넘길 수 있을까. 내가 기억하는 학창 시절과 초년 교사 시절의 학교는 3, 4월의 추위 말고도 군대와 매우 흡사한 점이 많았다. 교육청 관료의 학교 방문이 예고되면 모든 학생이 걸레를 들고 바닥을 닦던 시절의 이야기는 하지 않겠다. 오늘날의 학교는 권위주의에서 자유롭다고 자신 있게 말할 수 있을까? 지난 10여 년 간 권위주의, 형식주의, 업적주의를 탈피하라고 수없이 내려 보낸 교육부와 교육청 공문의 수만큼 현장은 달라졌을까? 안타깝지만 아직은 갈 길이 멀다고 느낀다. 공문을 내려 보낸 상급 관료 조직부터 변해야 한다는 이야기를 꼭 하고 싶다. 학교에서는 자유롭고 창의적이었던 교사가 교육청에 근무하는 순간부터 관료주의적 경직성에 질식할 것 같은 표정으로 사는 것을 여러 번 보았기 때문이다. 교육청의 권위주의적 관료 문화는 학교로 옮아간다. 학교장의 지시에 다른 의견을 제시하기보다 그냥 따르는 것이 편안한 직장생활을 영위하는 데 도움이 된다는 사실을 알게 되는 시간은 교사생활 3년이면 충분하다.

그렇다면 권위주의와 전체주의를 버리고 각 교육주체가 함께 소통하는 학교민주주의 실현은 불가능한 것인가? 다행스럽게도 전작 『학생자치를 말하다』에서 그 바람과 가능성을 이야기한 후 4년이라는 짧은 시간 동안, 그리고 지금 이 순간에도 정말 많은 변화의 바람이 불고 있다. 학교자치와 민주주의에 관한 수많은 연구와 도서 출판이 이루어졌고 연구자와 저자들의 주장을 실현하려는 다양한 교육 정책이 발표되었다. 학교자치 조례와 같은 제도적인 뒷받침도 시작되었다. 하지만 제도와 정책으로 표출되는 위로부터의 개혁만으로는 역부족이다. 공문에 의한 형식적 실천과 보고가 있을 뿐 학교 현장의 정서와 문화는 바뀌지 않는다. 민주주의의 본질적 측면과 현장의 오해를 살펴 그 간극을 줄이려는 고민이 필요하다.

미국의 애플 교수는 민주주의를 "필요한 모든 정보를 충분히 제공받은 평등한 구성원들이 능동적으로 참여해서 스스로의 정치적, 제도적 삶을 규정하는 체제"로 개념화했다. 이를 학교에 대입하여 교사, 학생, 학부모, 지역 주민의 의미 있는 참여로 교육과정을 만들어가는 과정이 필요함을 설명했다.[2] 경기도교육청 또한 학교민주주의가 이루어지는 학교를 "모든 구성원이 학교의 공동 주인으로서 자율과 자치를 통해 현안 문제를 깊이 논의하여 실천 방법을 구체화하고, 실행한 결과에 대해 공동 책임지며, 함께 성장하는 학교"로 규정하고 있다.[3]

여기서 파악할 수 있는 민주주의의 핵심가치는 민주적인 의사 결정구조라고 할 수 있다. 한두 사람의 의사(意思)가 아닌 '평등한 구성원', '학교의 모든 구성원'이 함께 참여하여 뜻과 생각을 모으는 것이 중요하다. 하지만 말이 쉽지 이 얼마나 어려운 일인가? 인간의 역사에서 민주주의를 구상한 이래 모두가 평등한 구성원을 가진 사회가

2) 마이클 애플, 제임스 빈 엮음, 강희룡 역, 『민주학교』, 살림터, 2015, 251~252쪽.

3) 경기도교육청, 「학생자치 길라잡이」, 4쪽.

과연 있었는가? 오히려 인간은 너무도 쉽게 전체주의의 유혹에 빠지며 위대하다고 여겨지는 인물의 탄생에 열광한다. 심지어 인류 최초의 민주공화국임을 자부하는 미국에서 최근 민주정치의 상징과도 같은 의회 의사당이 일부 극단주의자들에 의해 점령당하는 일도 벌어졌다.[4] 민주주의는 많은 사람들의 피와 희생을 자양분으로 천천히 자라지만 연약한 유리처럼 순간적으로 깨질 수 있는 것이다.

「큰 바위 얼굴」(너대니얼 호손 지음)과 같은 소설에서는 덕이 넘치는 지도자를 찬양하지만 현실 세계 각국의 주요 광장에는 강력한 리더십으로 영토를 확장하고 국가를 이끈 군사적 지도자의 동상들이 즐비하다. 우리는 적어도 학교와 교과서에서 민주주의가 중요하고 이상적인 가치라고 배워왔으나, 안타깝게도 몸과 마음속에 저장되어 있는 전체주의 DNA의 활약에 늘 흔들린다. 대부분 나와 크게 다르지 않을 위정자들을 배불리 먹여주는 지도자로 흠모하고 그의 작은 몸짓과 메시지에 귀를 기울인다. 한 사람의 생각과 입에 집중하는 것을 수천 년간 백성의 의무로 여겨왔다. 몰락한 왕조의 유산을 여전히 붙잡고 있는 것이 미덕이 아니라고 생각한다면, 힘들더라도 우리는 세상 곳곳에 존재하는 참주[5]에게서 벗어나는 민주주의를 향해

---

4) 미국 현지 시간으로 2021년 1월 6일, 대선에 불복한 시위대가 워싱턴 의회 의사당에 난입한 사상 초유의 사건. 이 사건으로 6명이 사망하고 주 방위군과 연방경찰이 투입된 끝에 4시간 만에 상황이 정리된 후 미국은 15일간의 공공비상사태를 선포했다.

5) 고대 그리스 폴리스에서 비합법적으로 독재권을 확립한 지배자.

뚜벅뚜벅 걸어가야 한다. 민주주의의 핵심인 반(反)전체주의와 민주적 의사 결정 구조를 어떻게 가질 수 있을까 고민해야 한다. 교사라면 학교와 교실에서 그 실천을 위해 노력해야 한다. 그 희귀한 전례를 최초의(그리고 어떻게 보면 현재까지 도달하지 못한) 민주주의라고 할 수 있는 고대 그리스 아테네의 정치체제에서 찾아볼 수 있다.

> 민주주의는 사람들에 의한 그리고 사람들을 위한 정치 체제를 구현하고자 하는 실천적 시도다. 나는 이런 정치 체제를 이상(理想)이라고 부른다. 인류의 역사 속에서 이런 정치 체제가 실제로 완벽히 재현된 적은 없었다고 생각하기 때문이다. 민주주의에 대해 정의(定義)를 내리는 일은 이론가들 사이에서 많은 논쟁을 불러일으켜 왔다.[6]

『최초의 민주주의』의 저자 폴 우드러프는 민주주의가 "골치 아픈 주제"라고 말한다. 또한 민주주의가 "이상"이라고 말하고 있다. 이에 동의하면서 한발 더 나아가 나는 기본적으로 민주주의가 인간의 생물학적 욕망을 거스르기 때문에 어렵고 힘들다고 생각한다. 우리가 추구하는 민주주의를 획득하기 위해서는 좀더 많이 먹으려는 위장의 신호와, 좀더 편안하게 쉬려는 눈꺼풀의 무게와, 좀더 많이 가

6) 폴 우드러프, 이윤철 역, 『최초의 민주주의』, 돌베개, 2012, 15쪽.

지려는 마음의 흥분과 싸워야 할지도 모른다. 또한 내가 민주주의의 수호자라고 생각한다면 늘 소수의 삶을 살아야 한다는 두려움을 즐겨야 할 수도 있다. 그래서 완전무결하게 성공적인 민주주의의 완성은 불가능하다. 하지만 그 불가능성을 깨닫는 순간이 역설적으로 인류의 이상인 민주주의의 찬란한 매력을 느끼는 지점이다.

폴 우드러프는 민주주의의 본질을 가리는 대역(代役)으로 우리가 익히 민주주의의 꽃으로 추앙하고 있는 '투표', '다수결의 원칙', '대표 선출 제도'를 이야기한다. 중학교에서 역사와 사회를 가르치며 학생자치를 위해 노력해온 내게 이 주장은 매우 신선하고 충격적으로 다가왔다. 이제까지 우리는 민주적 의사 결정구조를 위해 대의제가 어쩔 수 없는 최선이라고 생각했고, 그리스 민주주의는 한계가 있는, 그저 실현할 수 없는 직접민주주의의 박제된 유물로 가르치고 배워왔다. 학생자치의 관점으로 보더라도 학급회와 학생자치회를 구성하기 위한 민주적 절차와 선출을 마치면 학생자치가 완성되었다고 생각하는 경우가 많았다.

물론 그조차도 지금까지는 제대로 이루어지지 않은 경우가 많았기에 최소한의 장치가 될 수는 있겠지만, 실제로 선거가 끝나면 자치를 위한 노력을 멈추는 학교가 얼마나 많은가. 학생자치회장 선거 때만 민주적인 학교가 된 것 같은 착각에 빠지는 것이다. 이는 자칫하면 작게는 학교의 교직원회 구성, 학교운영위원 선출에서 크게는 국회의원 선출, 대통령 선거에서도 같은 양상을 보일 수 있다. 학생자치회장 선거는 모든 '선거 축제'의 축소판일 뿐이기 때문이다.

선거가 일회성 이벤트가 아닌 배움과 성장의 장이 되어야 한다. 따라서 우드러프 교수가 말하듯 대역으로의 민주주의가 아닌 아테네가 추구하고 논쟁했던 민주주의의 본질, 이념에 주목하는 것이 중요하다. 그는 아테네 민주주의가 발전했던 200여 년간 실현하려고 한 이념을 참주(정)로부터의 자유, 조화, 법에 따른 통치, 본성에 따른 자연적 평등성, 시민 지혜, 지식 없는 상태에서 이루어지는 추론, 그리고 시민 교양 교육의 일곱 가지로 구분하여 서술하였다. 이 가운데 학교자치, 혹은 학생자치의 측면에서 구체적으로 실천할 수 있는 것은 무엇일까? 법에 따른 통치를 '함께 만드는 생활규정'으로, 시민 교양교육을 '민주시민교육'으로 접근해본다. 또한 학급에서 선출이 아닌 추첨 방식의 대표 선출도 고민해볼 만하다.

> 아테네는 페리클레스 시기에 모든 성인 남자 시민이 참여하는 민회를 중심으로 한 직접민주주의가 더욱 발전하였다… (가) 관리는 대부분 추첨을 통해 선발하였다.
> 밑줄 친 (가)의 방법대로 우리 학급에서도 반장 혹은 대의원을 한 달에 한 번씩 추첨을 통해 선발한다면 어떨까 함께 이야기해보자.

역사 수업 시간에 위와 같은 질문을 아이들에게 던졌다. 학급 분위기마다 조금은 다르지만 대체적으로 3분의 1 정도의 학생이 신선한 방법이라고 찬성 의견을 피력했다. 3분의 2 정도의 학생은 우려를 나타냈다.

반대 의견을 밝힌 학생들은 '추첨으로 뽑힌 학생이 싫어할 수도 있다', '자꾸 반장이나 대의원이 바뀌면 복잡하다' 등의 주장을 펼쳤지만 그 밑바탕에는 추첨제에 대한 불신이 깔려 있음을 알 수 있다. 한마디로 '저' 친구에게 반장을 맡길 수 있을까 하는 의구심이다. 그 의구심을 가장 강력하게 가지고 있는 사람은 물론 담임교사다. 사회에서처럼 학교와 아이들의 문화도 능력주의[7]가 지배하고 있기 때문이다.

그래서 함께 성장하고 배려하는 민주시민교육이 중요하다. 참여하는 시민이 될 수 있는 태도를 배우는 과정이 필요하다. 그러한 교육이 가능한 제도와 문화를 현장에서부터 만들어내야 한다. 누군가 공교육의 진정한 목표가 무엇인지 묻는다면 나는 창의적인 인재 육성보다 '괴물을 길러내지 않는 것'이 더 중요하다고 대답하고 싶다. 인류 역사는 똑똑한 괴물들이 수시로 파괴한 민주주의의 파편들로 점철되어 흘러왔기 때문이다. 그리고 불행하게도 괴물은 늘 우리 가까이에 있다. 오늘도 또 다른 형태의 괴물이 되어 우리 반 아이들 앞에 서 있는 나 자신을 발견한다.

---

7) 정은균 교사는 『학교민주주의의 불한당들』(살림터, 2017)이라는 책에서 경쟁주의, 능력주의, 성과주의, 차별주의 등이 민주주의를 막는 방패의 역할을 하고 있다고 주장한다. 마이클 센델 교수도 최근 저작 『공정하다는 착각』(함규진 옮김, 2020)에서 능력주의의 위험성을 이야기하고 있다.

민주주의를 향한 태도와 관점

왜 모든 학생이 똑같은 옷과 같은 머리 모양을 해야 하
는지 이해하기 어렵습니다. 사람마다 느끼는 추위가 다
른데 같은 시기에 같은 옷을 입어야 하고, 생김새도 저
마다 다른데 똑같은 헤어스타일과 비슷한 모양의 액세
서리만 할 수 있는 규정은 문제가 있습니다.

‒ 2018년 학교생활규정개정 공청회 중 2학년 학생 발언

저는 학생이라면 단정하게 교복을 입어야 한다고 생각
합니다. 그것이 학교의 전통과 학생다움을 지키는 일이
라고 말하고 싶습니다. 군인이라면 군복을 입어야 하듯
이 학생이라면 교복을 입어야 하는 것은 당연합니다.

‒ 같은 공청회 중 3학년 학생 발언

2018년 상반기, 드디어 기회가 찾아왔다. 전작의 마지막 장 ‘아직
만나지 못한 이야기’에서 용의복장 규정의 개정 노력이 실패했음을
안타까워하며 후일을 도모했었는데 생활인권부장이 되어 학교생
활인권규정 개정을 시도하게 된 것이다. 3월부터 바로 계획을 수립
하고 규정에 맞게 절차대로 개정 작업을 진행했다. 규정개정위원회
를 구성하고, 설문조사로 의견을 수렴하고, 개정안을 발의하고 교육
주체 공청회까지 개최했다. 자연스럽게 초안에 대한 의미 있는 찬반

토론이 이어질 것으로 생각했다.

학교생활인권규정 개정 세부 일정

연번	일정	내용	비고
1	2018. 3. 29~30	학교생활인권규정 개정 계획수립 및 공고	내부결재 홈페이지 공고
2	2018. 4. 2~16	규정개정심의위원회 구성 (교원 및 학생위원 선출)	학부모 위원은 총회에서 기 선출
3	2018. 4. 9~20	교육주체 의견 수렴	설문지, 가정통신문
4	2018. 4. 18~25	개정안 발의	
5	2018. 4. 30~5. 4	규정개정심의위원회 협의	개정안 초안 마련
6	2018. 5. 3~4	개정안 초안 공고 및 공청회 개최 안내	홈페이지 및 가정통신문
7	2018. 5. 18	교육주체 공청회	학생·학부모·교사 대표
8	2018. 5. 23~30	규정개정심의위원회 협의	개정안 합의
9	2018. 6. 1~20	입안 예고	홈페이지 및 가정통신문
10	2018. 6	학운위 심의 및 최종안 확정	학교장 결재
11	2018. 7	규정 제출 및 공포	
12	공포 이후	후속 조치	교복선정위원회 개최

아뿔싸! 여기까지는 생각 못했다. 청중으로 참여한 3학년 학생들이 앞의 발언을 시작으로 토론자로 참여한 2학년 학생에게 노골적인 비난을 쏟아낸 것이었다. 평소의 소신을 예의 있게 발표한 것이라면 그 내용이 어떻든 아무 문제가 없다. 그런데 이 학생들은 평소

에 용의복장 규정을 잘 안 지키는 친구들이었다. 이 날만 교복을 차려입고 와서는 후배들이 좀더 좋은 세상을 맞이하는 상황을 참을 수 없다는 의도를 드러낸 것이다. 사회를 보던 나는 매우 당황했고 절망스러웠다. 좀처럼 아이들을 미워하지 않지만 그 모습이 너무도 얄미운 순간이었다. 6년의 혁신학교 운영과 수년간의 민주시민교육에 대한 노력이 무슨 소용이었을까 하는 자괴감에 빠져 며칠을 허우적거렸다.

민주시민의 가장 기본적인 태도는 타인에게 공감하는 것이라고 생각하기에 고민이 깊어졌다. 여기서 '공감'은 단순한 '동감'과는 다르게 타자를 윤리적 상대로 대하는 '역지사지'를 의미한다. 이는 '나'라는 동일자로 흡수되지 않는 절대적인 '타자'에 대한 윤리적 책임성을 강조하는 철학자 레비나스의 '타자의 타자성'의 개념과 맥락을 같이 한다.[8] 타자를 진심으로 공감했을 때 우리는 민주주의에 한발 더 다가간다. 반대로 타자의 고유성을 무시하는 행위는 전체주의라는 괴물의 유혹과 쉽게 손잡게 된다. 나의 사랑스러운 제자들이 그 유혹에 쉽게 넘어가지 않는 멋진 성인으로 성장할 거라 믿는다.

학교생활인권규정은 어떻게 되었을까? 공청회를 마친 후 마음을 추스르고 다시 규정개정심의위원회를 열었다. 위원회에서도 몇 차례 찬반 토론이 길게 이어졌으나 다행히 최종 개정안을 도출해냈고 입

---

8) 『교사도 학교가 두렵다』, 『공부 공부』의 저자 엄기호 선생이 부천혁신교육실천연구회를 대상으로 한 강의 내용에서 힌트를 얻었다.

안 예고 기간을 거쳐 드디어 학교운영위원회 심의를 통과하고 규정 개정이 확정되었다. 일부 학부모는 이를 우려하여 학교를 찾아오기도 했지만, 적법한 절차에 의해 개정된 규정이므로 일정 정도 시행한 후 큰 문제가 생기면 다시 논의하자고 설득했다.

2018년 개정된 학교생활인권규정 용의복장 규정

제18조【용의복장】용의복장은 다음 각 호와 같다.

① 교복

1. 교복은 설명서(별첨)대로 착용하고, 교복 상의 위에 날씨와 체질에 따라 사복을 착용할 수 있다.

2. 교복 하의 중 바지는 하의 치마와 유사한 재질과 색상으로 개별 구매하여 착용할 수 있다.

3. 지정된 동복 구성과 하복 구성에 맞게 착용하는 것이 원칙이나, 학생들의 체질과 선택을 존중하여 혼용할 수 있다.

② 두발

1. 머리의 형태는 개인 성향에 맞게 자유롭게 할 수 있다.

2. 타인에게 위화감을 줄 정도의 심한 염색은 허용하지 않는다.

③ 기타

1. 실내에서는 실내화를 신는다.(이후 폐지)

2. 위의 용의복장 규정을 지킬 수 없는 사안인 경우에는 학교장의 허락을 얻어 행동할 수 있다.

교복 규정은 좀 더 자유로워졌고, 기타 액세서리나 화장 규정은 모두 폐지되었다. 두발 규정의 2번 조항은 모호하여 교육청 권고안과는 배치되지만 학부모들의 걱정이 너무 커서 타협안으로 삽입하였는데 2021년에는 완전히 폐지되었다. 두발은 완전 자율화한 것으로 봐도 무리가 없었다. 2003년 처음으로 자율적인 생활규정 개정을 시도한 지 15년만의 일이었다. 그 동안 수차례 개정 시도 과정에서 일부 성공하기도 하고, 수없이 실패하기도 했던 장면들이 떠올라 가슴이 벅차기도 했다. 용의복장 규정 개정에 집착한다고 생각할 수 있지만 그것이 '우리 사회(학교)가 가지고 있는 인간(학생) 자율 의지에 대한 믿음의 척도'[9]라는 생각을 나는 포기하지 않는다.

　그로부터 2년여 시간이 흘렀다. 학교에는 무슨 일이 일어났을까? 단순하게 대답하면 "아무 일도 일어나지 않았다". 개정 초반 학급당 다섯 명 내외의 학생이 염색을 했고 일명 신호등 머리라고 불렸던 3인방도 있었다. 하지만 어른들의 선입견과는 달리 그 학생들이 다른 친구들 못지않게 수업에 잘 참여하는 모습을 보고 수업을 참관했던 학부모와 교생들이 놀라기도 했고, 그마저도 숫자가 줄어 현재는 진한 염색을 하는 학생은 반에 한두 명 정도이다. 물론 나는 모든 학생이 염색을 해도 문제가 없다고 생각하지만, 염색에 대한 아이들의 관심이 시들해져 걱정했던 사람들의 생각처럼 학생들 간의 위화감 조성이나 일탈과 같은 문제는 전혀 발생하지 않았다.

　내가 생활인권부 업무를 그만둔 이후에도 크게 실효성이 없는 실

---

9) 이민영·백원석·조성현, 『학생자치를 말하다』, 295쪽.

내화가 폐지되었고 교복에 대한 좀더 전향적인 논의가 이루어졌다. 전작에도 서술되어 있듯이[10] 이와 같은 결과는 장곡중학교와 같이 먼저 앞서간 학교들의 경험과 용기에 큰 빚을 지고 있기에, 학교 공동체에서 생활규정 개정을 계획하고 있는 학교에 우리 학교 사례가 조그마한 도움이 되었으면 해서 길게 설명하게 되었다. 실제로 학생 자치 활동이 활발하게 이루어지고 있는 학교도 용의복장 문제에 대해서는 학생들의 불만이 여전히 많고 논의조차 여의치 않은 분위기가 많기 때문이다. 이러한 경험이 일상에서 민주주의를 실현하기 위한 개인의 자세와 민주주의 발전의 양상을 바라보는 관점을 깊어지게 했다. 지난해 소중한학교자치실천연구회 워크숍에서 학교자치를 구현하기 위해 필요한 것은 제도가 먼저일까, 사람이 더 중요한가라는 문제를 논의한 적 있다. 닭이 먼저인가, 달걀이 먼저인가만큼이나 어려운 문제이지만, 학교별 상황이나 개인의 경험에 비추어 심도 있는 대화가 이루어졌다.

학교민주주의의 실현을 위해서는 학생인권조례, 학교자치 조례와 같은 기본적인 제도의 뒷받침 속에 성장한 학교 구성원들이 좀더 진일보한 제도를 만들고 그 제도가 또 다른 사람의 성장에 영향을 미치는 선순환이 필요하다. 이 장에서는 학교, 즉 사회의 구성원인 개인의 자세에 대해 더 살펴보고자 한다. 제도에 대한 부분은 6장의 내용으로 의견을 대신한다.

---

10) 이민영·백원석·조성현,『학생자치를 말하다』, 77쪽.

학교생활규정개정 공청회에서 본 3학년 친구들의 모습에서 어떤 시사점을 얻을 것인가? 단순히 어린 시절의 치기로 지나칠 수 있을까? 과연 아이들만의 문제일까? 20여 년간 교직에 몸담으며, 특히 최근 7~8년간 혁신학교 관련 업무와 외부활동을 하면서 사람의 마음을 움직인다는 것이 가장 어렵다는 사실을 깨달았다. 그래서 첫째, 소신이나 신념 못지않게 삶을 영위하는 '태도'의 중요함을 아는 것이 그 깨달음에 대한 해결책이라고 생각한다. 여기서 태도는 인간사의 단순한 예의를 넘어선 개인의 '성찰'을 통해 삶을 바라보는 자세를 의미한다. '성찰'이란 '들고 읽어라'라는 말씀에 깨달음을 얻은 아우구스티누스 성인과 같은 비범한 성찰이라기보다 학습과 배움을 통한 일상의 통찰을 의미한다. 따라서 교사로서 자발적이고 다양한 '학교 안팎의 학습공동체'를 만나는 것이 중요하다. 진정한 배움을 통한 성찰은 좋은 태도를 형성한다. 신념과 철학이 뒷받침된다고 해도 결국 사람의 마음을 움직이는 것은 일상의 태도이며, 이는 서로의 삶을 공감 어린 시선으로 바라보는 행위로 표출된다. 태도의 핵심인 '상대방에 대한 진심 어린 공감 능력'을 좀더 구체화해보자. 이 능력은 인간의 존엄성을 귀하게 여기는 마음, 모든 생명의 탄생과 죽음을 진지하게 바라보는 시선[11], 인문·예술 작품과 자연을 통해 아름다움을 느낄 수 있는 미적 감수성, 주변의 다양한 삶을 이해

---

11) 그리스 비극 안티고네에서 주인공이 오빠의 죽음과 매장을 바라보는 시선으로, 인간이라면 가져야 할 가장 기본적인 측은지심이라고 할 수 있다.

하고 공감하는 작은 실천으로 발현된다. 당연히 이 과정은 끊임없는 노력과 자기 자신을 돌아보는 아픔이 수반된다. 정리하자면 전체주의에 맞서 민주주의를 지향하고 수호하려는 사람은 신념과 용기 외에 고통스러운 성찰을 통해 가꾼 성숙한 태도로 타자를 대해야 하는 것이다. 자칫하면 머리와 입으로만 민주주의를 주장하는 반쪽 민주주의자가 될 수 있기 때문이다. 따라서 민주주의를 위한 태도는 가장 가까운 곳에서 실천해야 하며, 내 곁에 있는 주변 사람들에게 민주적 태도를 유지할 수 있도록 노력해야 한다.

이 태도는 특히 많은 아이들에게 영향을 미치는 교사의 중요한 덕목이 될 수 있다. 교과서나 잔소리가 아닌 '깨달은 나'로 아이들 앞에 서기를 간절히 희망한다. 나 자신이 민주주의의 좋은 교재가 되기 위해 노력해야 한다. 그 바탕에는 어떤 직업보다 강하게 요구되는 인간의 존엄을 귀하게 여기는 마음이 자리하고 있다. 아이들은 한 명 한 명이 갓 생성된 우주와 같다. 내가 아이들을 바라보는 시선은 생명의 경이로움을 접하는 눈과 같아야 하는 것이다.

두 번째, 민주주의 발전의 양상을 바라보는 관점에 대해 살펴보려고 한다. 민주주의의 발전을 장기지속 측면에서 역사를 해석하는 구조사의 패러다임으로 판단했으면 한다. 이 생각은 사건사 중심이 아닌 구조사 중심으로 역사를 해석하는 프랑스 아날학파의 역사인식에 기반을 두지만, 인간의 역할을 간과하지 않는다는 점에서 모든 면이 같다고 할 수 없다. 학교자치 혹은 혁신교육을 중심으로 학교를 변화시키려는 개혁을 너무 서두르지 말아야 한다는 사실을 인

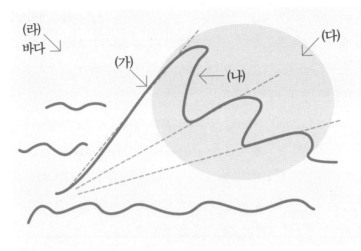

시간의 흐름과 관련한 민주주의의 발전 양상

지해야 한다. 관료 조직하의 성과주의 시스템에 매몰되어 있는 현재 우리 교육의 현실에서 이를 실천하기란 너무도 어렵지만 의도적으로라도 장기적 관점으로 학교 교육과정을 기획하고 실천하는 것이 필요하다. 그렇지 않으면 학교도, 우리 아이들도 불행한 실험도구로 전락할 가능성이 농후하기 때문이다. 장기지속적인 관점에서의 민주주의 발전 양상을 그림으로 표현해보았다. 상단의 그림은 바다에 파도가 치고 있는 모습이다. 민주주의가 발전하고 있다고 생각한다면 현재는 물결이 전진하는 (가) 지점에 있을 확률이 높다. 그런데 어느 순간 절망적이게도 다시 후퇴한다는 느낌이 든다면 (나) 지점에 접어들었을 가능성이 있다. (가)의 각도와 최고점이 높아질수록 (나)의 기울기가 커지고 속도가 빨라진다. 작용이 커지면 그에 따른 반

작용이 클 수밖에 없는 원리이다.[12] 여기까지는 사건사의 관점이라고 볼 수 있다. 그런데 더 큰 (다)라는 파도를 하나의 주기로 보면 이는 반복되는 구조의 일부일 뿐이다. (다)의 시간적 크기는 10년 혹은 100년 일수도 있고, 더 길 수도 있다. 더구나 수많은 (다)는 보다 더 크고 느리지만 거대한 바다인 (라)의 흐름에 영향을 받는다. 이는 아날 학파의 역사학 방법론인 심성(망탈리테mentalité)사와 그 학파의 거두 페르낭 브로델의 콩종튀르(conjoncture: '중기지속 국면'으로 해석 가능)의 관점과 궤를 같이 한다. 이 그림 전체는 길게 보면 인간의 역사일 수 있지만, 개인의 일생에 대입해도 같은 경향을 엿볼 수 있다.

학교민주주의의 발전을 장기지속적인 관점으로 바라보는 것은 두 가지 주안점을 상기하게 한다. 첫째, 조급해하거나 좌절할 필요가 없다. 전 세계를 휩쓴 코로나 국면에서 학교 교육은 시시각각 달라지는 지침과 근시안적 대책으로 초토화되었다. 분명 어쩔 수 없는 측면이지만 정신을 차리고 긴 호흡으로 먼 곳을 응시해야 한다. 역사인식과 민주적 태도가 부재했던 끔찍한 공청회 한 번으로 좌절하고 포기했다면, 이후 본교의 생활규정은 현재와 같이 개정되지 않았을 것이다. 조그만 한 학교에서 작은 생활규정을 바꾸는 것에도 15년이라는 끈질긴 시간이 필요하다. 둘째, 너무 짧은 시간에 많은 것을 바꾸려고 하지 말아야 한다. 사람의 마음을 얻지 못하는 급한 개혁은 큰 반작용을 일으킬 뿐이다. 그렇다면 기껏해야 한 학교에서

---

12) 1789년 프랑스혁명 이후 일어난 1794년 테르미도르의 반동처럼 역사에서 이와 같은 일을 수없이 발견할 수 있다.

평균 4~5년을 근무하는 공립학교 교사가 어떻게 10년 넘게 긴 호흡으로 교육과정과 아이들을 바라볼 수 있을까? 바다 전체를 개인의 일생으로 본다면 파도를 하나의 학교에 한정하지 않아도 된다. 지역이 될 수도, 나를 거쳐간 특정 시기의 아이들이 될 수도 있다. 지금의 내 노력이 절대로 당장 우리 사회를 바꿀 수 없다는 사실과 그것이 우리의 잘못이 아님을 깨닫고 실망하지 말고 오히려 작은 실천에 집중해야 된다. 수많은 발걸음 하나하나가 모여 물결을 이루고 그것이 파도가 되어 상당히 오랜 시간 후에 파도의 정점을 찍고, 또 수많은 파도가 반복되면 심해의 흐름이 바뀌는 그 날이 온다. 인간의 짧은 수명으로는 안타깝게도 그것을 목도하지 못할 뿐이다. 우리가 지금 마주하고 있는 세상은 200년 전[13] 누군가의 꾸준한 발걸음이다.

---

13) 『학생자치를 말하다』(30쪽)에서 세상(사람의 사회적 · 문화적 심성)이 변하려면 200년쯤 걸릴 것이라고 서술한 바 있다.

민주주의는 확장된 교실에서부터

"스승의 은혜는 하늘같아서 우러러볼수록 높아만 지네~"

아이들이 목청껏 노래를 부른다. 매년 5월 스승의 날을 맞는다. 교사, 학생 서로 부담스러운 날인지라 폐지 의견도 꾸준히 제기되고, 학년말로 옮겨야 한다는 주장도 있다. 하지만 아이들이 이 날을 스스로 즐기기 위해서라도 이벤트를 준비하는 경우가 있기 때문에, 교사들은 쑥스러운 표정으로 아이들의 마음을 받는다. 우리 학교도 매년 학생자치회 친구들이 중심이 되어 교사들에게 감사의 쪽지 선물을 전달해왔다. 내가 생활인권부장을 하던 시절에도 스승의 날을 앞두고 학생자치회 대표 학생들이 찾아왔다.

"선생님! 우리 학교에 선생님들 말고 어떤 분들이 계신지 알려주시겠어요?"

"응, 그건 어렵지 않은데 무슨 이유로 그러니?"

"이번 스승의 날에는 그 분들에게도 모두 감사의 쪽지를 드리고 싶어서요."

그래, 바로 이거야. 아이들의 모습이 그날따라 더 예뻐 보였다. 한바탕 칭찬을 해주고는 교사 명단 외에 행정실과 급식실에 근무하는 선생님들, 정문을 지켜주시고 학교 곳곳을 깨끗이 청소해주시는 선생님들, 공익 근무요원 선생님들까지 모든 분의 이름을 알려주었다.

적어주면서 교사에 못지않은 많은 분이 학교에서 아이들을 위해 함께한다는 사실을 새삼 깨달았다. 커다란 이벤트는 아니었어도 그 해 스승의 날은 더욱 풍성했고, 처음으로 감사 인사를 받은 분들은 드린 것 이상으로 감동했다. 오히려 그동안의 무관심이 죄송했다.

아이들이 스스로 그런 기특한 생각을 하게 된 이유를 안다. 1학년 자유학기제 '민주시민교육 – 노동과 인권' 수업 중에 급식 노동자의 열악한 근무환경에 대한 영상을 보았고, 급식실 조리원 분들께 편지를 썼던 경험이 있었기 때문이다. 시간이 지났음에도 그것을 기억하고 가까이 있는 분들을 모두 챙기는 것이 고마웠고, 수업을 통해 가졌던 소중한 생각이 체화된 것 같아 기뻤다.

민주주의의 출발점은 교실이다. 교실은 아이들이 처음 만나는 가장 작은 사회 단위이기도 하다. 아이들은 수업 시간에 교과 내용으로, 쉬는 시간과 점심시간에 친구들과의 관계 속에서, 체험활동 시간에 다양한 활동을 통해 삶으로 부대끼며 민주주의를 배운다. 그런 의미에서 이 책에 실려 있는 현장 교사들의 경험과 사유는 매우 중요하다. 그들은 다양한 지역별·급별 학교에서 매일 매일 아이들과 만나고 고민하면서 교실민주주의를 실천해왔다. 저자들을 비롯해 전국 각지의 수많은 교실에서 민주주의를 위해 내딛는 발걸음이 모여 큰 파도가 되리라는 믿음은 결코 헛되지 않을 것이다.

교실민주주의를 확대할 수 있는 좋은 전략은 활발한 연대이다. 2014년 가을, 부천문화재단 팀장과 자리를 함께할 기회가 있었다. 뮤지컬 등 문화예술 교육과정을 활발하게 운영하고 있는 본교에 대해 좋은 느낌을 갖고 있던 재단은 협력을 제안했고, 바로 MOU 협약을 맺은 양 기관은 2015년부터 문화체육관광부 문화다양성 '무지개 다리 사업'의 일환으로 '시민단체와 함께 하는 민주시민교육 프로젝트'를 진행했다. 첫해 6개 주제 12시간으로 시작한 민주시민교육은 이후 7개 주제 17시간 1학기 시수에 맞추어 편성되었고, 본교의 성공적 경험을 바탕으로 부천 관내 6개 학교와 서울에 있는 학교까지 확대되었다.

처음에는 외부 기관과 함께 교육과정을 기획한다는 것이 낯설었지만 그 과정에서 문화재단과 시민단체는 학교 교육에 대한 관심이 높아졌고, 학교는 폐쇄적이고 높은 담장을 조금만 낮추면 아이들의 성장에 큰 도움을 받을 수 있다는 사실을 알게 되었다. 시민단체와 함께 워크숍을 진행하고 문화 다양성 교사 연수 및 학습공동체를 운영하면서, 교사들의 민주주의와 연대의 중요성에 대한 의식도 함께 성장하게 되었다. 스승의 날 학교에 근무하는 모든 분들께 감사인사를 전한 아이들의 연대의식의 발현도 이와 무관하지 않다. 교사 자신이 가장 훌륭한 교재이므로, 민주적 교사문화는 아이들을 민주시민으로 만드는 큰 원동력이 된다.

경기도를 비롯해 전국적으로 마을교육공동체와 혁신교육지구 운영의 바람이 불고 있다. 미래교육을 위해 학교와 마을이 함께 기획하는 마을교육과정 운영이 핵심 목표라고 할 수 있다. 이를 학교민주주의의 관점에서 보면 확장된 교실에서 아이들이 연대의식과 민주적 태도를 배우게 되는 것이다. 외부와의 연대는 배움의 시공간을 확장시킨다. 학교만이 아이들을 가르칠 수 있다는 생각과 내 교실을 벗어나지 않으려는 교사의 닫힌 발걸음은 아이들의 확장된 성장을 가로막을 것이다.

시민단체와 함께하는 자유학기제 민주시민교육 주요 내용 (2018)

주제	차시	주요 내용	협력 기관	관련 교과 단원
시민, 인권	2	인권의 개념, 역사와 시민의 자세	아시아 인권문화연대	사회1/ 9단원 사회2/ 9단원 민주시민/ 4단원
학생 인권	2	청소년 인권과 사회 참여	부천연대	사회1/ 7단원 민주시민/ 4단원
노동과 인권	2	노동자와 노동인권 직업의 가치	비정규직 근로자지원센터	사회2/ 11단원 민주시민/ 8단원
다양성 과 이주민	4	문화다양성의 의미와 이주민의 삶	아시아 인권문화연대	사회1/ 4단원 사회2/ 1단원 민주시민/ 11단원
소수자 와 평등	2	사회적 소수자의 의미 차별과 편견 없애기	아시아 인권문화연대	민주시민/ 5단원
성평등	3	성에 대한 올바른 인식 일상에서의 성평등 실천	새시대여성회	민주시민/ 5단원
연대와 실천	2	작은 실천을 위한 협력활동, 공동행동	전 기관	사회1/ 12단원 사회2/ 14단원 민주시민/ 6단원
계	17			

오랫동안 지속되었던 권위주의적 학교문화, 폭력적인 교육환경은 교실을 민주주의의 씨앗으로 만드는 데 방해가 되어왔다. 반(反)전체주의를 기본 이념으로, 모두 함께 참여하는 민주주의를 꿈꾸었던 최초의 민주주의의 이상을 향해 우리는 뚜벅뚜벅 걸어가야 한다. 그러기 위해서 학습과 성찰을 통한 민주적 태도와 장기지속적인 관점에서 민주주의의 발전을 바라보는 지혜가 필요하다. 사유는 무한히 확대하되 실천에서는 세밀함이 요구된다. 교사에게 그 실천의 장은 아이들이 있는 교실이다. 교실은 폭넓은 연대에 의해서 확장되며, 어느 시공간이든 아이들이 있는 곳이 학교이자 교실이다. 학교는 가장 변하기 어려운 곳이지만 역설적이게도 미래는 교실에서 시작한다.

자유학기제 민주시민교육 학생 설문 응답 내용

• 학생인권조례에 대해서 알게 되었고, 노동자와 임금에 대해서도 자세히 알고 다시 한 번 생각을 해서 좋았다.

• 그냥 무심코 지나쳤던 노동자들의 임금에 대해서 생각해볼 수 있어서 뜻깊고 우리나라의 노동자 임금과 외국 노동자 임금을 비교해볼 수 있어 좋았다. 또 우리들의 인권에 대해 알 수 있는 계기가 되어 좋았다.

• 학생인권에 대해 알아보면서 우리가 이해하기 쉬운 문장으로 바꾸는 것이 가장 인상 깊었다.

• 다음에도 다른 나라 선생님들과 함께 수업하고 싶다. 이번에는 몽골 선생님을 만났으니 다른 나라 선생님과 수업을 하고 싶다.

• 나의 소중함과 민주주의에 대하여 잘 알 수 있게 되었고, 학생들이 더 많이 참여하는 시간이 있으면 좋겠다.

• 잘 모르고 있던 인권과 학생인권에 대해 알 수 있는 시간이었다. 그리고 학생들뿐만 아니라 다양한 인종, 이주민, 그리고 노동자와 임금에 대한 것까지도 배울 수 있었던 의미 있는 시간이었다.

교실에서 시작하는 민주주의

자유 사용법 익히기

개학 날 아무도 없는 교실 앞에 섰다. 책상을 옮기기 시작했다. 교단을 향해 교사를 바라보는 구조를 학생들이 서로 마주 볼 수 있도록 'ㄷ'자로 바꾸었다. 아이들이 한 명씩 들어오면서 어디에 앉아야 하냐고 묻는다. 나는 원하는 자리에 자유롭게 앉으라고 말했다. 아이들이 망설이는 모습이 보이면서 진짜 마음대로 앉아도 되냐고 되묻는다. 똑같은 대답을 다시 하면서 1년 동안 아이들의 반응을 반대로 만들어보기로 결심했다. 자리를 정해주면 그곳에 그대로 앉는 말을 잘 듣는 학생이 아닌, 왜 그렇게 앉아야 하느냐고 질문하는 학생으로.

아이들은 어른들의 개입과 통제에 익숙해져 있다. 집에서는 부모님 말을 잘 들어야 하고, 학교에서는 선생님의 지시를 잘 따라야 한다. 보호자와 교사는 자신들의 의도에 따라 아이들이 커야 좋은 사람이 된다고 여긴다. 아이들은 자신만의 됨됨이를 만들 기회를 빼앗긴 채 마음속에 무엇이 들어 있는지 모르고 자란다. 특히 현재 학교에서는 아이들의 내면의 특성을 이해하기보다는 교칙 준수를 강조하고, 생각할 기회를 주기보다는 지식을 얼마나 습득했는지 측정하기 바쁘다. 어른과 학교에 의해 아이들이 길들여지고 있다.[14]

나는 자유라는 단어를 사랑한다. 어떤 것에도 얽매이지 않고 자기 마음대로 할 수 있다는 의미는 얼마나 아름다운가! 니일은 "자유란 타인의 자유를 침해하지 않는 범위 안에서 하고 싶은 것을 할 수 있고 또 하도록 내버려두는 것"[15]이라고 정의했다. 내가 자유를 좋아한다는 것을 알기까지 오랜 시간이 걸렸다. 어렸을 때 어른이 무언가를 시킬 때 '제가 알아서 할게요'라고 말하면 버릇없다며 혼났다. 학창 시절 학교의 규칙과 규율을 어기면 처벌이 뒤따랐기 때문에 스스로 행동을 검열했다. 대학에 가서야 비로소 혼자만의 시간을 갖게 되었고, 나는 내가 자유를 사랑하는 사람임을 깨달았다.

교사가 되니 혼란스러워졌다. 교사는 아이들에게 자유를 주기보다 통제를 해야만 했다. 해야만 하는 일을 주입하고 하지 말아야 하는 행동은 금했다. 처음에는 교사가 가진 권력을 이용하는 것이 옳다고 생각하고 적극적으로 활용했다. 담임을 맡은 1년 동안 아무 일 없기만을 바랐다. 주변 선생님들은 아이들을 잘 잡는다고 칭찬했지만 마음속 불편함이 계속 나를 괴롭혔다. 어느 날, 아이들의 눈을 가

---

14) 크리스 메르코글리아노, 오필선 역, 『길들여지는 아이들』, 민들레, 2014.
15) A. S. 니일, 손정수 역, 『서머힐』, 산수야, 2014, 166쪽.

만히 살펴보니 불안, 공포, 죄의식이 보였다. 왜 그런지는 모르겠지만 무언가 잘못되고 있는 건 분명했다.

고민에 대한 해답을 우연히 찾았다. 학교 도서관을 어슬렁거리다 빨갛고 두꺼운 책이 눈에 들어왔다. 루소가 지은 『에밀』[16]이다. 마침 몇 달 후 첫째 아이와 만날 예정이라 육아서를 읽는다는 생각으로 과감히 독파하기로 다짐했다. 매일 한 시간 일찍 출근해 루소와 만나면서 마음이 잘 맞는 사람과 대화한다고 느꼈다. 루소는 나에게 이렇게 말했다. "네가 간섭하지 않아도 아이들은 잘 자라. 크는 법을 자연으로부터 배워서 태어났거든. 본성대로 자랄 것이니 나쁜 것만 배우지 않게 네가 잘 막아주면 돼."

책을 읽은 후 무리로 보이던 학생들이 한 명 한 명 살아났다. 아이들은 자기만의 본성을 지닌 존재였다. 우리 반의 급훈은 '우다다(우리는 다 다르다)'이다. 부산에 있는 한 작은 대안학교의 사례를 읽은 글에서 급훈을 따왔다. 아이들이 학급 활동을 통해 서로를 알고 다름을 인정하며 우리를 위한 방법을 마련하게 하고 싶었다. 그렇다고 공동체 의식 함양을 부정하는 것은 아니다. 그런데 아이들이 학교에서 보내는 12년 동안 공동체 의식을 함양하기 위한 활동을 많이 할 테니 1년쯤은 다르게 보내도 좋지 않을까 생각한다. 다양한 경험을 한 학생이 창의적 인재로 자라날 가능성이 더 크지 않을까.

나와 만나는 아이들이 자유를 알았으면 좋겠다. 자신이 어떤 생각

---

16) 루소, 민희식 역, 『에밀』, 육문당, 2012.

을 하는지 알고, 원하는 대로 행동하는 것이 나쁘지 않음을 그들도 알아가길 원한다. 인간은 자유의지를 가진 존재이다. 자유는 인간이 배워서 아는 것이 아니다. 태어날 때부터 가지고 있는 것이다. 뇌가 완전히 형성되지 않은 유아도 자신의 의지에 어긋나는 상황에 처해 있을 때 울음을 통해 자유를 표현한다. 어린이가 '싫어!'라고 자주 말하는 것은 자유로운 자아가 생기고 있다는 것을 뜻한다. 청소년은 어른들의 지시에 수동적으로 침묵하거나 적극적으로 반항하면서 누구에게도 구속되고 싶지 않음을 드러낸다.

처음 학생에게 자유를 주었을 때, 학생들이 멋대로 굴지 않을까 걱정했다. 버릇이 없어지거나, 다른 사람을 배려하지 않거나, 내 말을 따르지 않을 것이 염려됐다. 자유가 주어졌을 때의 장점보다 발생할 문제가 먼저 떠올랐다. 나도 어쩔 수 없나 싶었다. 하지만 계속 고민하니 생각을 달리할 수 있었다. '어떻게 행동하는 것이 옳은가'는 사회마다 사람마다 기준이 다르기 때문에 절대적으로 적용할 수 없지만, 상대적 기준을 제쳐두고 사회적으로 통용되는 범죄를 기준으로 나쁜 행동을 규정하고 논의해보자.

많은 범죄 행위자들이 어린 시절에 폭력을 당했거나, 억압받았거나, 사랑받지 못한 기억을 고백한다. 자유를 마음대로 누려서, 마음대로 행동할 수 있어서 그런 행동이 고착되었다는 사례는 희박하다. 어린 시절 잘못된 성장의 결과로 성인이 되어 자유가 주어졌을 때 나쁜 행동을 하게 된 것이다. 갑자기 주어진 자유를 어떻게 사용해야 하는지 알려준 사람이 없고, 해본 적도 없기 때문이다. 학창 시절에 자유 사용법을 배워야만 한다.

그러나 학교에서 자유를 배우기란 쉽지 않다. 학교는 한정된 공간에서 다수의 사람이 생활하기 때문에 할 수 있는 것보다 할 수 없는 것이 많다. 자유가 부여될 때도 있지만, 책임이 항상 따라다닌다. 학생 입장에서 자유의 즐거움보다는 책임의 무거움을 더 크게 느낄 것이다. 행동에 대한 엄한 평가가 반드시 뒤따를 것이기 때문이다. 경험과 연습만이 실수를 바로잡을 수 있으며, 자유를 사용할 수 있는 능력을 습득하려면 오랜 시간 연습을 해야 한다. 아이들은 편안한 분위기에서 스스로 훈련할 수 있을 때에만 자율적인 인간으로 성장할 수 있다. 자유로워지기 위해서는 평가보다는 인정과 지지가 필요하다. 실수에 대한 책임은 어른들이 짊어지면 된다. 그러면 부담을 갖지 않고 자유를 연습할 기회를 충분히 가질 수 있다.

자유는 사람을 생각하게 만든다. 무엇을 하면 나에게 좋은지, 어떻게 행동했을 때 사람들이 좋아하는지를 경험적으로 파악할 수 있게 한다. 이것은 성장 과정에서 이루어지면 좋다. 성인이 된 후에는 사람이 바뀌기 더 힘들다. 학생들은 자유를 사용하는 연습을 해야 한다. 그래야 성인이 되어 자유가 주어졌을 때 참되게 활용할 수 있다.

자유로워지기 위해 회의를 합니다

대부분의 학교에서 학급회의는 창의적 체험활동 시간 중 여유 있는 시간을 할애해 비정기적으로 진행한다. 또는 체험학습 장소, 반티 선정, 체육대회 계획 등 특별한 행사가 예정되어 있을 때 열기도 한다. 1년 내내 학급회의를 여는 경우는 많지 않다. 학교는 학습을 하는 곳이라는 인식이 크기 때문이다. 학교라는 공간의 정의를 생활하는 곳으로 바꾸면 달라진다. 공부와 함께 도덕, 시민성, 공동체 등 살아가는 데 필요한 다양한 것을 익히는 곳이 학교다.

학교생활은 혼자 독서실에서 책과 씨름하며 공부하는 것과 다르다. 30여 명의 사람들이 교실에 모여 같이 생활한다. 그렇기에 무엇보다 관계가 중요하다. 가르치고 배울 수 있는 관계가 되려면 서로에 대해 알아야 한다. 알기 위해서는 대화를 해야 한다. 교실 구성원이 함께 대화하는 방법이 있다. 바로 학급회의다.

우리 반에서 학급회의는 하루는 맞이하는 아침 의식이다. 조례가 시작되면 진행자와 기록자가 나와 회의를 시작한다. 꼭 무슨 일이 있지 않더라도 진행자가 앞에 나와서 회의 시작을 알리고 얘기할 안건이 있는지 묻는다. 교사인 나는 학급 구성원의 한 사람으로서 회의에 참여한다. 교실에 있는 모든 사람은 진행자에게 발언권을 얻고 말할 수 있으며, 서로의 의견에 대해 비난하지 않고 지지를 표하거나 대안을 제시하기로 했다.

처음 학급회의를 시작할 때 종례 시간을 이용했다. 하루 동안 있었던 일을 같이 얘기하고 해결 방법을 찾아보는 이상적인 모습을 상상하면서 아이들에게 학급회의를 맡겼다. 그러나 아이들은 그 시간을 집에 늦게 보내주는 교사를 비난하는 데 썼다. 나도 학교에서 연수를 들을 때 아무리 좋은 얘기라도 퇴근 시간이 지나면 집에 가고 싶어져 강사의 이야기가 잘 들어오지 않았다. 학교를 벗어나고 싶어 하는 아이들의 욕구와 학급회의의 필요성을 비교했을 때 방과 후는 회의 시간으로 적절하지 못하다. 반면 아침은 서로 얼굴을 보며 얘기하기 좋은 시간이다. 조례가 짧아 해결하지 못한 문제는 아이들에게 쉬는 시간을 활용해 해결하기를 부탁했다.

막상 회의를 시작하면 침묵이 흐른다. 결정권을 주었는데 사용하지 못하는 아이들을 보면 답답한 마음이 들기도 한다. 15년 동안 길들여졌던 삶이 한 번에 바뀌지는 않을 것이다. 니일은 아이들이 제대로 자유를 향유하지 못하고 억압당해 왔기 때문에 나쁜 습관이 남아 있으며, 그들이 정직하게 되기까지는 평균적으로 6개월이 걸린다고 말한다.[17] 아이들이 달라지기 위해서는 적어도 한 학기 이상이 필요하다는 얘기다. 또한 그동안 받았던 억압의 정도와 시간에 따라 그 기간이 달라지기 때문에 교사는 인내심을 가지고 기다려야 한다.

이때 교사가 주의해야 할 것이 있다. 교실을 내 뜻대로 만들고 싶은 유혹에서 벗어나야 한다. 30명이 모인 교실에서 권력을 가진 한 사람의 의도대로 학급이 꾸려지는 것은 민주적이지 않다. 서로의 생

---

17) A. S. 니일, 손정수 역, 『서머힐』, 산수야, 2014, 160쪽.

각을 묻고 우리에게 맞는 공동체를 찾아야 맞다. 나는 자리를 배정할 때 책걸상 하나를 더 구해 자리를 마련한다. 회의시간에 나는 교사가 아닌 반의 구성원의 한 사람으로서 발언권을 얻고 발표한다. 교단에서 들리는 교사의 말은 무겁다. 교사의 말 한마디가 규칙이나 교리처럼 느껴질 것이다. 교사와 학생이 같은 위치에서 회의에 참여하고, 서로를 설득하는 과정을 거쳐야 한다.

학급회의에 학생들이 자기 의견을 갖고 적극적으로 참여하게 만들려면 교사가 도와주어야 한다. 첫 회의에서 교사를 반대하게 만들면 쉬워진다. 예를 들어, 청소 원칙을 정할 때 매일 모두 남아 대청소를 하자는 의견을 교사인 내가 낸다. 이 견해에 대해 아이들은 여러 문제점을 지적한다. 다 듣고 내 주장을 포기한다. 이후 대안을 제시한 아이들의 의견을 지지한다. 교사가 일부러 학생에게 져주는 것이다. 이 과정을 통해 아이들은 교사의 말도 하나의 의견일 뿐이라는 것을 인식할 수 있다. 그래야 아이들이 진짜 하고 싶은 말을 꺼내놓는다. 자기 의견을 갖고 표현하는 것은 민주 시민이 되는 데 꼭 필요한 요소이다. 자유 속에서 자기 생각을 찾아내고, 다른 사람과 대화하면서 의견을 정리하여, 모두에게 맞는 방식을 선택하는 경험은 아이들이 공동체를 만드는 데 중요하다.

악역은 제가 맡겠습니다

아이들이 학급회의에서 처리할 문제가 있다고 했다. "국어 시간에 김○리와 김○현이 떠든 것에 대해 회의 했으면 좋겠습니다!" 어떻게든 벌을 주려는 말투였다. 어제 회의 때도 싸우더니 이제 회의가 고자질하는 자리가 되었다. 내가 나섰다. "우리가 회의를 하는 이유는 서로 친해지고, 행복하게 학교생활을 하기 위한 것입니다. 그런데 서로 싫어하는 자리가 된 것 같습니다. 수업 시간에 떠든 것을 지적하는 것은 선생님이 할 일입니다. 여러분이 벌을 줄 필요가 없습니다. 여러분은 같이 걱정을 하고 해결 방법을 찾아야 합니다. 왜 친구들이 떠들었는지 물어보고 같이 해결하기 위해 힘을 모아야 합니다. 지난번 두 학생이 역사 시간에 떠들어서 혼났습니다. 한 학생이 해결 방법으로 두 친구의 자리를 바꾸자고 했는데 바꿔주는 친구들이 없다고 했습니다. 선생님에게 혼난 것도 힘든데 아무도 도와주지 않고 비난만 하면 기분이 어떨까요? 괴롭고, 힘들고, 외로울 것입니다. 여러분들은 서로 도와야 합니다. 그래서 친구가 행복할 수 있게 해야 합니다. 혼내는 것은 나중에 선생인 제가 하겠습니다."

– 2016년 4월 20일 교사 일기

이렇듯 회의시간에 아이들은 서로의 잘못을 고자질하고 비난하기 바쁘다. 교사 대신 친구의 행동을 수정하려고 하니 교사의 입장에서 기특하게 보이기도 한다. 일반적으로 학급회의를 하면 주로 규칙을 정하고, 위반자를 색출하고, 처벌 방법을 고민한다. 학교에서 지켜야 할 규칙은 부족하지 않다. 위반자를 골라내는 것은 서로의 관계를 악화시킨다. 처벌은 학생이 할 일이 아니다. 처벌을 받은 아이의 마음 안에는 분노와 화가 쌓인다. 벌을 받는 학생은 자신의 행동을 돌아보기보다는 그 벌을 누가 부여했는가를 보고 그 사람을 미워한다. 교사가 야단치면 교사가 싫어지고, 다수의 친구가 벌을 주면 그들과 멀어진다. 모두에게 좋지 않다.

다른 방식으로 접근하자. 회의를 통해 자신의 잘못을 인정한다면 그 사람은 같은 실수를 반복하지 않을 방법을 스스로 찾는다. 다른 사람에게 말이나 행동으로 상처를 주었을 때 사과 편지를 써서 칠판에 게시하기도 하고, 지각을 했을 때 늦기 않기 위한 계획과 다짐을 써 붙이기도 한다. 그 내용은 상황에 따라, 사람에 따라, 잘못한 정도에 따라 다르다. 자신에게 맞는 해결책을 찾으면 지킬 확률이 높다. 즉 자유롭게 살아갈 방법을 함께 만들어가는 것이다. 학교생활이 힘든 친구의 이야기를 듣고, 도와줄 방법을 찾는 것이다.

학급에서 교사와 학생은 피곤하다. 교사는 칭찬보다 잘못된 것을 먼저 찾고 학생은 걸리지 않으면 괜찮다고 생각한다. 교사는 아이의 잘못을 어떻게 교정해줄까 고민하고, 학생은 자기들이 이해받지 못한다고 생각한다. 교사는 말로 가르치려고만 하고 학생은 배우려 하지 않는다.

처음에 나는 교사의 말이 학생의 행동 변화에 영향을 준다고 생각했다. 그러나 내 앞에서 '네'라고 말하는 학생의 행동이 쉽게 변하지 않았다. 지각하던 학생은 1년 동안 고치지 못했고, 산만한 학생은 내 수업 시간 빼고 다른 시간에서 말썽을 일으켰다. 나는 그들이 말을 듣지 않으면 더 심한 벌을 주기만 할 뿐이었다. 악순환의 반복이다. 서로 감정만 상하고 관계는 안 좋아졌다. 나는 학생을 믿지 못했고, 학생에게 나의 말은 잔소리로 들릴 뿐이었다.

스스로 잘못을 고치기 위해서는 미안함이나 부끄러움을 느껴야 한다. 미안함과 부끄러움은 자발적으로 생기는 감정이다. 스스로 느끼게 하려면 많은 사람이 같은 생각을 가지고 있다는 것을 알게 해야 한다. 이것은 교사 혼자서 할 수 없다. 학생들 도움이 필요하다. 문제를 공론화하여 원인을 파악하고, 해결을 위해 같이 노력해야 한다. 예를 들어보자. 우리 학급에 지각을 습관적으로 하는 학생이 있었다. 회의 시간에 그에게 왜 지각을 하는지 물어봤다. 늦게 자기 때문이라고 대답했다. 왜 늦게 자냐고 되물으니, 학원에서 늦게 끝나서라고 말했다. 모두들 학교보다 학원을 더 중요하게 여기는 것은 잘못이라며 그 학생을 타박했다. 그는 자기도 학원 가기 싫은데 엄마가 가라고 해서 그렇다고 화를 냈다. 난상토론 후 학원이 원인이니 학원 시간을 조정해달라고 담임교사가 그 학생 어머니에게 부탁드리고, 같은 아파트에 사는 학생이 같이 등교하기로 결론이 났다.

이처럼 회의를 하면 문제의 정확한 원인을 알 수 있다. 동등한 위치에 있는 친구에게 말하니, 교사의 권위에 눌려 상황을 모면하기 위해 만든 거짓된 말이 아니라 진짜 이유가 나온다. 이때 교사가 학생의 말을 무조건 경청하고 이해하는 것이 중요하다. 섣불리 도덕적인 판단을 내려 잘못을 지적하면 학생은 다시 입을 닫는다. 거짓말이 아니라면 어떤 이유도 인정해야 한다.

학생들이 학급회의를 통해 교실 생활을 이끌어나간다고 해서 갈등이 사라지거나 문제가 잘 해결되는 것은 아니다. 오히려 아이들이 맡으니 문제가 더 많고 해결 방법이 서투를 수 있다. 생각해보면 같은 나이의 삼사십 명을 한 곳에 몰아놓고 아무 문제 없는 생활을 기대하는 것 자체가 잘못됐다. 열다섯 살 아이에게 좋은 해결 방법을 요구하는 것도 무리다. 중요한 것은 문제나 해결책이 아니라 그것을 누가 해결해야 하는가이다. 문제가 발생하면 학생들은 선생님을 바라보고, 담임교사는 자신이 책임이 있다고 생각해 문제를 주도적으로 해결한다. 그렇게 하면 문제는 합리적으로 해결될 수 있어도, 학생들은 생각할 기회를 잃는다. 같은 문제가 반복되지 않으려면, 문제의 주체끼리 해결하게 만들어야 한다. 한 학생이 수업시간에 산만하여 방해가 되었다면, 문제를 일으킨 학생과 그로 인해 피해를 입은 같은 반 학생이 해결해야 한다. 친구들끼리 그 아이가 왜 그러는지 같이 고민하고, 도와줄 방법을 찾아야 한다.

우리가 이야기한 것들

학급회의가 익숙해지면 학생들은 학교생활과 관련된 많은 내용을 이야기한다. 다음은 학급회의에서 주로 논의되었던 안건이다.

- 학급회의는 왜 해야 합니까?
- 자리 배치와 배정은 어떻게 할까요?
- 수학 시간에 지적을 많이 받는 ○○를 어떻게 도와줘야 할까요?
- 수업 시간에 떠든 학생들의 자리를 바꿔야 할까요?
- 수업 시간에 자리를 바꾼 학생을 어떻게 할까요?
- 친구를 놀리거나 때린 학생을 어떻게 할까요?
- 청소를 도망간 학생을 어떻게 할까요?
- 지저분한 교실을 어떻게 깨끗하게 만들 수 있을까요?
- 가정통신문을 누가 걷을까요?
- 휴대폰을 일괄적으로 걷어야 하나요, 개인이 가지고 있어도 되나요?
- 휴대폰을 안 낸 학생들을 어떻게 할까요? 휴대폰 관리하는 사람이 힘들어하는 것 같은데, 어떻게 도와줘야 할까요?
- 꽃놀이를 어디로 갈까요?
- 학급 단합 대회에서 무엇을 할까요?
- 소화기를 뿌린 ○○○를 어떻게 할까요?
- 반 티의 가격은 얼마가 적당할까요?

- 회의에 참여하지 않는 문제를 어떻게 해결할까요?
- 회의 방식을 어떻게 바꿀까요?
- 점심시간에 회의를 하면 어떨까요?
- 교사에게 반말한 학생을 어떻게 해야 할까요?
- ○○○가 한 행동에 대해 이야기해봅시다.
- 계속 지각하는 학생을 어떻게 도와줄 수 있을까요?
- 독재를 해야 할까요, 말아야 할까요?
- 독재에서 어떻게 벗어날 수 있을까요?
- 지갑 분실 사건을 어떻게 해결할까요?
- 교사를 속이고 무단 조퇴를 한 학생을 어떻게 할까요?
- 복학생 형이 휴대폰을 소지하고 있어도 되나요?
- 전학 가는 친구와 피자를 먹고 싶은데 학급비를 사용해도 되나요?

여러 주제 중 매년 치열하게 논의돼온 휴대전화 관련 내용을 이야기해보자. 대부분의 학교에서는 휴대전화와 관련해 '등교하면 걷고, 하교하면 나눠주는' 방식의 규칙을 적용한다. 그러나 시간이 흐를수록 휴대전화 수거 가방은 가벼워진다. 소지하려는 학생과 뺏으려는 교사 사이의 실랑이는 끊임없이 반복된다.

문제가 발생하면 해결 방법을 고민한다. 무조건 규칙을 지키라고 강요하고 어길 때 처벌 방법을 정하는 것은 해결책이 아니다. 상황을 있는 그대로 인식하고 원인을 찾기 위해 노력한다. 현상은 수용하되 원인을 분석해야 한다. 그래서 우리는 '왜 우리는 휴대전화를 내지 않고 가지고 있는가?'로 회의를 한다. 이 주제로 회의를 하면 눈빛부터 달라진다.

"학창 시절 추억을 담은 사진이 필요합니다."
"공부할 때 모르는 내용을 쉽게 찾을 수 있습니다."
"쉬는 시간에 게임을 하면서 학업 스트레스를 풀 수 있습니다."
"갖고만 있어도 마음이 편해집니다."

학생들 말만 들으면 휴대전화는 반드시 가지고 있어야 하는 물건이다. 그렇다고 그들의 말이 무조건 옳다고만 할 수 없다. 다른 사람 입장도 생각할 기회를 줘야 한다. 학부모, 교사, 타반 학생 등 학교 구성원의 생각도 물어봐야 한다고 제안한다. 설문지를 만들어서 의견을 조사하고, 인터뷰를 통해 생각도 들어봐야 한다고 말한다. 이 말을 듣고 아이들은 쉬운 문제가 아님을 깨닫는다.

이후 아이들의 반응은 둘로 나뉜다. 복잡한 과정을 거치느니 교칙대로 하자는 아이들이 대부분이고, 어렵더라도 노력해서 권리를 찾자는 학생들도 존재한다. 후자의 의견이 다수였던 적은 딱 한 번 있었다.

2개월에 걸친 회의 결과 '휴대전화 제출을 개인의 판단에 맡기자'로 결론이 났고, 학생들은 다음의 세부 규칙을 만들었다.

1. 교실에서만 사용한다.
2. 다른 반 학생들의 출입을 금지한다.
3. 자신의 전화를 남에게 양도하지 않는다.
4. 교내에서는 무음 상태를 유지한다.
5. 다른 사람의 동의 없이 사진 촬영을 금지한다.
6. 충전기를 사용하지 않는다.
7. 나쁜 목적으로 사용을 금지한다.
8. 교실 밖 또는 수업 시간에 휴대전화를 사용하다 걸리면 아침에 무조건 제출한다.

학교에 영향을 주지 않기 위해 교실에서만 사용하고, 다른 반 학생의 출입을 통제하면서, 전화기를 빌려주지 않기로 했다. 반 친구들에게 피해를 주지 않기 위해 무음 상태를 유지하고, 함부로 사진 찍지 않으며, 충전기를 사용하지 않기로 약속했다. 휴대전화 사용의 목적이 학습의 도움, 친구와 관계 향상 등이었기 때문에 부정적인 의도를 가지고 사용하는 것을 금지하였다. 마지막으로 7가지 규칙을 지키지 않을 때 제출하는 조항도 마련하여 스스로 단속하였다.

물론 이 규칙을 다 잘 지킨 것은 아니다. 많은 학급 구성원이 약속을 어겨 다시 원래 상태로 돌아가기도 했다. 그런데 중요한 것은 규칙 준수 여부가 아니라 모두의 자유를 지키기 위해 끊임없이 노력했다는 사실이다. 욕망을 스스로 억제하고, 타인을 고려하며, 공동체의 가치를 만드는 과정을 함께 한 학생들은 정해진 규칙을 지키기만 한 아이들보다 더 많은 생각과 경험을 했다는 것은 분명하다. 이는 학생이 시민으로 성장하는 데 좋은 영향을 주었다고 확신할 수 있다.

좋은 교사는 좋은 독재자다

학기 초 나는 학생들에게 독재와 민주주의의 차이를 설명한다. 담임교사가 학급을 운영하는 것은 혼자 결정하는 것이기 때문에 독재라고 단호하게 말한다. 교실민주주의는 교사가 학생의 요구를 학급 운영에 잘 반영하는 정도로는 이루어지지 않는다. 학생 이야기를 잘 듣고 결정하는 교사는 '좋은 독재자'일 뿐이다. 민주주의는 권력을 평등하게 나누는 것이다. 교실에서 더 많은 공적 권력을 가진 교사가 결정권을 학생들에게 돌려주어야 한다.

내 교실 활동의 핵심은 권력자가 되지 않는 것이다. 내가 생각하는 권력자의 정의는 '누군가에게 무엇을 시키는 사람'이다. 학업이나 학교생활과 관련된 일을 학생에게 시킬 수 있는 교사는 권력을 가졌다고 할 수 있다. 교사가 권력을 내려놓는다는 의미는 학생에게 무언가를 시키지 않는 것이다. 예를 들어 지각한 아이에 대한 벌을 교사가 결정해서 부여하는 것이 아니라 학급 구성원과의 회의를 통해 해결 방법을 찾게 한다. 학생들이 교사에게 어떤 문제에 대한 결정을 요구할 때 나는 '학급회의 시간에 얘기해보자'라고 말한다.

권력을 가지면 사람이 바뀐다. 몸에서 테스토스테론과 도파민의 분비가 촉진되어 사람을 도전적으로 만들고, 무슨 일이든 할 수 있을 것 같은 느낌에 사로잡힌다.[18] 그러나 다른 사람을 이해하거나 공감하는 능력은 떨어진다. 교사가 권력을 가지고 학급을 운영하면 교사가 원하는 대로 아이들을 바꿀 수 있다. 반대로 교사가 권력을 나누면 학생과 있는 그대로 만날 수 있다. 나는 학생들과 솔직히 만나고 싶다.

권력을 내려놓자 행복해졌다. 화를 내지 않게 되고, 잔소리를 덜하고, 설교하는 일이 적어졌다. 학생들은 권력이 없어진 교사를 무시하지 않고, 대화의 상대로 여기기 시작했다. 나에게 불만을 털어놓고, 진심을 표현하고, 조언을 구했다. 우리는 점점 가까워졌다. 진실한 이야기를 나누고 정서적으로 연결되면서 인간적인 만남이 이루어졌다. 권력자가 사라지자 더 많은 사람이 행복해졌다.

교사가 권력을 내려놓았다고 교실이 무조건 평등해지지는 않는다. 또 다른 권력을 가진 사람이 출현한다. 과거 반장, 부반장으로 불렸던 학생 대표이다. 2014년에 회의 진행을 학급회장에게 맡겼다. 2학기에 리더십을 갖춘 회장이 뽑혀 학급회의가 잘되고 있다고 생각하던 차에 옆 반 선생님이 우리 반 회의 장면을 보고 이렇게 말하는 게 아닌가. "회장이 교사처럼 회의를 진행하던데요?" 회의 과정을 유심히 살펴보니 과연 회장이 의견을 내지 않는 친구들을 야단치고, 갈등을 일으킨 학생들에게 벌을 주고 있었다.

---

18) 이안 로버트슨, 이경식 역, 『승자의 뇌』, 알에이치코리아, 2013.

사실, 학급 임원에게 교사의 권한을 부여하고, 책임을 묻는 것은 아이들에게 가혹하다. 교사의 말도 안 듣는 상황에서 동급생 말을 따르게 하는 것은 불가능하다. 운 좋게 학급 임원이 카리스마가 있어 아이들을 잘 따르게 만들어도 권력자의 역할을 대신하는 것뿐이다. 권력은 집중되는 속성을 가지고 있기 때문에 그것을 나누는 장치가 반드시 있어야 한다. 교실 권력을 나누기 위해 학급 대표를 번호 순서대로 돌아가면서 맡는 윤번제를 실시하기로 하고, 학급자치회 선거에서 다음과 같이 말했다.

　　"학급 대표는 회의를 맡은 진행자, 기록자 두 명이 하겠습니다. 기존 학급회장, 부회장 역할을 매일 두 사람씩 돌아가며 하는 것으로 생각하면 됩니다. 그리고 회장, 부회장, 서기를 뽑을 것인데 이 역할은 반을 대표하는 것이 아니라 봉사하는 것입니다. 반이 잘 운영되도록 친구들과 선생님을 돕는 역할이라고 생각하면 됩니다. 예를 들어 친구가 아파서 청소를 못하면 학급 임원이 도와줍니다. 선생님 대신 가정통신문을 걷어줄 수도 있습니다. 친구들이 떠들었다고 임원이 책임지지 않습니다. 학급 임원의 혜택은 별로 없습니다. 기록, 명예, 간식 등이 있을 수 있습니다. 봉사를 해야 하기 때문에 추천은 받지 않겠습니다. 학급을 위해 노력할 수 있는 사람만 지원하기 바랍니다."

　　학교에서 정한 학급회장, 부회장 선발은 순전히 봉사할 사람으로 뽑는다. 30명의 아이들 중 학급을 위해 봉사할 착한 아이 한둘은 있기 마련이다. 직위를 맡았다고 책임질 일은 없으니 부담이 적어 지원하는 학생도 많다. 학급 대표를 돌아가면서 하니 공적 권력이 한 사람에게 집중되지 않는다. 모두가 의장을 해볼 기회가 생긴다. 청중 속의 한 명으로 있을 때와 의장의 위치에서 회의를 진행할 때의 느낌은 다르다. 진행자 역할을 하고 나면 자신의 의견을 말하는 데 어려움을 덜 느껴 회의가 점차 활발하게 진행된다.

교실에는 권력을 공식적으로 부여받은 학급임원 외에 비공식적 권력자도 존재한다. 주로 외모가 좋은 아이, 잘 노는 아이, 말 잘하는 아이, 인기 많은 아이, 선배들과 친한 아이, 공부 잘하는 아이 등이 비공식적인 권력을 차지한다. 교사는 학생들 간의 비공식적 권력관계를 잘 파악하고 대처해야 한다. 이것은 내가 뼈저린 실패를 겪고 얻은 교훈이다. 학급회의를 시도했던 첫해에 아이들끼리 회의할 시간을 주었다. 학급에서 발생한 문제와 관련한 안건을 던져주고, 회의를 한 후 결론을 가져오라고 시켰다. 반장이 회의 결과를 가져오긴 했는데 문제는 잘 고쳐지지 않았다. 이듬해 우연히 한 학생이 그때 회의가 어떻게 진행됐는지 얘기해줬는데, 목소리가 큰 두 아이가 나를 비난하는 데 대부분의 시간을 사용했다고 전했다. 그들은 말썽을 자주 일으켜 지적을 여러 차례 받아서 불만이 많았다. 그때 학생들은 문제를 제대로 논의하지 않은 채 선생님이 만족할 만한 대답을 써 냈고, 남은 건 교사에 대한 원망과 미움뿐이었다.

둘만 있어도 권력관계는 생긴다. 중요한 것은 좋은 사람이 권력을 잡아야 하고, 한쪽으로 치우쳐서는 안 된다는 것이다. 학년이 시작되어 새로운 학급이 구성되면 학생들 사이에 권력관계가 형성되는데 이때 교사는 권력을 조정하는 역할을 해야 한다. 교실에서 권력을 가질 만한 사람이 누구인지 파악하고, 권력의 균형을 맞추기 위해 특별한 방법을 사용할 필요가 있다.

대체로 학급회의를 하면 다수의 학생은 침묵하고 특정 사람만 의견을 내는 경우가 많다. 학생들이 생각이 없어서 참여하지 않는 것은 아니다. 교실이라는 공간은 어떤 사회 공동체보다 인간관계가 복잡하다. 여러 그룹이 존재하고, 학생들끼리 서열을 기반으로 한 질서가 만들어져 있는 경우도 있다. 스즈키 쇼는 『교실 카스트』에서 하위 그룹에 속한 학생들은 권력을 가진 아이들에게 비난받지 않으려고 입을 닫는다고 한다.[19]

자신의 생각을 솔직하게 표현할 수 있는 학생은 많지 않다. 어떤 학생에게는 좋고 싫음을 표현하는 데도 용기가 필요하다. 학생들 사이에서는 보이지 않는 감정이 교류되고 규칙이나 법으로 처벌할 수 없는 따돌림이 자주 일어난다. 대부분의 학생은 자신의 본모습을 드러내기보다 다른 사람의 평가를 의식하며 지낼 수밖에 없다.

교사는 이러한 교실 구조를 바꾸고 새로운 관계를 만들기 위해 의

---

19) 스즈키 쇼, 김희박 역, 『교실 카스트』, 베이직북스, 2013, 171쪽.

식적으로 노력할 필요가 있다. 학생들은 교사의 말보다는 교실 환경에 영향을 많이 받는다. 여기서 환경이란 교실 안의 권력 구조, 분위기 등을 말한다. 교사는 안정적·민주적·평화적 교실 환경을 만들어야 한다. 학기 초에 모두가 동등하게 말할 수 있는 분위기와 시스템을 구축할 필요가 있다.

이를 위해서 교사가 할 일이 있다. 먼저 교실 권력을 가진 학생의 의견을 학급 구성원이 어떻게 받아들이는지 관찰해야 한다. 상위 그룹에 속한 학생이 낸 의견이 좋아서라기보다는 그가 속한 그룹의 결속력과 영향력이 무서워서 받아들이는 경우가 종종 있다. 그때는 교사가 나서서 그 학생의 의견을 논리적으로 반박해야 한다. 더 큰 권력을 가진 교사가 반대편에 서서 균형을 잡아 다수의 구성원이 아무런 생각 없이 수동적으로 끌려가는 것을 막아야 한다.

권력을 가지지 못한 학생들에게 힘을 실어주는 것도 필요하다. 나는 회의에 참여하지 않는 학생을 몰래 부른다. 제안할 안건에 대한 생각을 물어본 후 그것을 회의에서 말하면 내가 지지 발언을 하겠다고 약속한다. 회의에서 그 학생이 자기 의견을 말하고 교사가 그 주장의 근거를 보강하면 누구도 쉽게 발언자의 의견을 무시하지 못한다. 의견이 존중받는 경험을 한 친구는 다른 안건에 대해서도 자신의 의견을 말할 수 있는 용기를 갖게 된다.

독재하지 않게 해주세요

학급회의를 하면 자유롭게 생각을 말하고, 서로의 의견을 존중하며, 모두에게 맞는 공동체가 될 거라고 상상했다. 하지만 이상과 현실은 다르다. 아이들이 합의를 가볍게 여기고, 마음대로 행동하며 회의를 진지하게 대하지 않는 경우가 생긴다. 이때는 잠시 멈춰서 생각해야 한다. 멈추고 생각하기 위해 '독재'라는 장치를 이용한다. 독재 기간에 교사는 아이들이 자유롭게 행동하지 못하도록 엄격한 규칙을 정한다. 어기면 그에 상응하는 벌을 내린다. 이 단순한 작업만으로도 학생들은 순한 양으로 돌아간다.

독재는 강한 형태, 약한 형태로 나뉜다. 강한 형태의 독재는 교사가 아이들의 모든 행동을 결정한다. 화장실 가는 것, 물건 빌리는 것 등 움직일 때마다 교사의 허락을 받게 한다. 쉬는 시간에 교사가 교실에 들어가 감시하고, 아이들은 책을 읽는다. 간단히 표현하면 교실을 도서관처럼 만드는 것이다. 약한 형태의 독재일 때는 교사가 쉬는 시간에 교실에 들어가지 않으나, 수업 종이 치면 수업 준비가 되지 않은 학생을 지적한다. 교칙을 엄하게 적용하여 어긴 학생은 그에 상응하는 처벌을 냉정하게 내린다. 이렇게 독재를 하면 민주적으로 생활할 때보다 학급이 더 잘 돌아간다. 수업 때 지적을 받는 학생이 줄어들고, 장난치는 학생이 없고, 전체적으로 조용한 분위기로 바뀐다. 이 순간 교사와 학생 모두 헷갈린다. '역시 교사가 학급을 운영해야 된다'라는 명제가 증명된 것 같다.

자유는 의무나 책임을 다해야만 부여되는 것이 아니다. 인간이라면 누구나 누려야 할 기본적 권리다. 교사라고 해서 학생들의 자유를 함부로 뺏을 수 없다. 독재는 자유의 소중함을 느끼게 하기 위한 임시방편일 뿐이다. 교사는 자신의 행동을 정당화해서는 안 된다. 교사가 한다고 독재가 교육적 행위가 되는 것은 아니다. 다만, 잠시 악역을 담당하고 있다고 생각한다. 잠시 악당 연기를 하는 것이다. 독재자가 출현하면 학생들은 이전에 누린 권리가 얼마나 소중한지 깨닫는다.

독재는 일정 기간만 하고 다시 민주적인 교실로 돌아와야 한다. 독재가 계속되면 사람은 자유의 느낌을 잊어버린다. 영화 〈쇼생크 탈출〉에서 50년 동안 감옥생활에 길들여진 브룩스는 자유를 무서워했다. 가석방을 받고 출소하지만 자유에 적응하지 못해 결국 스스로 생을 마감한다. 이처럼 사람은 자유와 멀어지면 자유를 두려워하게 된다. 12년 동안 통제된 삶속에서 학생들 역시 자신을 잃어버릴 가능성이 커진다. 학교와 교사는 아이들에게 자유를 경험하게 해야지 잃게 해서는 안 된다.

간혹 교사가 독재하는 방식을 좋아하는 학생도 있다. 교칙을 잘 따르고 교사의 말을 잘 듣는 성향의 아이들이 주로 그런 경향이 있는데 그들이 독재를 좋아하는 이유는 이제까지의 학교생활에서 주로 경험한 통제 방식이 익숙하기 때문이다. 이러한 학생들에게는 더욱 자유의 경험이 필요하다. 이 경험은 앞으로 누군가가 그들을 지배하려고 할 때 불편함을 느끼게 하고 저항해야 함을 알게 한다.

독재할 때 교사는 아이들의 마음이 어떻게 변하는지 관찰해야 한다. 내 경험을 종합해 보면 학생들은 크게 네 단계의 과정을 거친다.

- 1단계: 교사에 대한 원망
- 2단계: 독재의 장점 인지
- 3단계: 자유에 대한 그리움
- 4단계: 독재 체제를 타도하고 자유를 얻기 위해 노력

독재를 하면 학생들은 먼저 담임교사를 원망한다. '좋은 사람인 척하더니 똑같은 선생이야'라고 생각하면서 어쩔 수 없이 교사의 지시에 따른다. 그러다가 다른 교사의 칭찬을 듣고, 조용한 교실의 분위기 속에서 독재의 장점을 인지한다. 동시에 답답한 상황에서 벗어나고 싶어 하며 자유를 그리워한다. 이후 독재 체제를 타도하고 다시 자유를 얻기 위해 노력한다. 대체로 중학생은 3단계에서 4단계로 잘 넘어가지 못한다. 이때 교사가 도와줘야 한다. 독재를 끝낼 때 생각할 문제를 던져주기 위해 나는 다음과 같이 말했다.

"선생님이 독재를 하는 동안 여러분은 어떤 생각을 했나요? 교사가 학생들의 자유를 뺏는 것이 정당합니까? 교사가 원하는 대로 학급이 운영되는 것이 옳습니까? 대부분은 그렇지 않다고 생각했을 것입니다. 저도 잘못됐다고 생각합니다. 그런데 아무도 말하지 않았고, 바꾸려고 행동하지도 않았습니다. 뒤에서 무서워진 선생님을 욕

하면서, 앞에서는 잘 보이기 위해 연기를 하였습니다. 생각해보세요. 비겁하지 않습니까?

이 상황을 바꾸려면 어떻게 해야 할까요? 맞습니다. 서로 힘을 모아야 합니다. 같은 생각을 가진 사람끼리 이야기하고, 해결 방법을 고민해야 합니다. 독재를 끝내려면 여러분이 스스로 학급을 운영할 수 있다는 것을 증명해야 합니다. 잘못을 솔직히 고백하고, 앞으로의 방향에 대해 이야기해야 합니다.

한 가지 숙제를 내주겠습니다. 독재를 어떻게 끝내야 하는지 각자 생각해보고, 같이 논의하십시오. 논의한 내용을 들어보고 독재의 지속 여부를 결정하겠습니다. 자기 권리를 소중하게 여겨야 합니다. 권리를 제대로 사용하지 않으면 빼앗길 것입니다."

독재를 끝낼 때는 독재를 계속할지, 그만둘지 학생들에게 선택권을 주어 스스로 고민하게 해야 한다. 자신의 행동을 선택하지 않으면 마음은 움직이지 않는다. 만약 교사가 학생들의 요구를 무시하고 계속 독재를 한다면 비난의 화살이 교사를 향하겠지만, 선택할 기회를 주면 그 방법을 선택하지 않은 아이들이 책임을 느낄 것이다.

독재를 통해 학생들은 자유를 사용하는 방법을 배운다. 독재를 경험한 사람은 개인의 자유와 공동체의 질서를 어떻게 조화시켜야 하는지 고민하게 된다. 다른 사람의 자유를 위해 자신이 어떻게 행동해야 하는지도 생각한다. 그리고 우리 교실에 맞는 규칙과 질서, 체제를 만들어나간다.

우리는 어떻게 변했을까?

2016년에 연구자와 함께 학급을 관찰하고, 설문 조사와 인터뷰를 통해 1년간의 교실 생활을 분석했다. 다음은 학급회의를 중심으로 하는 민주적 학급운영 모형을 설계하고 실행 결과를 분석한 것이다.

첫째, 학생들은 학급회의를 운영하면서 자신의 의견을 공적인 공간에서 표현하는 능력과 다른 사람의 의견을 경청하는 태도를 일정 정도 기를 수 있었다. 둘째, 민주적 운영 원리에 입각한 학급회의와 담임교사의 독재적 학급운영을 번갈아 반복적으로 경험하면서 학생들은 이미 정해진 규칙을 일방적으로 따르는 것과 자신들이 스스로 규칙을 정하고 그 결과를 받아들이는 것 사이의 차이를 인지하게 되었다. 이와 더불어 학급 규칙을 위반하였을 때 학생들이 느끼는 미안함의 감수성이 증가하는 모습을 보였다. 또한 개인적인 차원에서 학교폭력 가해자와 피해자의 관계가 개선되었고, 뚜렷하게 긍정적인 행동 변화를 보인 학생들도 나타났다. 학교폭력과 관련하여 우리가 주목해야 할 또 다른 점은 학급회의가 학급폭력 문제를 공론화할 수 있는 장(場)으로 기능했다는 점이다. 이를 통해 학생들은 피해 학생의 감정에 공감할 수 있었고 그의 입장에서 학교폭력의 상황에 적극적으로 개입하려는 모습을 보였다.[20]

---

20) 정태윤·윤종필, 「민주주의 학급운영의 설계와 그 효과: 학급회의를 중심으로」, 『열린교육연구26』, 2018, 50쪽.

이러한 결론을 토대로 우리는 어떻게 변했을까?

첫째, 학생들은 함께 자유를 사용하고 공동체를 만드는 경험을 하였다. 나는 학생들이 1년 간의 학급회의를 통해 '솔직하게 생각을 표현하는 게 좋은 것이구나!'라고 느끼게 하고 싶었다. 우리는 개인이 자유롭게 말하고 함께 생활할 수 있는 공동체를 만들려고 노력했다. 개인보다 공동체를 우선하지 않았다. 공동체를 위해 개인의 희생을 요구하지 않고, 공동체의 힘으로 개인을 보호했다. 모두 똑같이 하는 것이 아니라 서로 다른 모두가 함께할 방법을 찾았다. 귀찮고, 오래 걸리고, 번거롭더라도 길을 찾기 위해 매일 회의를 했다. 개인을 존중하자 타인들이 보이기 시작했다. 학생들은 자신만을 생각하지 않았다. 서로를 이해하기 위해 노력했다. 처벌보다 도울 방법을 먼저 생각했다. 우리는 만들어가는 작은 공동체의 범위는 세계나 국가가 아니라 지금 내 옆에 친구들과 함께 있는 교실이다. 교실 생활은 교실에서 함께 지내는 사람들과 같이 살아갈 가장 좋은 방법을 찾아가는 것이다. 이 공동체는 교실 구성원 모두의 가치관, 도덕 기준, 삶의 목표 등을 반영한다. 서로의 다름을 인정하고, 모두가 원하는 행복을 찾고, 문제가 생기면 같이 해결한다. 물론 공동체에서 여러 사람이 자유를 누리기 위해서는 타인을 배려해야 한다. 그 배려는 책임의 형태로 나타난다. 책임은 법과 제도에 따르는 것이 아니라 사람을 향해야 한다. 법과 제도에 규정되어 있는 의무의 형태로서 책임이 아니라, 옆 사람이 불편하거나 불행해지지 않도록 내가 지켜야할 일이다.

둘째, '진짜 민주주의'를 배웠다. 폴 우드러프는 『최초의 민주주의』에서 민주주의의 대역으로 투표, 다수결의 원칙, 대표 선출제를 들고 있다.[21] 일반적으로 학급회의를 하면 대표를 뽑아서 의견을 모으고 투표하여 많은 사람이 찬성한 안으로 결론을 맺으려고만 한다. 사람들은 대역에 가려져 있는 민주주의의 진짜를 보지 못하고 있다. 우리는 민주주의의 핵심인 자유를 바탕으로 서로의 생각을 묻고, 차이를 줄이기 위해 토론하며, 모두를 위한 방법을 찾았다.

고대 그리스 아테네에서는 시민이라면 누구든 도시 행정에 참여할 수 있었으며, 광장에 모여 치열하게 토론하여 최종 결정을 내릴 수 있었다. 고대 아테네 사람들은 공적 사안 참여를 자랑스럽게 여기며 직접 민주주의를 실천하였다. 교실은 직접 민주주의를 실현할 수 있는 조건을 갖추고 있다. 30~40명의 소집단이고, 거의 매일 모일 수 있으며, 동등한 입장에서 말할 수 있다. 결정된 사항이 자신의 생활에 영향을 직접 미치는 경우가 많기 때문에 참여 동기도 충분하다. 우리는 대화하고 부딪치면서 우리에게 맞는 공동체의 가치를 지속적으로 개발했다. 학기 초에 정한 규칙을 1년 동안 지속하면 실패할 확률이 높다. 처음 만난 학생들이 서로 무엇을 원하는지 모르는 상태에서 규칙을 정하면 나중에 그 규칙이 맞지 않거나 필요 없는 규제로 작용할 수 있다. 학급 규칙은 생활하면서 차차 만들어가야 한다. 한번 정했다고 무조건 지켜야 하는 법이 아니라 언제든지 논의를 통해

---

21) 폴 우드러프, 이윤철 역, 『최초의 민주주의』, 돌베개, 2012.

수정될 수 있는 합의여야 한다. 1년 동안 함께 회의하면서 우리는 우리에게 맞는 질서를 찾을 수 있었다.

마지막으로, 갈등을 해결할 수 있었다. 2016년 3월 초 점심시간에 급식실에서 덩치 큰 학생이 몸집 작은 학생의 머리를 가격하는 사건이 발생했다. 가해 학생은 장난이었다고 했다. 보호자의 말을 들어보니 집에서도 한 살 위의 형과 과격하게 몸싸움하며 논다고 한다. 그 학생 입장에서는 장난이 맞다. 그러나 피해 학생은 말 한마디에도 상처를 입는 성향이었다. 그 사건으로 등교를 거부하고 전학까지 생각하고 있었다. 피해 사실을 학생과 보호자에게 처음 들었을 때는 가해 학생에 대한 분노의 감정이 일어났다. 엄하게 꾸짖고 학폭위(학교폭력대책자치위원회)를 열겠다고 말하고 싶은 욕구가 차올랐다. 그러나 시간을 갖고 생각해보니 그렇게 한다고 가해 학생의 행동이 근본적으로 바뀌지는 않을 것 같았다. 학폭위를 통해 가해 행동을 처벌할 수는 있지만, 그의 마음이 진정으로 바뀌지는 않는다. 모두의 도움이 필요하다. 나는 이 사건을 교실 구성원과 함께 해결해야 한다고 판단했다. 양쪽 학부모와 학생 모두에게 문제 해결 방식에 대해 설명하고 동의를 얻어 학급회의 안건으로 올렸다. 모두의 생각을 전부 들어보고자 둘러앉아 이야기를 나눴다.

"장난을 너무 심각하게 받아들이는 것 같습니다."
"원래 남자아이들끼리는 서로 때리고 놀리면서 놉니다."
"제가 봤는데 장난이라기에는 너무 세게 때렸습니다."

모두가 듣는 자리에서 서로의 생각을 나누면서 폭력에 대한 감수성의 차이를 확인했다. 그리고 앞으로 우리 교실에서는 폭력을 '내가 어떤 사람에게 말이나 행동을 했을 때 그 사람이 싫다는 감정을 느꼈을 때'라고 정의하기로 했다. 이것이 1년 내내 지켜지지는 않았지만 비슷한 사건이 발생하면 학생들이 먼저 회의를 제안했고, 함께 이야기했다. 다른 피해 학생들도 감정을 털어놓았고, 가해 학생은 잘못된 행동을 지적해달라고 요청하기도 했다.

결국 누구도 우리 반을 떠나지 않았다. 처음 갈등이 있었던 두 친구는 학기말쯤 되어 관계가 회복되었다. 피해 학생은 연구자와의 인터뷰에서 학급회의 이후 친구들과의 관계가 개선되었다고 말했다.[22] 가해 학생이 먼저 자신에게 말을 걸어왔고, 같이 밥도 먹으면서 서먹함 없는 사이가 되었다고 한다. 두 학생의 관계가 좋아진 이유 중 하나는 교사가 해결하지 않았기 때문이라고 자신한다. 학급회의를 통해 폭력에 대한 감수성을 확인하고, 그것을 지키기 위해 스스로 노력했다. 교사가 나서지 않고도 학생들은 문제를 해결할 수 있다.

---

22) 정태윤·윤종필, 「민주주의 학급운영의 설계와 그 효과: 학급회의를 중심으로」, 『열린교육연구26』, 2018, 48쪽.

다르지만 함께한다

사람들은 자신이 자유롭게 사고할 수 있다고 생각하지만, 그렇지 않을 때가 많다. 기존의 사회 구조를 벗어나서 새롭게 세상을 바라보기란 쉽지 않다. 과거에는 대학에 들어가서 한국 사회의 모순에 대해 고민하는 사람들을 만나 청년들의 생각이 바뀌는 경우가 많았지만, 지금의 대학에서는 그런 것을 기대할 수 없다.[23] 이러한 현실에서 초·중·고등학교에서 인위적으로라도 새로운 경험을 할 수 있게 해야 한다.

현재를 살아가는 사람들은 능력주의를 당연히 여기고, 자본주의를 기반으로 사고한다.[24] 사회 문제의 원인을 개인의 노력 여부로 치환하고 무임승차를 증오한다. 한국 사람들이 이렇게 생각하는 이유 중 하나는 인생의 경험이 개인적, 경쟁적이었기 때문이다. 자본의 필요에 의해 만들어진 경쟁에 익숙해져 중요한 것을 모른다.[25]

다양한 구성원과 공동체를 만드는 일은 지금의 한국 사회를 살아가는 청(소)년들에게 꼭 필요하다. 옆 사람과 대화하고 협력해서 무언가를 변화시킨 경험은 살아가는 데 큰 도움이 된다. 혼자 하는 것보다 여럿이 같이 할 때 더 좋은 결과가 나온다는 것을 알고 느껴야

---

23) 오찬호, 『진격의 대학교』, 문학동네, 2015.

24) 마이클 샌델, 함규진 역, 『공정하다는 착각』, 와이즈베리, 2020.

25) 강수돌, 『팔꿈치 사회』, 갈라파고스, 2014.

한다. 또한 주류 사회에 맞춰 자란 아이보다 좋은 것, 나쁜 것, 옳은 것, 틀린 것을 경험한 사람이 지혜롭다. 세상이 규정한 절대 진리에서 자유로워진 아이들은 자기 방식으로 진리와 삶을 고민할 수 있다. 그렇다고 모든 교실이 내 생각대로 될 수는 없고 그럴 필요도 없다. 어느 교실이나 단점이 있다. 나와 생활한 아이들은 사회적 합의를 통해 이미 만들어진 제도, 문화, 법 등을 습득하는 데 서툴 수 있다. 이 문제를 해결할 수 있는 사람은 다른 선생님이다. 내가 부족했던 부분은 다른 사람이 채워주리라 믿는다. 나와 생각이 다른 교사의 교육 철학과 방식에 맡긴다. 아이들은 다양한 교사와 교실을 통해서 더 많은 것을 배울 수 있다.

이 방법이 현실과는 안 맞을 수 있다. 지식의 습득, 경쟁에서 승리, 규칙 따르기를 무시할 수는 없지만, 이런 건 학교를 벗어나서도 익힐 수 있는 것이다. 학교는 그 이상을 체득할 수 있는 곳이어야 한다. 교실에서만 가능한 경험에 집중하자. 스스로 지식을 알아내고, 협력을 통해 함께하는 법을 익히고, 자신에게 맞는 공동체를 만드는 것은 학교에서만 할 수 있는 체험이다. 교사는 지금 사회에 적합한 인간보다 이상 사회를 만들 수 있는 사람을 길러야 한다.

학교보다 교실을 바꾸는 것이 더 쉽다. 학교가 바뀌기 위해서는 정책, 제도, 가치 등의 여러 변화가 수반되어야 하지만 교실은 교사의 의지와 용기만으로도 시작할 수 있다. 교사가 가진 권력을 학생들과 나누고, 아이들을 믿으면 된다. 교실은 하루 10분만 투자하면 교실 구성원 모두의 생각을 반영한 공동체를 만들 수 있다.

교실민주주의를 만드는 과정은 교사인 내가 성장하는 과정이기도 했다. 처음에는 민주적 교실을 만들기 위해 다양한 수단을 마련하고 시도했다. 대표적인 장치가 앞서 언급한 독재였는데 지금은 사용하지 않는다. 독재 여부를 결정하는 회의에서 한 학생이 '교사라도 자유를 뺏어서는 안 된다'고 한 뒤로 하지 않는다. 이외에도 많은 학생들과 대화를 나누면서 내가 가진 문제를 고쳐나갔다. 학생들은 부족한 교사를 가르치며 선생의 역할을 맡기도 했다.

민주주의는 완성될 수 없다

민주주의는 역동적인 개념으로, 시대와 상황에 따라 재해석된다. 민주주의가 시작될 때는 참정권이 확대되는 과정으로, '왕이나 귀족 등 소수가 차지한 권력이 다수의 국민에게 나누어지는 과정'이라고 민주주의가 정의되었다. 현재의 민주주의는 개인이 가진 다양한 권리를 공동체 속에서 실현하는 것이다. 어린이, 노인, 장애인, 여성 등 소수자의 권리까지 보호하는 것으로 개념이 확장되고 있다.

교실민주주의는 학급과 관련된 일을 교사가 결정하던 구조에서 벗어나 학급 구성원 모두가 대화를 통해 합의하는 구조를 만드는 것이다. 민주시민은 국어 시간에 말하는 법을, 수학 시간에 논리적으로 사고하는 법을, 도덕 시간에 타인 존중의 가치를, 사회 시간에 토론을 익히고, 역사 시간에 민주주의에 관한 역사적 사실을 안다고만 길러지는 것이 아니다. 학급 활동을 통해 지속적이고 직접적으로 민주주의를 경험해야 한다. 서로의 이야기를 듣고, 다른 의견을 존중하거나 비판할 줄 알며, 여러 주장을 조율하여 해결 방법을 도출해내는 과정이 필요하다. 이 과정은 1년 내내 계속해야 효과가 있다. 한 달에 한 번, 일주일에 한 번으로는 아이들이 믿지 못한다. 민주주의가 아이들 생활에 스며들어야 한다. 그렇다고 그 공동체가 1년 안에 완성되지는 않는다. 중요한 것은 아이들이 완성된 공동체를 체험하는 것이 아니라 만들어가는 과정을 스스로 하는 것이다. 아이들은 생각하고 느끼고 행동해야 배운다. 특별한 사건이 있을 때 실시하는 수업이 아니라 교실 생활에서 자신들이 원하는 공동체를 만들기 위해 무엇을 해야 하는지 항상 고민하게 하면 자연스럽게 민주주의를 익힐 수 있다. 우리가 회의를 통해 민주적인 교실을 만드는 이유는 교육과정에서 말하는 '민주적 인간 형성'이 목적이 아니라 아이들이 자신을 발견하기 좋은 방법이기 때문이다. 민주적 회의를 통해 아이들은 학교의 모든 일을 자기 나름대로 생각해서 말하고, 다른 사람의 의견도 들어보며, 가장 좋은 방법이 무엇인지 고민하게 된다.

내가 경험한 교실민주주의를 연수라는 이름으로 다른 교사에게 소개할 기회가 종종 있다. 교육계에서 통용되는 연수는 '배운 것을 실제로 익히는 자리'라는 의미를 갖기 때문에 나의 경험이 다른 교실에도 적용되어야 한다는 오해를 받기도 한다. 그러나 민주주의 공동체는 같을 수 없고 비교해서는 안 된다. 그 공간 안에서 살아가는 사람들의 가치와 원칙이 반영되면서 만들어지기 때문에 섣불리 우열을 가리는 것은 옳지 않다. 완전한 민주주의는 불가능하다. 다양한 사람들이 만든 민주적 공동체는 다 다르기 마련이다. 따라서 모두가 만족하는 민주주의를 실현하는 것은 이상으로 삼을 수밖에 없다.

교실에서는 1년마다 다양한 사람들이 새로운 상황 속에서 만난다. 그러므로 교실민주주의는 매년 다시 정의되어야 한다. 서로의 생각을 알아가고, 공동체를 운영하는 고유의 시스템이 만들어지고, 그 속에서 살아가는 사람들이 행복해졌다면 공동체에 맞는 민주주의가 만들어진 것이다. 어느 곳에서도 볼 수 없는 우리만의 공동체가 만들어졌다면 그때 교실민주주의가 이루어졌다고 자신해도 괜찮다.

마지막으로 내가 생각하는 교실 생활은 '사회에 나가기 위한 연습'이 아니라 '아이들이 지금을 살아가는 것'이다. 교육 활동의 결과는 다음 학년이 시작되면서 바로 산출되지 않는다. 아이들이 졸업하고, 나이가 들고, 사회의 주체로 커가면서 증명될 것이다. 교육의 효과는 쉽게 예상할 수 없다. 교사의 좋은 행동을 본받을 수 있고, 불합리한 처사에 분노하면서 배울 수도 있다. 하지만 한 가지는 분명해야 한다. 학생들이 옳음과 그름을 구분할 수 있어야 한다. 권력, 자본, 타인에 지배당하는 것이 옳지 않다고 판단해야 한다. 구성원 모두에게 진정으로 원하는 것을 물어보고, 그것을 위한 규범을 만들고, 행복을 추구하는 공동체를 만들어가길 바란다.

2장

교실
민주
주의

교실민주주의라는 말은 학급 민주주의라는 말을 대체하기 위해 신중하게 선택한 단어입니다. 학급이란 한 교실 안에서 함께 수업을 받는 학생 집단을 말합니다. 학생을 묶어내기에 적절한 단어이지만, 장소성을 나타내기에는 조금 부족한 말이라고 생각했습니다. 한 장소에서 드러나는 공간적 특성을 표현하기 위해 학급이 아닌 교실민주주의라는 말을 선택했습니다. 교실이라는 특정한 장소에서, 특히 대한민국의 지금을 살아가는 두 교실을 콕 집어 그 안에서 민주주의가 어떻게 함께 만들어지는지 살피고 싶었습니다.

교실의 아이들도 선생님도 과거 없는 백지상태가 아닙니다. 한 명 한 명이 저마다 다른 색깔의 과거와 고민을 안고 교실에 들어섭니다. 이렇게 다른 사람들이 만나 한 학급이라는 정체성을 형성하고, 서로 신뢰하고 존중하는 문화를 만들려면 어떤 노력이 필요할까요? 물론 그런 노력이 언제나 늘 성공으로 이어지지는 않는다는 것을 알고 있습니다. 그래서 때로 힘들고 실패했던 경험이나 소소해 보이는 첫 시도도 맥락에 맞게 담기 위해 노력했습니다. 이번 장에 등장하는 교실민주주의의 모습이 완벽하지 않다는 이야기입니다. 완벽한 시도도 아니고, 교실민주주의의 이상향을 제시하고 있지도 않습니다.

지금 초등학교와 중학교에 근무하고 있는 두 교사의 교실을 한번 들여다본다고 생각해주세요. 다만 교실민주주의와 학교자치라는 단어를 마음에 품고 있는 사람들이라는 점은 기억해주세요. 그 교실은 다른 교실과는 어떤 점이 같고 또 어떤 점이 다를까요? 서태지와 아이들이 노래했던, 사방이 막히고 모두를 덥석 먹어 삼킨 시커먼 교실에서, 얼마만큼 앞으로 또는 뒤로 나아갔을까요?

초등 : 조금씩, 함께 만들어간다

조금은 다른 학급운영

몇몇 말하는 사람들에 의해서 운영되는 것이 자치가 아닐 것이다. 학교 구성원 스스로가 생각하고 판단하고 책임지는 것이 학교자치이고, 교실자치는 교실 안에서 이루어지는 활동들을 스스로 생각하고 책임지는 것이다. 자치는 서로를 존중하는 마음이 기본이고, 존중의 마음은 관계 형성을 통해 습득할 수 있다.

학교는 친구 관계를 통하여 작은 사회를 경험한다. 관계가 좋다면 학교폭력 등 문제발생의 가능성이 낮아진다. 친구를 존중하고, 서로 함께 하는 활동 등이 있다면 학교생활은 더 행복할 수 있다.

친구끼리 존댓말 사용하기

나는 신규교사 시절부터 반 친구들 사이에서 존댓말을 사용하게 하고 있다. 대단한 활동은 아니지만, 실제로 존댓말을 교실에서 사용하는 경우는 거의 없다. 교사가 학생에게 존댓말을 사용하는 경우는 많아지고 있지만, 친구끼리 존댓말을 사용하는 것은 생각보다 생활화하는 것은 쉽지 않다. 그래도 서로 존댓말을 사용하게 해보니 긍정적인 효과가 컸다. 반말을 사용하면 욕설도 자연스럽게 나오는 경향이 있다. 평상시 존댓말을 사용하면, 욕설을 방지할 수가 있었다. 욕만 안 해도 다툼이 크게 준다. 가까운 사이일수록 존대하면 서로 존중하는 마음을 자연스럽게 갖게 된다. 교사 역시 존대어 사용을 일상화함으로써 권위적인 태도를 버릴 수 있어 학생들의 의견을 듣는 데 도움이 된다.

"○○님, 지우개 좀 빌려주세요."
"○○씨, 나랑 놀아요."
"○○님, 이것 좀 알려줘요."

처음 존댓말 지도를 시작하면, 학생들은 불편을 호소한다. 하던 대로 반말을 이용하는 것이 더 편할 수 있지만 시간이 흐르면 존댓말을 하는 불편한 상황도 학생들은 곧 적응한다. 존댓말이 익숙해졌을 때 존댓말 사용을 중지하고 반말을 쓰게 해본 적이 있었다. 다툼의 빈도가 눈에 보이게 상승했다. 갑자기 큰 다툼이 일어난 건 아니지만 함부로 대하는 느낌 때문에 기분이 상하는 상황이 발생하기 시작했다. 학급회의를 통해 존댓말 사용 재실시 여부를 논의했는데, 내가 기억하기로는 두 표차로 존댓말 사용으로 결정되었다. 존중받길 바라는 아이들의 마음을 확인할 수 있는 시간이었다. 자치를 시작함에 있어 서로를 존중하는 마음을 가지는 것이 기본이다. 친구끼리 서로 존중하고, 교사가 학생을 존중하는 태도는 평소 언어습관에서부터 시작된다.

선생님, 학급야영 해요!

"학급야영을 하지 않는 교사는 교사가 아니야!"

한 선배 교사의 주장이 나를 도발했다. 학급야영이 얼마나 좋기에 그렇게까지 말하나 싶었던 나는 곧바로 시도해보았다. 첫 학급 야영은 동학년 교사 모두와 선배 교사들의 도움을 많이 받았다. 아이들은 무척 좋아했지만, 담임교사인 나는 너무 힘들어서 몸살이 났다. 하지만 아이들이 즐거워하는 모습을 보는 게 좋아서 한 해에 다섯 회 이상 학급야영을 했다. 다른 학급, 다른 학년 학생들도 덩달아 요구해대는 바람에 동학년 및 다른 학년의 야영까지 책임지게 되는 부작용이 있긴 했지만, 학급야영은 고생하는 만큼 보람이 큰 활동이다.

학급야영에서는 모둠 단위로 음식, 장기자랑, 놀이시간 등을 스스로 준비한다. 이 과정에서 자치역량이 부쩍 커진다. 식사 준비를 위해 메뉴를 고르고 재료를 구하고 요리 방법을 익히는 과정에서 역할 나눔이 긴밀하게 이루어져야 한다. 그 과정에서 실수, 실패, 성공을 고루 경험한다. 약속한 재료를 가지고 오지 않는 사람도 있고 한 사람의 실수로 맛을 망치기도 하지만 누구를 원망하거나 분위기가 나빠진 적은 없었다. 재료가 없으면 없는 대로 있으면 있는 대로 해나갔고, 맛이 있거나 없거나 상관없이 즐거웠다. 중요한 건 함께하는 시간이다. 장기자랑도 마찬가지다. 준비하는 과정이 쉬울 때도 있고 어려울 때도 있다. 하지만 아이들은 그 과정과 행사 자체를 즐긴다. 다양한 협력과정이 필요한 상황에서 의견을 조율해가며 어려운 상황도 겪지만 아이들은 열심히 준비한다. 본인들이 원하는 일이기 때문이다. 그저 교실 또는 강당에서 텐트를 치고 분위기만 내는 작은 행사에 불과하지만 그 속에서 아이들은 자율의지를 느끼고 책임의식을 갖게 된다.

학생들에겐 자유로운 활동을 할 수 있는 기회가 필요하다. 수업을 벗어난 다른 시간 말이다. 함께 놀고, 어떻게 놀지 고민하고, 같이 밤을 지내는 경험은 아이들의 친구 관계에 큰 영향을 준다. 학급 야영이 그런 기회를 준다. 그렇게 함께하는 시간 속에서 학생들끼리 관계가 좋아지는 것이 눈에 보인다. 준비하는 과정에서는 장기자랑

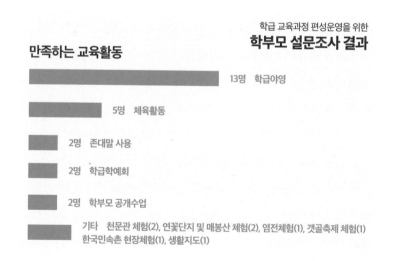

학급 교육과정 편성운영을 위한
학부모 설문조사 결과

만족하는 교육활동

13명 학급야영

5명 체육활동

2명 존댓말 사용

2명 학급학예회

2명 학부모 공개수업

기타 천문관 체험(2), 연꽃단지 및 매봉산 체험(2), 염전체험(1), 갯골축제 체험(1)
한국민속촌 현장체험(1), 생활지도(1)

에 관한 의견이 갈리자 야영에 참여하지 않겠다고 하는 학생도 있었다. 여학생들의 특별한 감정 다툼은 담임교사가 나선다고 해결되지 않는 어려운 문제다. 하지만 준비과정에서 아이들 간에 꼬인 복잡한 감정도 학급야영을 진행하는 사이 자연스럽게 풀어진다.

'졸업여행', 내가 갈 곳은 내가 선택한다

6학년 아이들의 졸업여행을 준비할 때 학생들에게 가고 싶은 곳을 직접 정하라고 했다. 업체에 맡기는 여행이 아니라 학생들이 직접 준비해 운영하는 졸업여행을 만들고 싶었기 때문이다. 코스도 강원권, 충청권, 전라권, 경상권 등으로 나누어 각자 원하는 곳을 고르게 했다. 각 코스에 대한 계획도 교사와 학생이 함께 고민했다. 한 반이 같은 코스를 가는 것이 아니고, 각자 가고 싶은 코스를 선택하게 하니 인솔 교사도 학급도 두루 섞이게 되었다. 수학여행업체가 빠지니 안전과 책임의 문제가 따랐다. 행정실의 비협조적 태도로 어려움을 겪기도 했고 행선지에 따라 인원이 소규모로 나뉘다보니 비용도 높아졌다. 식당 섭외도 만만치 않았다. 초등학교 학생 단체손님을 반기는 식당은 드물다. 이러한 여러 문제점에도 불구하고, 아이들에게도 교사에게도 새로운 경험이 되었다.

나는 강원권 여행을 인솔했는데 카라반에서 숙박하게 되었다. 핑크색의 커플 카라반을 보고 처음엔 당황했지만 우리는 그 좁은 카라반에서 좋은 추억을 많이 만들었다. 바닷가 모래밭에서 레크리에이션을 하다 열쇠를 잃어버리는 바람에 다 함께 모래를 파헤쳐가며 열

매콤달콤 추억 비빔밥
(전라북도 여행 - 순창, 부안, 전주)
- 학교 ⇨ 순창 고추장 익는 마을
- 순창 고추장 익는 마을 도착, 숙소 배정
- 다슬기 잡기, 쪽대로 물고기 잡기
- 전통 고추장 만들기 & 고추장 떡볶이 만들어 먹기
- 추억의 전통 놀이
- 저녁 식사
- 산촌 밤하늘 바라보기 / 모닥불 앞에서 추억 만들기
- 취침
- 기상 및 세면
- 아침 식사
- 순창 -> 부안 영상 테마파크
- 부안 영상 테마파크 관람
- 부안 영상 테마파크 ⇨ 모항 갯벌 체험장
- 점심 식사
- 갯벌 체험
- 숙소(채석강 리조트)로 이동 및 방 배정
- 채석강 낙조 감상
- 저녁 식사
- 자유 시간
- 취침
- 기상 및 세면
- 숙소 -> 내소사
- 아침 식사(바지락 죽 또는 백반 선택)
- 내소사 산책
- 내소사 ⇨ 전주 한옥마을
- 한옥마을 둘러보기
- 비빔밥 만들기 체험(한옥생활체험관) 및 점심 식사
- 전주 한옥 마을 ⇨ 학교

둘리 찾아 땅끝까지
(해남 - 진도 - 강진 - 보성 여행)
- 학교 ⇨ 땅끝마을
- 모노레일 타고 전망대 오르고 땅끝까지 걷기
- 이순신 장군 유적지 우수영
- 진도 소포리 소리마을 도착 및 악기 배우기
- 저녁 식사
- 남도창, 북 등 명인 공연 함께 어우러지기
- 진도 아리랑 함께 배우기
- 강강술래와 대동놀이
- 숙소 배정 및 잠자기
- 7시 30분 기상, 8시 식사
- 아침 식사 후 출발
- 숙소 ⇨ 해남 우황리 공룡 박물관 도착
- 해남 우황리 공룡 박물관 관람, 야외 화석지
- 점심: 백반
- 강진 청자 박물관 이동
- 박물관 관람 및 청자 만들기 체험
- 저녁 식사
- 숙소 배정 : 보성 유스호스텔
- 자유시간(방별 친교 시간)
- 취침
- 기상, 8시 식사
- 보성 대한 녹차밭 도착
- 대한 녹차밭과 녹차 아이스크림
- 대한 녹차밭 ⇨ 수문 어촌체험마을 도착
- 수문 어촌체험마을 조개 캐기
- 점심 식사
- 보성 ⇨ 학교
- 학교 도착 및 귀가

동강에 빠진 별들~!
(영월 - 평창 여행)
- 학교 출발 ⇨ 영월 도착
- 점심 식사
- 래프팅: 문산 나루 ⇨ 섭세(아라연 코스)
- 숙소 배정 : 은하수 밸리 펜션(033-375-2500)
- 저녁 식사: 백반
- 방별 친교 시간
- 취침
- 아침 식사
- 청령포 관람
- 고씨동굴 관람
- 점심 식사 : 산채비빔밥
- 선암마을 ⇨ 선돌 ⇨ 탄광문화촌
- 저녁 식사 - 별새꽃돌 천문대에서
- 별새꽃돌 천문대 관람
- 별새꽃돌 천문대에서 취침
- 아침 식사
- 태양 관측
- 숙소 ⇨ 평창 대관령 양떼목장 이동
- 양떼목장 관람
- 점심 식사
- 신재생에너지관 관람
- 귀교

신나는 탈 것과 복불복이 함께하는
2박~3일! (동해 - 설악 여행)
- 학교 ⇨ 설악산 소공원(설악산 소공원 매표소)
- 중간 휴게소에서 점심
- 권금성 ⇨ 정상 봉화대 산행 ⇨ 주차장
- 숙소(설악교육문화회관)로 이동 및 방 배정
- 저녁 식사
- 바닷가 산책 및 간식 복불복(설악 해맞이 공원)
- 저녁 자유시간 및 취침 준비
- 취침
- 기상 및 세면, 짐 정리
- 아침 식사
- 설악교육문화관 ⇨ 강릉 통일공원
- 강릉 통일공원 관람
- 강릉 통일공원 ⇨ 강릉역
- 점심 식사
- 바다열차 체험(강릉역 - 동해역)
- 동해역 ⇨ 망상 오토캠핑 리조트(숙소, 짐 내리기)
- 망상 오토캠핑 리조트 ⇨ 삼척 레일바이크(궁촌역)
- 삼척 레일바이크 체험(궁촌역 → 용화역)
- 저녁 식사
- 숙소(망상 오토캠핑 리조트)로 이동
- 잠자리 복불복(캐러밴'이나 펜션'이나)
- 저녁 자유시간 및 취침 준비
- 취침
- 기상 및 세면, 짐 정리
- 아침 식사
- 망상 오토캠핑 리조트 바닷가 산책
- 망상 오토캠핑 리조트 ⇨ 삼척 대금굴, 환선굴
- 점심 식사
- 학교 도착

쇠를 찾느라 뜻밖의 보물찾기 이벤트가 펼쳐지기도 했다.

"선생님, ○○이가 속이 안좋대요."

케이블카를 타고 내려오다 한 남학생이 케이블카 안에서 대변을 지리는 상황도 있었다. 아이들은 아무렇지 않은 듯 친구의 뒤처리를 도왔다. 행여나 아이들이 그 친구를 놀릴까 걱정한 내가 부끄러웠다.

아이들은 졸업여행을 통해 많은 능력을 보여주었다. 준비하는 과정에서 스스로 계획하는 능력을, 열쇠를 찾아 함께 모래밭을 헤치며 협력하는 능력을, 친구의 어려운 처지를 함께 해결하는 과정을 통해 서로 배려하고 존중하는 품성을 보여주었다. 아이들은 그 모든 능력을 가지고 있었다. 꺼낼 기회가 드물었을 뿐이다.

밖으로 나가요!

인간은 자연 속에서 배운다. 좁은 교실의 수업보다 탁 트인 자연에서 더 많은 배움이 일어난다. 나는 운이 좋게도 산과 텃밭, 연꽃단지, 갯골생태공원 등 자연과 어우러진 마을에서 20여 년을 살았다. 우리 마을 학교에서 7년을 근무한 나는 학생들을 데리고 거의 매일 야외수업을 했다. 날씨가 좋아서, 기분이 좋아서, 졸려서, 기분이 좋지 않아서, 비가 와서, 눈이 와서… 등 밖에 나갈 이유는 무궁무진했다. 비가 오면 친구와 우산을 함께 쓰고 걸었고, 눈이 오면 함께 눈사람도 만들었고, 가을이 오면 친구들과 낙엽과 가지로 새둥지를 만들었다. 밖으로 나가면 협력활동이 저절로 이뤄졌다. 수많은 사건이 일어나는 자연 속의 아이들은 몸을 활발하게 움직일 수밖에 없다.

체력을 키우고 경쟁과 협력도 자연스럽게 배운다. 움직이는 활동은 아이들의 마음을 즐겁고 평안하게 해준다. 교사가 아무리 좋은 교실 수업을 계획해도 자연보다 좋은 선생님은 없다.

밖에 나가지 말아야 하는 핑계를 찾으면 얼마든지 있다. 미세먼지가 심해서, 비가 와서, 더워서, 추워서, 체육시간이 아니라서, 체육 전담교사가 있어서, 나가기 귀찮아서…. 이런 이유들로 초등학교 운동장은 텅 비기 일쑤지만 날씨가 좋으면 밖에 나가는 것이 좋다. 밖에 나가는 활동은 질서를 필요로 한다. 질서를 지키는 것은 현장체험활동을 위한 기본이다. 질서를 지키지 않으면 사고의 위험이 찾아온다. 질서를 유지하며 이동하고, 현장에서는 즐겁게 활동한다. 이를 반복하는 것만으로 충분하다. 사회성을 일부러 가르칠 필요가 없다.

텃밭활동은 책임감을 발휘하게 한다. 직접 심은 작물이 자라는 과정을 지켜보며 자신의 관심과 노력이 작은 식물에 어떤 영향을 끼치는지 알게 된다. 자기 작물을 돌보며 친구들 것도 함께 살펴준다. 서로 돕고 배려하는 기쁨을 알게 된다. 수확하여 음식을 만들어 먹으며 먹거리의 소중함을 느낀다. 생태교육이 별게 아니다. 자연의 소중함을 경험하게 하는 것이다. 자연을 소중히 하는 사람은 사람도 소중히 여길 것이다. 자기 의견만 소중한 것이 아니라 남의 의견도 소중히 여기는 것이 자치의 시작이다. 자연과 함께하는 시간은 인간다움을 형성하는 데 더없이 좋다.

우리 학년 친구들, 모두 모여서 이야기해요

학급회의가 있지만 반에서 학년 단위의 문제를 해결하기는 어렵다. 학급 규칙을 아이들 스스로 세우게 하는 것이 중요한 것처럼 학년 규칙도 스스로 만들도록 이끄는 일도 필요하다. 학교폭력 사안은 학급 안에서보다 다른 학급 학생과 더 많이 엮이기 때문이다. 학교 안에서 동 학년이 함께하는 학내 활동으로는 체육대회 정도가 있다. 이런 일회성 행사만으로는 또래 관계가 형성되기 어려우니 학년 다모임을 연다. 모임을 통해 이야기를 나누는 것이 문제 예방과 해결의 시작이다. 학년다모임은 학년 전체가 모여 학년의 문제를 회의를 통해 논의하는 모임이다. 규칙도 만들고, 학년의 문제 해결 방안도 함께 고민한다. 수업에 대해서도 의견을 나눈다. 여기서 나온 내용으로 수업을 만들어가기도 한다. 학생과 교사가 함께 이야기하고, 같이 결정하는 과정을 통해 교사는 학생들의 생각을 이해할 수 있게 되고, 학생들은 스스로 제시한 규칙과 문제해결방안, 수업 제안 등에 대해 책임감을 가지며 학교생활에 더욱 주체적이고 적극적으로 임하게 된다.

어른들이 정해준 대로 따르게 하는 것이 편리할 수도 있지만, 아직 어린 학생들에게 그런 질서를 내면화하여 실천하기를 바라는 것은 무리다. 스스로 결정하는 과정이 있어야 생각을 깊게 하게 되고, 그렇게 숙고하여 내린 결정에 대해서는 어린 학생들도 가볍게 여기지 않고 늘 염두에 두고 생활하게 된다.

가능한 한 여러 사람이 모여 이야기를 나누어야 하고, 그 속에서 나온 이야기가 그 자리에서 끝나지 않고 생활로 이어져야 한다. 아이들이 내린 결정을 교사가 실행해주어야 한다. 그래야 더욱더 활발한 협의와 실천이 이루어진다.

학부모의 마음을 열어보자!

딸아이를 어린이집에 보내면서 매일 매일 생활일지를 받아보게 되었다. 딸의 사진과 생활모습을 적어 보내주는 선생님의 정성은 놀라울 정도였다. 아이들을 돌보는 것만 해도 정신이 없을 텐데 이렇게 매일 사진을 찍고 출력하여 붙이고, 아이의 생활을 관찰한 내용을 써서 보내기까지 하다니 교사로서 나를 돌아보게 되었다.

그때부터 우리 딸 선생님만큼은 안 되더라도 내 나름대로 학생 사진을 찍어 학부모의 휴대전화로 전송해보기로 했다. 오랜 기간 카메라를 다뤄온 터라 나름 질 높은 사진을 보내줄 수 있었다. 학부모들의 반응은 폭발적이었고, 이에 고무된 나는 더 좋은 사진을 찍으려는 욕심에 보다 활동적인 수업 구상에 골몰하게 되었다. 덕분에 우리 교실은 수업도 생활도 나날이 활기를 더해갔다. 아이들의 학교생활 모습을 사진으로 접하게 된 학부모는 자녀들과 활발한 대화가 가능해지고 걱정도 더는 계기가 되었다. 아이들 사진을 문자로 주고받는 일이 학부모를 학교로 끌어당기는 창구가 된다는 걸 경험하면서 내 사진 찍기는 갈수록 체계적이 되었다. 첫 등교날에는 아이와 함께 찍은 사진을 보내고, 학급밴드를 통해 각종 소식을 사진과 함께 전해 학부모의 궁금증을 덜어주었다. 그렇게 한 해 동안 쌓인 자료를 묶어 예쁜 앨범을 제작해 나눠가질 때의 뿌듯함이란! 그럼에도 문제 상황은 일어나기 마련이다. 사소한 문제라도 발생하면 학부모와 즉각 통화하거나 상담 자리를 마련했다. 학부모가 정확한 정보 없이 혼자 생각하며 오해를 키우는 시간을 줄이는 것이 무엇보다 큰 도움이 된다는 걸 알기 때문이다.

가장 좋은 소통은 눈을 마주보고 이야기하는 것이다. 하지만 학부모와 매일 만날 수 있는 것은 아니어서 오해가 생길 가능성은 항상 있다. 기본적으로 인간은 자신에게 불리하다고 생각되는 사항을 부풀려 이야기하는 경향이 있다. 특히 아이들이 그런 경향이 강한데 이러한 특성에 대한 이해가 부족한 학부모는 상황을 확대해석하여 문제를 키우기 쉽다. 그러다 보면 아이를 둘러싼 잦은 민원으로 서로 피곤해지곤 한다. 이런 상황을 대비하려면 평상시 소통으로 관계를 잘 다져놓는 것이 기본이다. 매일 학생들의 생활 모습을 사진으로 찍어 보내면서 어떻게 생활했는지 개인별로 간단하게 적어 보낸다. 전체적인 공지와 아이들 활동 모습을 밴드를 통해 안내하고, 문자와 카톡, 밴드, 이메일을 통해 학부모의 제안을 받는 창구도 열어 놓는다. 일상적으로 소통이 이루어지며 어떤 이야기도 자연스럽게 나눌 수 있는 관계는 문제 상황에서 큰 힘을 발휘한다. 서로 신뢰하고 이해하려는 마음이 열려 있기 때문이다.

교사가 권위를 내세우는 시대는 지났다. 소통하지 않으면 지지를 받을 수 없다. 소통 역시 자치를 실현하기 위한 기본 요건일 것이다.

일단 모여봅시다

아들의 담임이기도 한 선배교사가 학부모 모임을 열어서 한번 참석해보았다. 이미 여러 번 모임을 해서인지 학부모들끼리 정신없이 이야기를 나누고 있었다. 담임교사는 특별히 참견하지 않았다. 내 첫 느낌은 이랬다. '이런 걸 왜 하라는 거지?'

그래도 한번 해보라고 간곡히 제안을 하니 일단 시작을 했다. 처음에는 학부모 연수하듯이 내가 이야기하는 시간을 갖고 이후 학부모들의 요구사항을 들었다. 정돈되지 않은 요구사항이 쏟아져서 정신이 없었지만, 일단 하나하나 방안을 생각해나가보도록 하겠다며, 첫 모임을 마쳤다. 그렇게 한 번, 두 번, 세 번…. 매달 학부모 모임을 해나갔다. 참여 인원은 점점 줄었지만 회를 거듭할수록 나누는 이야기의 밀도가 짙어졌다. 학교에 대한 요구가 아니라 각자가 느끼는 문제를 이야기하고, 함께할 수 있는 일에 대한 아이디어를 나누기 시작했다. 예상하지도 의도하지도 않은 일이었다. 육아의 고충, 그에 대한 충고, 교사를 위한 학생 지도 방향과 학부모 참여 방안 등 다양한 이야기가 쏟아졌다. 우리 반 학부모들은 자연스럽게 학교 운영위원회, 전체 학부모회 등으로 진출하게 되었고, 이런 상황은 내가 교무부장을 맡았을 때 큰 어려움 없이 학부모들의 협조를 얻는 데 크게 도움이 되었다.

이제는 내가 학부모 모임을 꼭 해야 한다고 떠들고 다닌다. 어떤

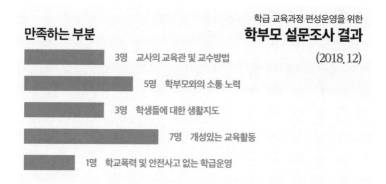

만족하는 부분

3명 교사의 교육관 및 교수방법

5명 학부모와의 소통 노력

3명 학생들에 대한 생활지도

7명 개성있는 교육활동

1명 학교폭력 및 안전사고 없는 학급운영

선배교사는 밴드로 소통하는 것만으로도 충분하다고 했다. 물론 나도 밴드와 카톡을 이용하지만 직접 만나는 것을 빼놓을 수는 없다고 생각한다. 개인 면담과 모임으로 대면이 된 관계에서는 민원이 일어나기가 어렵다. 교사를 신뢰하는 학부모만큼 위기 상황에서 큰 힘이 되는 것도 없다. 어떤 문제도 함께 고민하는 관계가 이미 형성되어 있기 때문이다.

위의 표는 학부모의 만족도를 알아보기 위해 자체적으로 실시한 설문조사이다. 교사의 소통 노력은 높은 학부모 만족도로 이어지기 마련이다. 소통은 학부모의 학교참여를 이끌어내는 계기가 되어주고 이러한 작용은 장기적인 학교 발전에도 큰 영향을 미친다. 마을학교와 협력하는 교육과정 운영이나 마을과 연계하는 학교 행사 등도 수월하게 진행할 수 있게 된다. 학부모와의 소소한 소통이 학교에 불러오는 효과는 생각보다 훨씬 크다.

학부모 공개수업을 번개팅으로!

학부모 입장에서 공개수업을 참관은 알고 보는 연극 같다. 평상시 수업 모습이 아니라 공개수업 행사를 위해 준비된 수업을 보게 되니 말이다. 교실에서 내 아이의 평소 모습을 볼 수 없다는 아쉬움은 내가 학부모가 아닐 때는 느끼지 못하던 감정이다. 나와 같은 심정일 우리 반 학부모님을 생각해서 큰마음을 먹고 학부모님들께 언제든 보고 싶을 때 와서 수업 참관을 하시라고 했지만, 막상 수업을 보러오는 학부모가 거의 없었다. 생각 끝에 공개수업을 번개 모임으로 해보았다. 갑자기 공개수업을 여는 것이다. 유난히 기분이 좋은 어느 아침에 무작정 문자를 날려본다. 전날 저녁에 공지하기도 한다. 따로 준비하지 않은 평상시 수업을 공개하기 때문에 언제든 가능하다. 이렇게 갑자기 안내되는 학부모 공개수업에는 참여율이 꽤 높았다. 부모가 원하는 것은 자녀의 평상시 교실 생활 모습이고, 교실 문을 일상적으로 열어놓으면 학부모가 자연스럽게 찾아와 협력교사가 되어준다. 수업을 지켜보고 자녀의 생활뿐 아니라 교사와 수업의 과정 등을 이해하게 된 학부모는 좋은 아이디어를 내놓기 마련이고 그러다 보면 학부모와 함께하는 수업이 자연스럽게 이루어진다.

학부모와 함께하는 동아리

한 학부모가 찾아와서 '또래건강리더'라는 프로젝트를 공모하고 싶다고 했다. '또래건강리더'는 학부모가 토요일마다 아이들과 함께 건강에 대해 이야기하는 프로젝트였다. 계획서를 만들어 추진하는 과정이 쉽지는 않았지만 결국 선정이 되었고 학부모의 의욕에 힘입어 프로젝트를 운영하게 되었다. 2학년 학부모와 학생의 동아리 형태로 운영된 이 프로젝트는 학부모들이 팀티칭을 통해 아이들을 열정적으로 가르치는 모습이 인상적이었다. 학생들은 여기서 배운 것을 정규수업 시간에 친구들에게 전해야 한다. '또래건강리더 프로젝트 축제'라는 이름의 즐거운 수업이 그렇게 만들어졌다.

> **작은 건강 환경 활동가를 기르는**
> **'또래건강리더'동아리 운영계획**
>
> 〇〇초등학교
>
> **1. 목적**
> 아이들에게 그린 스마트20 프로그램을 가지고, 환경과 건강에 대한 기본 인식변화와 실천을 통하여 인식을 바꾸고 행동을 바꾸어 습관이 되도록 하여 건강한 학교를 만들고자 학부모가 주체가 되어 자율적으로 프로그램을 운영하고자 함.
>
> ~ 생략

학생들이 각 주제별 학습관의 선생님이 되어 동학년 친구들을 가르쳤다. 학부모와 교사는 도우미의 역할로 질서와 보충지도를 담당했다. 학부모와 학생이 교육전문가가 아니라서 동학년 선생님들의 우려 속에 행사는 진행되었고, 재미있는 행사가 되었다.

또래건강리더 축제 프로그램

2학년 1반 음주 체험 - 몸에 해로운 중독 물질 알아보기	**2학년 2반** 다식 만들기 - 천연 간식 만들어 먹기	**2학년 3반** 비누 만들기 - 천연비누 만들기
2학년 4반 컬러푸드 - 색깔 먹거리 체험	**2학년 5반** 손소독제 만들기 - 올바른 손씻기 방법 알기	**2학년 6반** 식품첨가물 - 인공색소, 첨가물에 대하여 알아보기

좋은 마음으로 시작했지만, 막상 운영이 쉽지는 않음을 경험한 학부모들은 교사의 마음을 더 잘 이해하게 되었다. 아이들을 가르치기 위해 계획을 세우고, 그 계획을 실천하는 과정에서 학부모 간 마찰도 있었지만 교사와 협력하여 하나하나 해결해나갔다. 활동이 끝난 후, 많은 것을 배우고 느꼈으며 보람되었다는 학부모들의 소감이 있었다.

교사도 자치는 처음인데요

나는 초등학교 때부터 초등 선생님이 꿈이었다. 왜 초등교사가 되고 싶었는지, 구체적인 이유는 생각나지 않는다. 아마도 학교가 좋아서였던 것 같다. 초중고 시절에 나는 선생님 말씀을 잘 듣는 모범생이었다. 선생님 칭찬 한마디에 열심히 공부하던 순진하고 착한 학생이었다. 내가 고등학생일 때 전교생이 야간자율학습을 도망간 사건이 있었는데 나는 아무도 없는 교실에 홀로 남아 자습했다. 전교생의 질타를 받았지만, 당연히 해야 할 일을 했던 것이라고 생각했다. 대학생이 되어서도 아침 7시에 등교해서 음악당에서 연습했고, 최소 30분 이상 일찍 강의실에 가서 맨 앞자리에 앉아 강의를 들었다. 교사가 되어서도 아침 7시면 학교에 온다. 복장도 철저하게 정장 차림을 하고 생활한다. 바람직한 모습으로 볼 수도 있으나 굉장히 틀에 박힌 모습이다. 기존 양식의 틀에 맞춰 살아가는 모습은 대부분의 교사가 비슷하지 않을까 싶다.

자치가 뭐지?

현재의 선생님들은 자치를 경험해본 적이 거의 없을 것이다. 나역시 자치를 제대로 경험해보지 못했다. 자치는 '자기 일을 스스로 다스림'이라는 뜻을 갖고 있는데, 학창 시절에는 선생님 말씀대로 공부만 했고, 교사가 되어서도 시키는 대로 움직이는 것이 바른 삶이라고 배웠다. 자치란 학급회의, 전교회의에서나 형식적으로 존재하는 활동이었다. 칠판에 회의 주제를 쓰고, 부서별 의견을 나누고 결론적으로 다짐을 하는 형식이었다. 내가 학창 시절에 경험했던 방식과 같다. 그런 것이 자치인 줄 알았다. 자치가 무엇인지 알려주는 사람도 없었고, 궁금하지도 않았다. 자치가 무엇인지는 모르지만, 교사로서 열심히 교육해보고자 이것저것 시도해보았다. 그런 나를 보고 선배교사는 '네가 열심히 하면 다음 담임이 힘들어진다'고 했다. 남들과 비슷하게 하는 것이 바람직하다는 조언이었다. 교무회의에서 발언하면 버릇없거나, 이상한 교사가 됐다. 특히 젊은 교사가 말을 하는 것은 용납될 수 있는 시대가 아니었다. 발언하는 교사는 이상한 교사, 시키는 대로 하는 교사가 바람직하게 인식되었다.

시키는 대로 해라!

수학여행, 수련회 등을 준비할 때면 교사보다는 관리자 의지대로 모든 게 정해졌다. 직원회의는 회의가 아닌 전달연수였다. 결정하는 과정에서 교사의 의견이 들어가는 경우를 거의 보지 못했고, 거의 10여년 간은 반박하는 사람을 보지 못했다. 시간이 흘러 자유롭게 말할 수 있는 시대가 되었지만, 자유롭게 말하는 교사는 여전히 많지 않다. 회의시간에 말하지 않는 이유는 많다. 회의시간이 길어질까봐, 무슨 내용인지 몰라서, 말한 부분에 책임을 져야 해서, 생각이 없어서, 말해봤자 소용없어서 등 다양하지만 결국은 회의에 대하여 주인의식이 없다는 것이 가장 큰 이유가 아닐까 싶다. 어쩌면 회의의 주인은 관리자라는 마음이 있을 수도 있다. 발언해도 소용 없는 경우를 몇 번 경험하다보면 의욕이 사라지는 것은 당연하다.

회의에 주인의식이 없다는 것은 학교를 생각함에 있어서도 마찬가지일 것이다. 돈을 벌기 위한 수단으로 학교를 생각하는 것과 학교의 주인으로서 생각하는 것은 태도 자체가 다를 것이다. 자치는 주인의식에서 출발한다고 생각한다. 학교의 주인이라는 생각을 갖는다면 좀더 적극적으로 회의에 동참하고 시키는 대로만 행동하지 않을 것이다. 학교에 대한 주인의식을 갖게 하기 위해서는 교사의 의견을 말할 수 있는 분위기, 그 의견이 묵살되지 않고 논의되고 그것이 반영된 결정이 이루어지는 과정이 필요할 것이다. 구성원이 서로를 존중하는 태도를 가져야 교사들도 주인의식을 갖게 될 것이다.

교실에서도 자유롭게 의견을 말하는 학생이 많지 않다. 교실에서 질문하는 것을 곱게 보지 않던 시절을 경험했던 교사는 학생에게도 같은 방식을 적용한다. 어쩌면 자치라는 개념에는 저항의식이 포함돼 있는 것 같다. 교권에 도전할 수 있는 질문과 행동을 던질 수 있는 학생의 자치역량이 더 풍부할지도 모른다. 교사가 자신의 지시에 따르는 학생을 모범적이라고 여기면서 학생의 자치역량을 성장시킬 수는 없다. 의문을 가지고 질문하며, 대항하는 태도를 교사와 학생 모두가 가져야 한다.

초딩이 무슨 자치야?

초등학생은 자치할 수 있는 능력이 없다고 쉽게들 말한다. 대부분의 초등교사가 초등학교에서는 학생자치가 이루어질 수 없고, 학생자치는 행사를 위한 회의 정도로 인식하며 중학생 정도는 되어야 자치할 수 있는 능력이 생긴다고 생각한다. 그런 생각은 사실일 수 있다. 하지만, 왜 그렇게 되었는가를 생각해보면 학교가 그렇게 만들어왔기 때문이다. 첫째, 아이들에게 스스로 결정할 수 있는 권한을 준 적이 없다. 학급회의나 학생자치회의에서 수업이나 행사와 관련해 뭔가가 결정이 되어도 추진할 권한이 없다. 회의의 결정 사항은 '~하자'라는 의지의 표현이 된다. 방송조회 정도에서 '~하자, ~합시다'라고 안내된다. 둘째, 아이들이 스스로 결정해본 경험이 부족하다. 자치란 스스로 생각한 것을 협의를 통해 결정하고 실천해가는 것인데, 그런 활동 자체를 수업이나 수업 외 활동에서 경험하기가 쉽지 않다. 배움의 공동체 수업이라는 이상적 수업이 학교 내에 들어왔지만, 실제 현장에서는 여전히 강의식 수업이 보편적이고, 코로나 상황에서 심화되었다. 셋째, 학생 의견을 듣는 과정이 없다. 학생들의 회의는 회의로 끝나버리고, 그 의견은 잘해야 방송조회 등을 통해 안내될 뿐이다. 학생들의 회의 내용을 교직원회의 등을 통해 논의되고 반영된다면 학생들은 좀더 활발하게 회의를 진행하게 되지 않을까. 나아가 학생과 교사가 함께 회의하는 과정을 정례화하면 학생자치는 더욱더 활발해질 것이다.

어려서 자치할 수 없다는 건 사실이 아니다. 생각이 어릴 수는 있지만 생각이 없는 것은 아니다. 생각할 기회를 주고, 그 생각이 우리가 살아가는 터전의 변화로 이루어지는 경험을 통해 초등학생의 자치역량도 성장해갈 수 있다.

자치는 나의 힘

초등교사는 담임하는 학급에 대해 막대한 권한을 갖고 있는 것 같지만 실제로는 뭐든 마음대로 할 수 있는 건 아니다. 다른 학급도 함께 생각해야 한다. 다른 학급의 교사와 함께 움직여야 민원도 줄고 교사도 성장할 수 있다. 자기 반에서만 색다른 활동을 하는 것은 다른 학급에 부담이 될 수 있으니 다른 반 교사에게 같이 해보자고 설득하고, 공동으로 작업하자고 하면 돌아오는 반응이 썩 좋지만은 않다. 그렇다고 거절도 아니다. 자기는 그닥 하고 싶지 않지만 옆 반에서만 하는 것도 원하지 않는다. 교육현장에서 새로운 시도를 하는 것이 실시하기가 쉽지 않은 이유다.

너 잘났다!

결국 선택한 방법은 욕을 먹더라도 먼저 시도하여 보여주는 것이었다. 그때마다 듣는 소리가 '너 잘났다!'라는 말이었다. 시기, 질투의 말일 수도 있지만, 그 말 속에는 '관심 있다'라는 뜻도 있다. 별로 좋은 소리를 못 듣는 게 현실이지만 그런 와중에도 최대한 상대방의 생각을 끌어내려고 노력한다.

"이건 제 생각이 아니에요."

"그런 건 필요없어요."

더러는 상처가 되는 말도 들었지만, 흔쾌히 협력해주는 선생님도 있다. 함께 고민해주는 선생님이 늘어나는 것이 큰 힘이다.

학생들이 학급야영을 좋아하고 학부모의 요구도 많아지자 다른 학급들도 따라서 실시하게 되었다. 학부모 모임의 장점을 경험하게 하니 스스로 학부모 모임을 여는 학급이 늘어났다. 수업도 학생과 학부모의 요구를 반영하는 교육과정 재구성을 매일 연구하게 되었다.

일반적인 교사는 주어진 것을 그대로 답습하는 데에 익숙하다. 교과서 외에 다른 것을 이용하는 것은 학부모들이 인정하지 않고, 교사에게도 부담이다. 교육을 바꾸고자 한다면 먼저 교사 스스로 교육내용과 방법을 구상하고 그 구상을 다른 구성원들과 공유해야 한다. 그 구상에 학부모의 참여를 더하면 더욱더 풍부해진다. 그렇게 풍부해진 교육에도 문제점이 있는데 안전상의 문제가 제일 걱정이다.

선생님들이 안전을 걱정한다. 특히 학교 밖으로 나가는 활동에 두려움을 갖고 있다. 주변에 좋은 자연환경이 있음에도 불구하고, 안전이 걱정되어 나가는 것이 꺼려진다. 이 문제를 풀기 위해 '학교 근방 현장체험학습 규정'을 만들기도 했다. 부장회의, 교사회의, 운영위원회 등의 협의를 거쳤다.

학교근방 현장 체험학습에 관한 규정

○○초등학교

제1조(목적) 운영위원회의 심의를 받은 학교교육과정과는 별도로 학년 또는 학급에서 자체적으로 운영하는 학교근방(도보이동가능지역) 현장체험학습활동(1일형 체험학습) 시행에 관한 세부적인 기준을 정함을 목적으로 한다.

제2조(학교근방 현장체험학습의 범위) 학교장은 <u>학교근방 현장체험</u>
<u>학습(도보이동 가능 장소)</u>이 계획된 학교교육과정운영(학교운영위원
회의 심의를 받은 교육과정)에 지장을 주지 않는 범위 내에서 교육적
가치가 있다고 판단될 때, <u>다음 각 호의 모든 사항을 만족하는 경우</u>에
는 학교근방 현장체험학습을 허가할 수 있다.

　1항 학교에서 2.5km(직선거리) 이내의 장소를 학교근방 현장체험
　　　학습 장소로 활용할 수 있다.
　　　예) 참이슬공원, 월대봉, 연꽃테마파크, 농업기술센터 천문관,
　　　갯골생태공원 등
　2항 학교에서부터 <u>도보로 이동하는 경우만</u> 해당한다.

- 이하 생략

　교육청 규정만 가지고 학교 밖 활동을 하기에는 문제가 있다고 판
단하여, 자체 규정을 만들어보았다. 사건사고는 언제 어떻게 생길지
모른다. 이러한 규정은 담임교사의 부담을 최소화하면서 외부활동
을 활성화할 것이라고 믿었다. 한 명의 담임교사로는 학교 밖 활동
에 한계가 있다. 학교 밖 교육활동을 풍부하게 하려면 학부모의 협
력이 필요하다.

민원 액막이는 소통

　학교는 민원에 시달린다. 민원은 뭔가를 하게 하기는 어렵지만,
하지 못하게 하는 데는 강력한 힘을 가진다. 뭔가 다른 교육활동에

는 민원 발생 가능성이 따라온다. 가장 흔한 민원은 주간학습대로 수업하지 않았을 때 발생한다. 날씨가 좋은 날은 운동장에 나가 체육활동을 하면 좋겠지만 시간표에 체육이 들어 있지 않으면 못한다. 체육이 있는 날에도 비가 오면 안 되고, 미세먼지가 나빠서, 더워서, 추워서 안 된다. 이미 다른 학급이 운동장을 사용하고 있어서 안 되는 상황도 있다. 정해진 체육시간마저도 교실체육으로 실시되는 일이 빈번하다.

초등학교 수업은 국어 시간에 수학을, 수학 시간에 체육을, 미술 시간에 음악을 할 수 있다. 일주일의 시간표를 상황에 따라 바꾸며 효율성 높은 수업을 진행할 수 있는 것이 중등과 다른 초등 수업의 장점이지만 학부모가 변경된 수업에 민원을 제기한다면 교사는 정해진 대로만 할 수밖에 없다.

나는 신규교사 때부터 아침자습시간에 리코더 교육을 해왔다. 처음에는 민원을 받고는 했다. 어떤 학부모는 '내 남편이 고등학교 교사이니 까불지 말라'며, '학력에 도움도 안 되는 리코더 교육을 시키지 말라'고 했다. 존댓말 교육이 불편하다고 하는가 하면 가정사로 인한 학생의 문제상황을 뒤집어씌우기도 했다. 의욕적으로 여러 가지를 시도했던 신규 시절에 나는 어리다는 이유로, 자녀가 없다는 이유로 학부모로부터 무시받는 일을 종종 경험했다.

학부모 민원은 교사의 의욕을 떨어뜨려 교육활동을 위축시킨다. 시간이 지날수록 열정은 줄어든다. 교사가 열정을 갖기 위해서는 인정이 필요하다. 학생에게, 학부모에게, 동료에게 받는 인정이 교사의 열정을 살린다. 학부모 민원을 줄이고 열정을 간직한 교사로 살기 위해 나는 학부모와 소통하는 교사가 되기로 했다.

학부모 후기

1년 동안 정말 고생 많으셨어요. 좋은 추억 많이 만들어주셔서 감사합니다. 내년에도 지금처럼 열정 넘치는 선생님이시길 기대합니다.

문집, 학급야영, 학부모 모임, 사진 보내주기 같이 정성이 깃든 활동들로 참 오래오래 기억될 멋진 2학년 추억을 만들어 주셔서 정말 깊이깊이 감사드립니다. 언제나 건강하시고 행복한 나날들 되시기를 기원합니다.

1년 동안 마음 고생하신 것에 대해 흔들림 없이 잘 이겨내주셔서 감사드립니다. 든든하게 만족스러운 2-1반이었습니다. 3학년에도 담임으로 만나 뵐 수 있다면 얼마나 좋을까요!

선생님께서 하신 1년 교육과정 모두를 저는 만족하고 있습니다. 앞으로도 선생님의 소신 있는 교육 부탁드립니다. 너무너무 고맙습니다.

어려운 일이 많았지만 그 속에서도 선생님의 자리에서 최선을 다해주셔서 감사를 드립니다. 아이들도 그 모습을 보고 생각하고 깨닫는 시간이었을 겁니다. 어떠한 상황 속에서도 자기 일에 책임감을 갖고 열심히 하는 선생님이 너무 멋졌어요. 건강 잘 챙기셔서 내년 다른 아이들에게도 그 열정을 보여주세요. 감사합니다.

존재감 있는 이웃되기

한 마을에서 16년을 살다보니 마을 사람들과 친해져서 학부모 의견을 직접 접할 수 있었다. 학부모들은 나에게 학교의 수업, 행사 등에 참여하고픈 열망을 표현했다. 그 마음을 잘 아는 나는 적극적으로 돕고 싶었다. 수업 외의 학부모 활동은 평일 저녁시간, 주말 등 학교가 비어 있는 시간을 이용했다. 가족과 함께하는 레크리에이션, 체험활동, 천문대 현장체험, 가족 운동회 등 다양한 행사가 학부모회 주최로 열렸다. 학교와 가까워진 학부모들은 자연스럽게 정규교육과정 속으로 들어와 함께 교육활동을 만들어나갔다. 마을 탐사, 쿠키 만들기, 떡 만들기, 학교축제 등 학부모와 함께하는 일이 많아졌다. 특히 2학년 학생들의 마을 탐사 수업에 학부모의 활약은 정말 눈부셨다. 우리 마을에는 역사적, 문화적으로 가치가 있는 곳들이 많다. 맹꽁이네 책방, 강희맹 선생묘, 관곡지, 연꽃단지, 농업기술센터, 천년 된 보호수 등의 다양한 코스에서 학부모가 일일 전문가 강사가 되어 활약했다.

학교를 잘 이해하게 된 학부모들은 민원사항도 자체 소통으로 해결한다. 학교를 개방해서 생기는 문제보다 학교 문을 닫아서 생기는 문제가 더 클 수 있다. 학부모가 학교운영에 참여하는 방식은 대개 운영위원회, 학부모회 등 회의가 대부분이다. 그러나 회의만으로는 학교를 이해할 수 없고 교사의 설명만 들어서는 소통이 어렵다. 폐쇄적인 학교는 점점 존재 의미를 잃게 될지 모른다.

우리 학교의 운동장은 동네의 공원처럼 사용되고 있다. 열린 공간에서 자연스럽게 이루어지는 소통 속에서 학부모의 필요와 학교의 필요가 만나고 채워진다. 일상적인 소통과 협력이 학교의 가치를 일깨워준다. 민원의 대상이 아닌, 협력자로서 학부모와 교사의 만남은 일상이 되어야 한다.

일을 나누는 연습

교실에서 이뤄지는 모든 활동을 스스로 할 수 있게 하는 것이 교실자치다. 그런 의미에서 초등학교가 교실자치 활성화의 여건이 중등보다 낫다고 할 수 있다. 초등교사가 거의 모든 권한을 갖고 있기 때문이다. 대부분의 교과를 가르치고, 쉬는 시간도 점심시간도 함께한다. 교실자치는 수업과 생활지도에 막강한 권한을 지닌 담임교사에게 달렸다고 할 수 있다. 그 권한을 나누는 것이 곧 교실자치일 것이다. 교실 안에서는 아이들에게 권한을 나눠주고 밖으로는 동료교사, 더 넓게는 마을과 지역사회와 나눈다.

근무지에 생활 터전을 두는 것을 교사들은 좀처럼 좋아하지 않는데 지역사회에서 교사의 신분으로 생활하는 것이 불편하게 느껴질 수 있기 때문이다. 하지만 부임한 학구에 사는 것이 교육을 위해서는 훨씬 좋다. 나는 결혼 후 오랜 기간을 한마을에서 살았다. 그 마을의 학교에 7년간 근무하면서, 아들을 같은 학교에서 입학부터 졸업까지 시켰다. 내 아들이 다니고 있는 학교이면서 내가 근무하는 학교이니 잘되길 바라는 마음이 더욱 컸다. 학교의 발전을 위해 학부모로서 그리고 교사로서 다각도의 노력을 기울이게 되었다. 자녀가 좀더 좋은 환경에서 질 좋은 교육을 받기를 바라는 학부모의 마음이 곧 내 마음이기에 함께 수업을 만들어갈 수 있었다. 교장 선생님, 몇몇 부장님과 동료교사가 같은 마을에 살고 있어서 더 자연스럽게 마을과 협력이 이루어졌다.

때로는 듣는 것이 전부

한 후배교사의 학급에서 학급재판이 열렸다. 한 학생이 억울함을 호소하며 재판을 열어달라고 하여 마련된 자리다. 재판 결과 가해학생에 대한 판결과 더불어 처벌이 내려졌다. 해당 학부모는 가만 있지 않았다. 학부모는 담임교사에게 폭언을 했고, 충격을 받은 담임교사는 다음날부터 학교에 오지 않았다. 해당 교실은 교실로 들어오는 교사들이 매일 바뀌는 가운데, 무너지고 말았다. 임시로 오신 시간제 선생님은 학생들에 의해서 일주일도 버티시지 못하고, 쫓겨나는 상황이 벌어지기도 했다. 나는 20년 만에 처음으로 전담교과 교사를 하고 있었는데, 그 학급을 구하기 위해 자발적으로 담임을 맡았다. 교실에 들어간 지 하루만에 관련 학부모가 교장실로 소리를 지르며 들어왔다. 이유는 원래의 담임교사가 다시 돌아오는 것을 원하지 않는데, 내가 원래의 담임교사가 돌아오게 하기 위한 방법을 주제로 학급회의를 해서 본인의 자녀가 마음의 상처를 받았다는 것이었다. 마침 교장실에 같이 있었기에 그 학부모를 진정시키고 잘 설득할 수 있었다. 어느 부모나 자신의 자녀는 잘못이 없다고 말한다. 잘못이 없다고 말하는 학부모에게는 아무리 진실을 이야기해도 설득이 되지 않는다. 이때 힘이 될 수 있는 것은 평상시의 신뢰다. 하지만 해당 교사는 경험이 부족했기에 학부모들과 소통이 많지 않았고, 신뢰를 쌓을 기회도 없었다. 열정적인 교사가 운영한 학급답게 학생들에게 부여된 자율성은 높았지만 문제는 그에 대한 책임감은 약했던 것 같다. 자율은 책임을 동반할 때 가치가 있다. 권리만 주장하면 누군가는 피해를 받게 될 수도 있다. 교사는 아이들에게 자율성을 부여할 때 어디까지 허용해줘야 할까. 남에게 피해를 주지 않는 범위 안에서 부여해야 한다. 신체적, 정신적 피해를 받는 사람이 없어야 한다. 학급재판은 그 과정에서 정신적 고통이 따른다. 처벌은 신체적인 고통을 줄 수 있다. 재판은 남에 의해 판단되는 과정이다. 이해되고 설득되는 과정이 아니다. 재판이 아니라 의견을 듣는 과정이 있어야 했으며 그런 토의를 거쳐 자발적인 성찰이 이루어지는 결과가 나왔어야 한다. 학급 규칙에 의한 처벌이 인정된다 할지라도 인권 침해 문제에서 자유로울 수 없다.

학부모들의 대부분은 사건에서 자기 자녀는 잘못이 없다고 고집한다. 교사가 자기편을 들어주지 않으면, 중립적이지 않다며 교육청으로 바로 민원을 올리는 상황이 잦다. 그렇게 되면 문제의 중심은 사건 자체가 아니라, 담임교사가 된다. 민원의 대상이 된 교사는 교육활동에 큰 지장을 받는다. 스트레스를 받게 된 교사의 심리적 불안감은 행복한 수업을 막는다. 이런 어려움 때문에 교직을 떠나는 교사가 많아지고 있다. 교사의 잘못이기라기보다 운이 없었다고 하는 것이 맞는 표현이라고 생각한다. 운이 없는 이런 상황은 누구에게나 언제나 벌어질 수 있다. 그럴 때 관계성은 큰 힘이 될 수 있다. 나 역시 학부모의 관계성 덕분에 살아남은 경우다.

함께한다는 것, 생존을 위한 선택

교직생활에 큰 위기가 온 적이 있었다. 옆 반에 기간제 선생님께서 오셨다. 학생들은 수업시간에도 책상 위를 뛰어다녔고, 복도에서도 난리가 났지만, 학생들의 지도가 잘 이루어지지 않는 상황이었다. 그러다 보니 학부모와 학생 관계가 좋지 않을 수밖에 없었다. 나는 학년부장이었지만 나보다 10년 이상의 동문 선배셨기 때문에 조언을 해드리기도 어려웠다. 문제가 심각해진 상황에서 옆 반 학부모는 학년부장인 나에게 상담을 요청했고, 상담결과 교사, 학부모, 학생 모두가 위기라고 판단했다. 담임 선생님과 협의하여 임시적으로 해당 학생을 우리 교실에서 맡기도 했다. 어느 날은 그 반의 다른 학생이 복도에서 우리 반을 포함한 다른 학급 학생들에게 장난을 하고 있어서 지도를 한 적이 있었다. 그때 해당 담임 선생님께서는 지켜보고만 계셨다. 그렇게 두 달 정도 지나고 학부모들의 강한 민원들로 인하여 결국 그 분은 사표를 쓰게 되었다. 내가 말리지 않은 데 대해 앙심을 품은 건지, 국민신문고에 민원을 제기했다. 자신의 학생을 데려가서 임시담임을 맡았던 일을 교권침해로, 복도에서 지도한 사항을 아동학대로 신고한 것이다. 교권침해 부분은 바로 무혐의가 나왔지만, 아동학대 사안은 길게 조사를 했다. 아동학대 조사관, 경찰관, 장학사 등이 학교에 와서 한 달을 조사했다. 정말 무서웠던 것은 나를 조사하지 않고, 주변 사람들을 조사한다는 점이었다. 경찰이 와서 나를 교실에서 내보내고 우리 반 학생들을 조사했다. 경찰은 큰 소리, 손가락으로 찌르기 등 작은 사안도 아동학대라고 아이들에게 설명했다. 한창 아동학대가 이슈가 되고 있던 때였고, 아동학대로 5만 원 이상의 벌금형이라도 받을 경우, 해임 및 향후 10년 동안 교육관련 일을 할 수 없게 된다는 것 때문에 걱정이 되어 잠을 이룰 수가 없었다. 나에게는 교직이 정말 소중하다는 것을 그때 깨달았다. 교직만 지킬 수 있다면 무엇이든 하겠다고 매일 울면서 기도를 했다. 위기의 시간에 나에게 힘을 준 것은 학부모, 동료교사, 그리고 우리 학생들이었다. 우리반 학부모뿐만 아니라 2학년 학부모 전체가 나의 편이었고, 학교의 선생님들 모두가 나를 위해 움직여줬다. 상황을 잘 모르는 어린 제자들도 나를 격려해주었다.

한 달이 지나서야 아동학대조사관, 경찰, 장학사 앞에서 내 입장을 표명할 기회가 주어졌다. 나를 신고한 분이 사실 왜곡을 많이 한 것 같았다. 어찌 되었든 조사과정을 통해 '혐의 없음'을 통보받게 되었지만 이 사건은 내 삶의 태도를 바꿔놓았다. 나는 다짐했다. '나와 같은 교사가 생기지 않도록 도움을 주는 교사가 되자! 도움을 줄 수 있는 교사가 되기 위해 능력을 기르자! 위기는 함께 이겨내는 것이므로 관계를 잘 맺자!'

위기는 언제, 어디서 찾아올지 모른다. 함께 이겨내야 한다. 학교의 위기를 함께 극복하는 자세가 진정한 학교자치의 출발점이라고 생각한다.

세상이 바뀌고 있다

졸업식 하고 싶어요

1월 말로 예정된 졸업식을 어떻게 치르나 고민하다가 학부모 없는 교실 졸업식으로 실시하기로 했다. 학부모의 반발이 거셌다. 학교 입장은 안전 때문에 어쩔 수 없다는 것이고 학부모는 한 번뿐인 초등학교 졸업식을 제대로 하자는 입장이었다. 결국 교실 졸업식을 하는 것으로 결정되었고, 이에 승복하지 않은 학부모들은 교육청에 민원을 냈다.

쓸데없이 학습지 배송을 왜 하는거야?

코로나가 장기화되면서 등교하지 않는 날도 길게 이어졌다. 학생들 학습을 위해 자체적으로 학습꾸러미를 만들었지만, 어떻게 전달할지가 고민이었다. 우리 학년에서는 직접 배송하기로 했다. 학교로 와서 받아가게 하면 여러 사람이 번거로워지고 학생이 받는 시간도 제각각이 되기 쉬우니 담임이 직접 전달하는 것이 최선이라고 생각했다. 그때 교사들 사이에서 불만이 터져나왔다. "전담교사는 뭐하는데?"

코로나 상황으로 인하여 전담교사는 거의 수업을 못 했다. 담임교사는 상대적인 피로가 가중되어 전담교사에게 불만을 제기했다. 전담교사는 전담교사대로 할 말이 있었다. 방역과 돌봄교실에 투입되어 정신이 없었다. 돌봄 문제로 저학년이 매일 등교로 전환되면서,

저학년 담임들도 상대적 피로감에 시달렸다. 방역활동과 돌봄교실 운영에 교사가 개입되자 담임교사, 전담교사, 행정실, 조리사, 기타 공무직 사이의 갈등이 심화되었다.

zoom 수업 필요없어요

코로나의 장기화로 쌍방향 온라인 수업의 필요성이 대두되었다. 위기감을 느낀 나는 일단 시도해보기로 했다. 그리고 모든 학년의 교사와 학부모 대상 연수를 거쳐 결국 전교생이 쌍방향 온라인 수업을 받을 수 있게 했다. 쌍방향 온라인 수업을 시도조차 하지 않는 학교들을 바라보며 불만을 갖는 교사도 있었다.

코로나는 교육현장을 수많은 갈등상황으로 몰아가고 있다. 대면소통의 부재는 갈등을 더욱 심화시킨다. 코로나19는 세상을 급속하게 변화시키며 학교 역시 역할에 대한 고민을 다시 하게 하고 있다. '학교가 필요한가?'라는 물음이 세상에 퍼지고 있다.

학교는 작은 사회를 경험함으로서 시민으로서의 자질을 갖추는 곳이라고 배웠다. 하지만, 지금의 학교는 협력보다는 서로 비교하고 갈등하는 모습을 보여주고 있다. 코로나19 상황이 그 맨얼굴을 드러내주었다.

학교의 존재는 바람직한 사회를 보여주는 기관으로서의 역할이 가장 중요하다. 학교에 있는 모든 교직원은 바람직한 사회의 모범적인 시민으로서 살아가는 모습을 보여줘야 한다. 학교 안에서 협력하는 모습, 학교 밖에서 학부모와 지역사회와 협력하는 모습이 아이들 눈에 고스란히 담길 것이다. 미래의 주역을 키우는 일을 학교가 움켜쥐지 말고 역할을 나누어야 한다. 권한을 나누고, 그 책임을 공동으로 가져감으로써 학교의 존재 가치가 더 선명해질 것이다.

교실자치는 담임교사가 가진 권한을 학생, 학부모와 나누고 함께 교실을 만들어가는 것이다. 학교자치는 여기서 더 나아가 학교의 권한을 교사, 학생, 학부모, 지역사회와 나누어 학교문화를 함께 만들어가는 것이다. 온라인 세상에서 학교가 살아남는 길은 다양한 사회적 자원을 보태고 합치며 함께 성장해가는 데 있을 것이다.

중등 : 좌충우돌, 시민이 커가는 교실

꼰대 탈출을 위한 도전

☑ 어떤 일을 할 때 내 의지대로 해야 속이 시원하다.

☑ 다른 사람들과 의견 충돌이 있을 때 우선 큰 소리를 지르고 본다.

☑ 학생들의 잘못된 행동을 보면 '요즘 애들은 이래서 문제야'라는 말이 먼저 나간다.

인터넷에 떠도는 '꼰대의 특징'이다. 이 세 가지 중에 '해당 없음'이라고 자신 있게 말할 수 있는 게 하나라도 있을까? TV 드라마나 영화에서 학생들은 교사를 예사로 '꼰대'라고 부른다. '본래 아버지나 교사 등 나이 많은 남자를 가리켜 청소년들이 쓰던 은어'가 꼰대라니 오십 가까운 남자 교사인 나는 영락없는 꼰대다.

이런 꼰대가 교실에서 아이들과 함께 지낸 20여 년의 시간을 거슬러보니 교사라는 권위를 내세워 그동안 수많은 '꼰대짓'을 했음에 반성하지 않을 수 없었다. 하지만 과거만 돌아보고 언제까지 반성만

하고 있을 수는 없기에 (내게는 정년까지 아직도 10년이 넘게 남아 있으니) 앞으로라도 교실에서 이루어지는 교육활동을 '학생의 자기 결정권'에 중심을 두고 생활해보려고 한다.

타반 출입금지를 금지

다른 학교에 갈 기회가 있을 때마다 버릇처럼 하는 일이 있다. 일부러 교실 문 쪽으로 가서 살펴보는 것이다. 매번은 아니지만 자주 만나는 글귀가 있다. "타반 출입금지." 때로는 좀더 부드럽게 호소하는 예도 있다. "○학년 ○반이 편히 쉬는 공간입니다. 다른 반 학생의 출입을 금지합니다. 문을 살포시 닫아주세요."

표현은 조금씩 다르지만, 맥락은 매한가지다. '우리만의 공간에 다른 반 학생이 들어오는 것을 허락하지 않겠다.' 해당 반 담임교사에게 왜 이런 걸 붙였냐고 물어보지 않아도 뻔히 보인다.

- ☑ 다른 반 아이들이 시끄럽게 떠들어서 조용히 있고 싶어 하는 우리 반 아이들에게 피해를 주는 행위
- ☑ 우리 반 학생의 물건을 허락을 구하지 않고 마음대로 손을 대거나 가져가는 행위
- ☑ 교실 문을 막고 서서 얘기를 나누는 바람에 출입하는 우리 반 아이들에게 불편을 주는 행위

이런 행위들을 자주 목격하거나 그로 인한 불편함을 자주 겪었기

에 담임교사는 여러 가지 표현으로 교실 문에 경고문을 붙여왔다.

입학식을 하고 한 달 정도 지났을 무렵에 서너 명의 여학생들이 교무실로 찾아왔다. 아이들 얼굴에 불만이 가득했다.

"선생님, 우리도 2학년 교실처럼 문에 붙이면 안 돼요?"
"뭐를?"
"다른 반 학생들 못 들어오게요."

그때 마침 쉬는 시간이 끝났음을 알리는 종이 울려서 우리는 이야기를 더 나누지 못하고, 종례 때 다시 얘기하기로 잠시 미루었다. 종례 시간에 그 문제를 꺼내자 갑자기 봇물 터지듯 여기저기서 아우성이 넘쳐난다. 당장 A4용지에 붉은 유성 매직으로 '타반 출입금지' 여섯 자를 적어서 붙여야 할 것 같았다.

"선생님이 지금이라도 붙여줄 수 있어. 그런데 우리 반이 그런 걸 붙이면 우리도 다른 반에 못 들어갈 텐데 괜찮아?"

활활 타오르던 불길에 찬물을 쏟아부은 듯 순식간에 교실은 적막감에 휩싸였다. 마침 담임 겸 1학년 부장을 하고 있을 때라 이렇게 다시 제안했다.

"우리 반 교실 문에 '타반 출입금지'를 붙인다고 해결될 게 아니니

1학년이 학급마다 이 주제로 학급회의를 해보면 어떨까? 그래서 학년 전체가 같이 결정하면 훨씬 효과가 좋을 거 같은데."

　1학년 담임들에게 동의를 구해 각 반 학급자치회에서 '타반 학생의 출입을 허용할 것인가? 금지할 것인가?'를 논의하게 했다. 그 의견을 가지고 네 개 반의 학급자치 임원들이 다시 한자리에 모여 토론했다. 이 문제에 관한 학년 전체의 결정은 다음과 같다.

> 다른 반 학생 출입을 허용한다.
> 단, 다음 사항을 지키지 않을 시에 경고하고, 한 달에 경고 3회면 다음 한 달 동안 출입을 금한다.
>
> 1. 남의 물건 만지지 않기
> 2. 문을 막지 않기
> 3. 시끄럽게 떠들지 않기
> 4. 낙서하지 않기
>
> 다만, 사소한 것에 대해 일일이 경고하지 않으며, 반별로 기록자를 두어 관리한다.

　뒤에 전해 들은 얘기로는, 학급회의 결과 네 개 반 중에서 세 개 반이 다른 반 학생 출입을 허용하자는 쪽이었다고 한다. 그래서 반대한 한 개 반의 의견을 최대한 반영하여 다른 반 학생의 출입을 허용하되 우려가 되는 부분을 단서 조항으로 넣어 자율적으로 지킬 수 있도록 하자는 쪽으로 결정을 했다는 것이다.

그렇게 일주일이 지나자 이 문제가 다시 불거졌다. 우리 반에 들어와서 시끄럽게 떠들어 경고 세 번을 받은 학생이 찾아왔다.

"선생님, 저는 이런 거 몰랐다고요. 그리고 '경고'라는 말도 못 들었어요."

여러 번 같은 얘기를 해도 난생처음 듣는 말인 양 되묻기를 반복하는 게 이 또래 아이들이기에 이 학생의 문제 제기가 낯설지 않았다. 분명 학급회의에서 다루었고 학년자치회의에서 나온 결과를 공지했을 텐데 그게 모든 아이에게 체화되기에는 시간이 많지 않았을 것이기에 우리는 임시학급회의를 열어서 전체 학생들이 인식할 수 있도록 재차 안내했고, '경고는 상대가 정확하게 인식할 수 있도록 하자'는 세부안도 추가로 만들게 되었다. 이런 일련의 과정을 겪은 뒤로 우리 학년에서 '타반 출입금지'에 관한 얘기가 더이상 나오지 않았다. 만약 담임이 주도해 교실 문에 경고문을 붙이고, 이를 어긴 학생들을 매번 혼을 내거나 어떤 조처를 했다면 이 문제가 깔끔하게 해결이 되었을까? 장담컨대 절대로 근본적인 해결은 되지 않았을 것이다.

그동안 수많은 '타반 출입금지'를 보면서 내가 가진 의문은 하나다. 대부분 학교는 '공동체'를 넣은 교육 비전을 제시하고 있다. 특히 혁신학교의 교육 비전에는 거의 100%에 가깝게 '○○공동체'라는 말이 들어간다. 우리는 '인간은 사회적 존재이기 때문에 혼자서 살 수 없고 남과 더불어 살아가야 한다'고 가르치며 학생들의 이기적인 생활 태도를 지적하고, 여러 명이 함께 문제를 해결할 수 있도록 모둠활동을 넣어 수업을 설계하고 있다. 그렇게 공동체의 중요성을 애기하면서 교실에서는 너무나 쉽게 나(우리 반)의 이익만을 위해서 결정을 내리고 있는 것은 아닌가? '교실에서 사회생활에 필요한 질서와 규칙을 배우고 실천한다'라는 항목에서 '그렇다'라고 대답한 우리나라 학생들의 비율이 프랑스나 영국과 비교해 3분의 1 정도밖에 안 된다(한국교육과정평가원, 2007). 이제 더는 '공동체'를 거창한 구호 속에서가 아니라 교실에 살아 있는 삶의 실천 과정에서 우리 아이들이 만나기를 바란다.

빗자루에서 로봇청소기로

"월, 화, 수, 목, 금, 금, 금이었으면 좋겠어."

"왜?"

"그러면 청소 안 하잖아."

등교하지 않는 주말마다 우리 집 두 아이가 했던 얘기다. 당시 초등학교 6학년, 중학교 3학년인 두 아들은 주말에 각각 집안 청소를 도맡았다. 고작 일주일에 한 번인데 어떻게든 이런저런 핑계를 대며 빠져나가려 시간을 질질 끌었는데 결국 큰 소리가 한 번 나야 입이 한 주먹 정도 튀어나온 상태로 청소를 시작했다. 청소하는 두 아들보다 시키는 내가 더 힘들 정도였다.

우리의 부모 세대에 비해 지금은 가정에서의 남녀 역할이 딱히 구분되지 않듯, 두 아들이 성인이 되어 독립했을 때는 더욱 그럴 수 있기에 주말마다 두 아들에게 집안일을 시키고 있다. 첫해는 재활용품 분리배출로 시작했고, 다음 해에는 집 안 청소, 최근에는 설거지도 조금씩 시켜보고 있다. 두 아이는 다 귀찮아했지만, 특히 청소를 싫어했다. 그런데 요즘은 주말이 돼도 궁시렁거리지도, 싫은 내색도 않고 흔쾌히 청소기를 집어 든다. 갑자기 철이 들어 힘든 부모를 생각하는 마음이 생겨서도 아니고, 물질적인 대가를 더한 것도 아닌데 말이다. 달라진 원인은 아무리 찾아도 딱 하나다. 도구. 유선에서 무선으로 바꾼 청소기다.

7년간 주말부부로 지내다 집에서 멀지 않은 학교로 옮겼다. 교사가 된 지 20년이 넘었는데도 새 학교는 늘 설레고 긴장된다. 코로나19로 세상이 시끄럽지만, 학교는 그리고 교사는 새 학기 준비에 여념이 없다. 1학년 담임을 맡게 되었다는 발표를 듣고, 교실부터 찾았다. 자유학년제로 인해 지필고사 안 보는 1학년, 과정 중심 평가, 학생 중심 수업 등 학교가 예전보다 많이 달라졌지만, 교실은 수십 년째 크게 변하지 않고 있다. 그중에서도 단연 돋보이는 자태를 뽐내는 것은 교실의 청소함이다.

먼지를 잔뜩 뒤집어쓴 채 교실 뒤편에 여전히 자리한 청소함을 열어 보았다. 1년을 사용한 빗자루의 솔은 방학 때 파마와 염색을 했다가 개학을 앞두고 다시 원상태로 돌려놓은 큰아들의 머리카락보다더 상해 있었다. 먼지를 쓸고 치우는 용도가 아니라 바닥에 굴러다니는 먼지를 붙게 만드는 도구로 사용하지 않았을까 짐작할 정도다. 이 좋지도 않은 빗자루를 올해 우리 반 아이들, 빗자루질은커녕 방

청소도 '부모 손'에 맡겼을 중학교 1학년 아이들이 집어 들고 청소를 한답시고 쓸어댈 것이 아닌가. 운동장, 복도, 교실, 급식실, 화장실 등 교내 곳곳을 뛰어다녔던 신발에서 떨어진 흙가루와 먼지들이 흔들어대는 빗자루에 뿌옇게 일어나 교실을 뒤덮어도 학생들은 교사가 '창문 열고 청소하세요'라고 말하지 않으면 자신의 입 속으로 그것들이 고스란히 들어가는 줄도 모르고 신나게 떠들며 청소라는 것을 할 터다. 청소하는 시늉만 겨우 한 교실에서 깔끔한 친구들은 교실이 지저분하다며 투덜거릴 수도 있다.

지금 집 안 청소를 위해 빗자루를 둔 집이 얼마나 될까? 당장 우리 집만 해도 20년 넘게 집 안 청소할 때 빗자루를 쓴 적이 없다. 그러니 중학교 아이들에게 빗자루는 칼싸움할 때 쓰는 장난감으로 익숙하지 청소도구로는 어색하기 그지없다. 이 어색한 도구인 빗자루가 집 안에서 사라지기 시작하면서 청소에 대한 교육도 시나브로 사라진 듯하다.

> 청소는 학교에서 유일하게 몸을 움직여 주변을 보살피는 배움의 기회를 준다. 나는 학생들이 청소를 통해 자신의 공간을 정돈하는 능력을 키우고, 그 능력이 때로는 가사노동으로 혹은 누군가를 위한 돌봄 노동으로 전환될 수 있기를 기대한다.[1]

1) 이광연, 「청소를 놀이처럼」(미발표 글) 중에서.

청소의 교육적 의미를 되찾기 위해서도 이제 교실에 청소기가 필요한 때다. 아니 진작 들어왔어야 했다. 담임교사가 상주하는 초등학교에는 교실에 청소기를 두고 사용하기도 한다. 중학교에서도 특별실에서 청소기를 사용하는 것을 본 적이 있다. 하지만 대부분의 중등학교 일반 교실에는 여전히 빗자루와 쓰레받기가 청소함의 터줏대감이다. 얼마나 시대의 흐름에 뒤떨어진 일인가. 이런 내 생각을 전문적학습공동체에 속한 선생님들에게 말했다. 다들 공감해줘서 내친김에 학교에 건의했더니 교장선생님이 흔쾌히 교실마다 유선 진공청소기를 구입해주었다.

이런 변화가 교실 문화에 얼마나 영향을 미치겠냐고 생각할 수도 있다. 빗자루를 사용하는 교실에서 청소가 이루어지는 과정을 한번 살펴보자. 교실 청소는 대개 쓸기와 닦기로 이루어진다. 쓸기에 필요한 최소한의 인원은 몇 명일까? 내 경험상 네댓 명은 있어야 한다. 그런데 그 인원으로 청소를 한다고 해도 청소기 한 대를 돌리는 거에 비해 결코 깨끗하다고 말할 수 없다. 청소기가 교실에 들어오면서부터 교실 쓸기는 둘이면 충분하다. 한 명은 청소기로 구석구석의 먼지를 쓸어 담고, 나머지 한 명은 유선 청소기의 선이 교실 책걸상에 걸리지 않도록 잡고 따라다니면 된다. 가끔은 나 혼자서 교실을 청소할 때도 있는데 사실 한 명으로 충분히 청소가 가능했다.

친구들은 다들 해방감이 가득한 얼굴을 하며 삼삼오오 짝을 지어 학교를 벗어나는데 자신은 남아서 원하지도 않는 청소를 한다는 것이 아이들에게는 곤욕이나 다름없다. 그러니 청소는 아이들에게 무조건 피하고 싶은 것이며, 이를 알기에 교사들은 학생들이 잘못된 행동을 하면 '청소'를 벌로 내리고 있는 현실이다.

지금부터라도 청소에 대한 우리의 생각을 바꿔보자 제안하고 싶다. 대부분의 담임교사는 우리 반 아이들이 쉬는 시간에 누구와 주로 어울리며, 급식으로 나오는 음식 중에서 어떤 것을 특히 싫어하며, 교과 시간에 어느 지점에서 어려움을 느끼는지 관찰이나 면담을 통해 알아보고 싶어 한다. 그것은 수년간 교육이라는 이름으로 아이들에게 주입된 것들이 타고난 개인의 기질과 어쩔 수 없이 부딪히며 이겨낸 개인사와 결합하여 지금 내 앞에 우리 반 아이로 존재하기 때문이다.

그런데 상담이라는 이름으로 아이들의 개성과 개인사를 깊이 있게 알아내기는 어렵다. 아이들도 상담이라는 이름으로 담임과 만나는 것을 썩 내켜하지 않고, 그런 아이를 바라보는 담임교사도 부담스럽기는 마찬가지다. 이럴 때 내게는 청소가 많은 도움이 되었다. 매일 한 명씩 청소 당번이 남는다. 그 학생과 교실 청소를 하는데 하루는 담임교사가 청소기로 구석구석 청소를 하고 남은 아이가 전선 줄을 붙잡고 책걸상에 걸려서 꼬이지 않게 뒤따른다. 다음날은 학생이 청소하고 교사가 똑같은 방법으로 뒤를 따른다. 이 와중에 자연스럽게 이런저런 얘기를 나누게 되고, 아무래도 둘만 있다 보니 평소 다른 아이들 눈치 때문에 묻고 답하지 못했던 속 깊은 얘기를 나눌 수 있었다. 이렇게 이틀에 한 명씩 돌아가며 교실 청소를 하면 두 서너달에 한 번씩 자기 차례가 돌아오니 아이들도 청소를 크게 부담스럽지 않게 여기고, 그 사이에 지난번 청소상담 때와는 달라진 아이의 변화과정을 자연스럽게 파악할 수 있다. 그러니 교실 청소도구를 빗자루에서 청소기로 바꾼 게 일석삼조 이상의 효과가 있는 것이다. 물론 이제는 청소를 벌로 생각하는 아이도 거의 없다.

이런 얘기를 다른 학교에 근무하는 교사들에게 하면, '학교 전체가 청소기를 사려면 그 많은 예산을 어떻게 마련해요?'라는 질문이 먼저 쏟아진다. 행정실에 물어보니 유선청소기 한 대를 구입하는데 13만 원(특별실 포함해서 37대를 구입해 총금액이 500만 원 정도 지출되었다고 함)이 들었다고 한다. 한 해 학교에서 구입하는 청소용품 예산에 비하면 좀 과한 지출이기는 하지만 1년을 사용한 청소기는 여전히 작동이 잘된 상태로 다음 해에도 그 교실에서 다른 아이들을 만나고 있다. 효과성은 말할 필요도 없고, 예산적인 측면에서도 3년 정도 빗자루와 쓰레받기 등을 구입하는 비용을 합치면 충분히 가능하다는 얘기다.

두 번째 우려는 '중등학교는 담임이 교실에 상주하지 않는데 혈기왕성한 아이들에 의해 파손이 되면 어쩌나' 하는 것이다. 그럴 수 있다. 하지만 우리가 안 될 것만 생각하고 시도조차 하지 않는다면 교실 내에서 할 수 있는 일은 거의 없다. 그래서 아이들에게 교육이 필요한 것이다. 만약 청소기가 파손되면 가장 불편하고 힘들어지는 것은 아이들이니 스스로 관리를 잘할 수 있도록 가르쳐야 한다. 지난 1년간 청소기가 교실에 있었지만 한 대의 파손이나 고장 없이 다음 해에 모두 인수인계가 되었다.

문득 이런 생각이 들었다. 유선청소기를 아예 처음부터 로봇청소기로 바꾸었으면 어땠을까? 아이들이 하교하면서 자신의 의자만 책상 위로 올려놓고 가면, 담임교사가 그때 캐비넷에서 로봇청소기를 꺼내와 작동시켜 놓고 교실 문을 닫고 퇴근을 한다. 다음 날 아이들보다 먼저 출근한 담임교사가 청소가 끝난 로봇청소기를 다시 교무실 캐비넷에 넣어두는 방식이다. 그렇다면 더이상 관리에 대해 걱정하지 않아도 되지 않을까 싶다.

교육이나 제도 이상으로 환경도 중요하다. 그런데 학교, 특히 교실의 환경은 '변화'에서 늘 비껴 있었다. 좀더 중요한 혹은 거대한 담론에 담기는 작은 것이어서인지, 혹은 한 눈에 보이는 성적이나 성장이라는 결과로 이어지지 않아서인지 이유는 알 수 없다. 하지만 매일매일 생활하는 '일상'은, 성장기 아이들에게 정말 큰 영향을 미친다. 사전은커녕 포털사이트도 아닌 유튜브에서 정보를 찾는 이 시대의 아이들에게, 솔 사이사이 먼지 덩어리가 가득한 빗자루는 어울리는 도구도, 꼭 필요한 도구도 아니라는 생각이다.

물론 학생들의 건강과 생활교육을 위해 교실 청소는 꼭 필요하다. 다만, 귀찮거나 대강 시늉만 하지 않도록 아이들에게 지금 시대에 맞는 빗자루를 쥐여줄 때가 아닐까. 그리고 이제는 교실 속 또 다른 유물들도 바꿀 필요가 없는지 학교 안팎의 어른들이 머리를 맞대기 시작해야 한다. 지금 시대에 맞는 교실이 되려면 일상에도 변화가 필요하다.

교실자치의 현주소

재택근무를 하고 있는데, 원격수업을 듣던 큰아들이 얼굴이 울그락불그락해서 자기방에서 나왔다.

"왜 그래?"
"아니, 9시에 줌(Zoom) 한다고 해서 들어갔는데 이제 끝났어요."

벽시계는 11시가 다 되어 가고 있었다. 단순히 수업이 늦게 끝나서 화가 난 것은 아닌 거 같았는데 더이상 묻지 않았다. 한소끔 시간이 흘렀을까 소파에 앉아서 휴대폰을 보고 있는 큰아들에게 아까 왜 그렇게 화가 잔뜩 났는지 조용히 물었다. 큰아들이 들려준 얘기는 이랬다.

"나흘 전 개학날, 담임선생님께서 '8월 31일 자치시간에 2학기 학급임원선거를 한다'고 하셨어요. 출마할 사람은 개인적으로 신청하라고 했고요. 그런데 오늘 아침 8시 45분에 메시지가 떴어요. Zoom으로 반장선거를 하니까 9시까지 모두 줌으로 들어오라고요. 놀라서 씻고 윗옷만 갈아입고 컴퓨터를 켰어요. 애들도 갑작스러운 공지라 모이는데 30분 넘게 걸렸어요. 둘은 아예 참여하지 못했고요. 후보도 그때 알았어요. 사전에 정보가 없었거든요. 후보들의 소견 발표는 시간·내용 다 준비가 덜 된 티가 났고요. 바로 투표가 진행됐는

데 글쎄 선택한 후보의 이름을 담임선생님께 비밀채팅으로 보내라는 거에요! 그렇게 되면 선생님은 제가 누구를 찍었는지 훤히 알 수 있는 상황이잖아요. 찜찜했지만 아무도 이의를 제기하지 않아서 어쩔 수 없이 한 명의 이름을 적어서 보냈어요."

큰아들의 얘기를 들으며 며칠 전 진행된 교직원협의회 모습이 겹쳐졌다. 우리 학교의 '교직원회' 규정을 정하고, 의장을 선출하기 위한 자리였다. 사전협의는 옹색한 전달 연수로 대체됐고, 고사리손의 도움도 절실하게 필요한 학기말에 계단식 구조의 시청각실로 장소를 잡은 것부터가 처음부터 협의는 염두에 없던 것으로 보였다. "경기도학교자치 조례에 협의가 가능한 내용이라고 적혀 있는 것과 우리 학교 교직원회의 협의 내용이 다른 이유는 무엇인가요?"라는 유일한 내 질문이 끝나자 곧장 의장 선출을 위한 투표가 진행됐고, 그 협의회를 진행한 부장교사가 의장으로 선출됐다. 매우 중요한 일을 몇 사람이 모여서 초안을 만들고, 연중 가장 바쁜 시기에 충분한 검토의 기회도 주어지지 않은 상태에서 급히 진행되는 것이 큰아들의 학급임원선거와 흡사했다. 현임교 재직경력이 1년 이상인 의장 후보 명단이 적힌 종이에 직접 기표해서 바구니에 넣는 형식으로 진행돼 비밀이 유지됐다는 것만 달랐을 뿐이다.

경기도교육청은 2019년 11월에 '학교자치 조례'를 제정·공포했다. 조례에 맞게 학교에서도 교직원회를 만들라고 연초에 지침이 내려왔고, 학교별로 교직원회가 어떻게 만들어졌는지 보고하라는 공문은 1학기가 끝날 무렵에 내려왔다. 학교에서 학기말에 부랴부랴 교직원회를 조직한 이유가 여기에 있었다. '학교자치'는 무엇이고, 왜 '조례'로 만들어 학교에 내려보냈는지, 우리 학교에 맞는 조직은 어떤 것인지에 관해 논의할 시간은 전혀 주어지지 않았다.

코로나19 상황이 심각해지면서 수도권은 다시 3분의 1의 학생만 등교하는 것으로 바뀌었고, 그것도 9월 11일까지는 (고3을 제외하고는) 모두 원격수업으로 진행하라고 방학 중간에 정부의 지침이 내려왔다. 따라서 등교해서 진행하기로 했던 '2학기 학급임원선거'도 원격으로 진행해야 했다. 교직에 있으면서 처음 있는 일이기에 다른 학교는 어떻게 했는지 참고하고자 아는 선생님을 통해 그 학교들의 사정을 알아보았다. 다소 차이는 있으나 대부분 담임교사의 주도하에 선거가 진행됐으며, 투표도 담임만 알 수 있게 적어 보내는 방식이었다. 선거의 4대 원칙 중 '비밀선거'가 지금의 '비상상황'에서 지켜지지 않는 게 교육공동체에서 용납된 것이다.

하지만 이건 아니라는 생각이 들었다. 작디작은 교육공동체라도 학생들에겐 대표를 선출하는 '민주시민교육'의 일환이기 때문이다. 우리 반 학급임원 선거는 선거의 원칙을 지키면서 하고 싶은 마음에 학급선관위원들과 급히 논의했다. 선거의 가장 중요한 부분에 문제가 있음을 발견한 만큼 대안을 찾기로 했다. 첫 회의에서는 전체적인 진행 과정과 진행상의 문제점을 공유하는 것으로 끝내고, 각자 대안을 찾아 다음 회의에서 논의하기로 했다. 담임이 주도하게 되면, 선거 경험이 부족한 학생들이 담임의 의지대로 따라올 가능성이 커 자율적으로 판단하고 결정할 수 있도록 시간을 줬다.

결국 학급선관위는 포털사이트에 있는 설문방식을 활용하되, 한 개의 IP에 한 번만 투표가 가능하게 설정하고 익명으로 투표하는 방식으로 진행하기로 결정했다. 누가 누구를 선택했는지는 운영자도 알 수 없는 구조라고 했다. 선관위원들은 후보등록부터 소견발표회까지 별다른 어려움 없이 잘 진행했다. 온라인 선거운동도 3분 이내의 홍보영상을 제작해 공유토록 했다.

이런 일련의 과정 속에서 '과연 우리가 지금 교실자치를 애기할 수 있을까?'라는 의문이 들었다. 교사들 대부분 학창 시절 자치에 대해 배우거나 경험한 적이 없는 상황에서 교사가 되었고, 교사가 된 이후에도 이 부분에 대한 역량을 키우는데 크게 관심을 두지 않는다. 그러니 학급임원 선거의 과정도 자신의 경험치에서 판단하여 학생들에게 맡기는 것을 못 미더워하며 전 과정을 담임이 주도하면서 진행하는 상황이다. 그렇다면 '교실자치'는 우리의 교육현실에서 요원한 것인가?

단언컨대 요원하지 않을 수 있다는 희망을 최근에 찾을 수 있었다. 담임이 주도하고 학생들은 그것을 무조건적으로 따르는 기존의 학급운영 방식에서 학생들이 중심이 되고 교사는 이를 지원하고 격려하는 역할로 자리매김하는 것이다. 이것을 우리는 '교실자치'라 부르기로 했다.

불친절한 교사가 되자

8시 39분. 환기를 위해 열어놓은 교실 창문 너머로 이번 주 등교하는 2학년 아이들의 발소리와 목소리가 뒤섞여 들려온다. 이 소리를 들으며 유튜브에 접속한다. 어제 실시간 조회시간에 소개된 노래를 찾아 재생하기 위해서다. 학교에서 하라고 한 조회시간보다 15분 이른 8시 40분에 시작되는 우리 반 조회, 아이들이 Zoom(줌)에 다 들어오길 기다리면서 들을 노래는 한스밴드의 〈오락실〉이다. IMF 외환위기 때 갑작스레 직장에서 쫓겨난 가장들(아빠들)의 애환을 너무 무겁지 않게 담아내 많은 사랑을 받은 노래다. 그런데 IMF 외환위기가 시작된 해로부터 10년이 지나 태어난 우리 반 아이는 이 노래를 언제 어디서 들었을까?

우리 반 원격 조회는 매일 25분씩 진행된다. 다른 반은 얼굴 확인과 학교에서 꼭 전달하라는 중요사항을 말하고 나면 대략 5분 정도 걸린다고 한다. 우리도 처음에는 다른 반과 별반 차이가 없었다. 코로나19로 인해 개학이 연기돼 4월 중순부터 우리 반 아이들을 줌으로 만났다. 처음에는 그간 못한 전달사항만으로도 10분의 조회시간이 빠듯했다. 가끔 노파심에서 나온 잔소리가 섞이면 조회는 1교시가 다되어 겨우 끝났다. 그런데 일주일이 지나니 화면 속 아이들의 표정에서 지루함이 묻어났고, 접속을 늦게 하거나 아예 빠지는 아이들이 하나둘 생겨났다.

그때 학급자치 임원에게 조회시간에 아이들이 참여하는 코너를 만들면 어떻겠냐고 제안을 했고 학급회의를 통해서 탄생한 것이 '자신이 좋아하는 노래 소개하기' 코너다. 매일 한 명씩 돌아가며 자신이 좋아하는 노래의 유튜브 주소를 채팅창에 올리면, 다른 아이들은 링크된 주소를 클릭해 들어가 노래를 듣고 짤막한 소감을 다시 채팅창에 올린다. 노래가 끝나면 소개한 아이가 선곡의 이유를 얘기하고, 담임교사만 볼 수 있는 채팅창에 올라온 소감을 이름을 밝히지 않고 내가 읽어준다. 9월 중순 경에 이 코너가 한 바퀴를 돌았다. 이번에도 계속할 것인지 말 것인지를 투표에 부쳤더니 1명을 제외하고는 모두 다시 했으면 좋겠다고 했다. 그중에 한 곡이 우리 반 가을(가명)이가 소개한 한 스밴드의 〈오락실〉이었던 것이다.

교무실 내 옆자리 테이블에는 코팅기가 있다. 하루에도 몇 번씩 뜨거워졌다가 식기를 반복한다. 학생들에게 안내할 자료를 코팅하기 위해 교사들이 드나들기 때문이다. 교실이나 복도에 오랜 기간 변색 없이 붙어있길 바라는 마음에 교사들은 번거로운 절차를 감수한다. 그런데 수명을 다한 코팅 자료는 재활용이 안 돼 바로 일반쓰레기봉투 속으로 들어가 환경오염의 주범이 된다. 하지만 교육적 효과가 높다는 이유로 어느 학교든 교무실 한켠에 코팅기가 자리 잡고 있다. 특히 열정적인 교사일수록 코팅기 사용이 잦다. 그렇다고 그들이 환경의 중요성을 덜 생각한다는 것은 아니다. 이들의 열정, 그것도 아이들의 성장을 저해하는 열정에 대한 얘기를 하고 싶을 뿐이다.

태어나 하나부터 열까지 부모의 손길을 받으며 자란 요즘 아이들도 사춘기를 겪으며 점점 독립을 위한 몸부림을 친다. 다만 몸부림의 정도에 차이만 있을 뿐이다. 그런데 학교는 초등학교 입학해서 고등학교 졸업 때까지 일거수일투족 담임의 손길이 필요하다고 생각하는 교사들이 꽤 많다. 또 그런 교사가 '학급운영'을 잘하는 것이라고 여기는 분위기다.

그러다 보니 새학년이 시작되면 담임을 맡은 교사들은 무척 분주하다. 교실 앞뒤를 알록달록 모양을 낸 글씨와 멋진 그림을 넣어 화려하게 꾸민 게시판, 책상 앞모서리에 학생 개인별로 격려의 말이나 격언 등을 넣어 손바닥만 한 크기의 시간표를 만들어 코팅해서 붙여놓기, 매달 생일자를 파악해 한 명 한 명씩 생일 축하 메시지 포스트 잇에 적어주기 등.

담임은 30여 명 학생들의 또 다른 부모다. 그러니 정확하게 자기 의사를 표현할 수 있고, 자신의 흥미와 적성에 따라 교과를 선택할 수 있는 나이가 되었는데도 코흘리개 어린아이 대하듯 일일이 챙겨주려는 극성스런 부모는 되지 말아야 하지 않을까. 학급 내 여러 문제 상황이 발생해도 아이들 스스로 대화와 타협, 이해와 설득을 통해 이를 극복할 여지를 빼앗아 버리는 경우를 종종 보게 된다. 상황이 조금만 복잡해지면 담임이 나서 상황을 매듭짓고, 깔끔하게 잘 처리하는 것이 훌륭한 학급운영이라고 생각하기 때문이다.

하지만 그렇게 자란 아이들은 갈등상황이 발생하면, 담임에게 곧바로 달려가거나 부모 찬스를 쓰려고 한다. 자신이 애쓰지 않아도 해결해주는 어른들이 있기 때문이다. 그러니 아이들의 문제해결 능력이 점점 더 퇴화되는 거 같다. 이를 초등학교 때부터 '잘된 학급운영'이라는 명목하에 우리 교사들이 만들고 있었던 것이다.

앞서 얘기한 것처럼, 우리 반 조회시간에 담임은 지시 전달자나 잔소리꾼에서 진행을 돕는 지원자 정도로 역할이 자연스럽게 바뀌었다. 그것이 나만의 '불친절한 학급운영' 방식이다. 그런데 이 말에 어떤 교사는 '지저분한 교실, 사고가 더 많이 발생한 학급'의 모습이 떠오른다고 했다. 일견 타당하다. 하지만 '불친절하자'는 말은 '학급운영=담임의 몫'이라는 공식에서 벗어나자는 것을 강조하기 위함이다. 담임이 다 해주려는 마음을 내려놓아야 비로소 아이들이 학급에 설 수 있는 자리가 생기고, 그런 기회가 주어져야만 아이들은 시행착오를 겪으며 자랄 수 있기 때문이다. 그동안 아이들이 받을 상처가 무서워 우리가 너무 온실 속의 화초처럼, 순한 아이들로만 키워오고 있었던 것은 아닌가 돌아보자. 하지만, '불친절해지자'는 데는 하나의 조건이 따라붙는다. '끊임없이 의심하라'다.

끊임없이 의심하라

학급 단톡방에 학급자치회장(회장)이 다음과 같은 글을 올렸다.

'상습적인 지각을 하는 학생, 어떻게 할 것인가'에 대해 우리가 오늘
학급회의 시간에 논의한 결과를 정리해서 올립니다.
1. 결정 사항 : 지각 학생에게 1분당 100원의 벌금을 부과한다.
2. 결정 과정
- 벌금 부과 학급 규칙에 대한 찬성: 20명, 반대: 9명, 기권 : 1명
(다수결 원칙에 따라 규칙 통과)
3. 규칙 시행일 : 다음 주 월요일부터

회장은 위의 글을 올리고 나서 그 아래 '확인했으면 '네'라고 댓글
달아주세요^^'라고 적었다. 그 글 아래 5개의 '네'가 순식간에 올라온
다. 그런데 그 뒤로 회장의 글을 읽은 사람의 숫자는 점점 늘어나는
데 더는 '네'가 올라오지 않았다.

위의 내용은 경기도교육청에서 발간한 「더불어 사는 민주시민」
이라는 중학교 인정교과서에 나오는 내용을 각색한 것이다. 하지만
학급회의의 주제만 다를 뿐, 비슷한 논의의 과정과 결정을 대부분의
교실에서 쉽게 목격할 수 있다.

학급의 의결 과정은 '질의응답 → 찬반토론 → 비밀투표' 순으로
이뤄져야 한다고 가르친다. 이 관점에서 위의 학급회의는 절차 대부
분을 준수하고 있는 것처럼 보인다. 상습적으로 지각하는 학생이 있

고, 그 문제를 해결하고 싶은 담임교사는 고민 끝에 학급회의를 통해 방법을 찾고 싶었다. 그래서 학급회의 안건으로 상정했고, 학생들은 다양한 방법을 얘기한다. 그중에서 가장 많은 학생이 '벌금 부과'가 최선이라는 결론을 내리고, 벌금 액수에 대해서 또다시 의견을 쏟아낸다. 마침내 학생 신분을 고려해 '1분당 100원'이 다수의 공감을 얻었다. 민주적인 회의의 과정으로 보이고, 그 결론이 학생들의 처지에서는 일견 타당하다고 여길 수 있다.

그런데 이상하다. 문제 상황에 대한 처벌, 그 수위에 대한 논의만 뜨겁다. 우리도, 아이들도 어려서부터 잘하면 보상을 받고, 잘하지 못하면 그에 따른 처벌을 받는 것에 익숙해져 있기 때문이다.

초등학교를 떠올려보자. '복도에서 뛰지 말자'라는 경고를 받거나, 이를 주제로 한 학급회의를 경험하지 않은 이들은 거의 없을 것이다. 그 경고 혹은 회의의 결론은 뛰는 학생들을 어떻게 처벌(조치)할 것인가에 온갖 초점이 맞춰져 있었는데 별반 나아지는 것 없이 우리는 수십 년째 같은 주제의 논의를 지금도 학교에서 하고 있다.

그렇다면, 문제를 보는 시각을 바꿔야 하지 않을까? 지금 학교 건물의 구조는 교도소와 흡사하다. 일렬로 늘어선 교실과 그 교실을 연결하는 유일한 통로인 복도가 나란히 한 줄로 늘어선 모습. 오랜 시간 제자리에 앉아있는 게 어려운 어린아이들에게 길게 쭉 뻗은, 100m 트랙을 연상시키는 열린 공간에서 뛰지 말라는 것은 너무나 가혹하다. 그렇다고 우사인 볼트처럼 최선을 다해 달리라는 것은 더욱 맞지 않다. 그렇다면 일직선의 학교 공간을 중간중간 굽은 형태로 만들어 원형에 가깝게 만들거나, 복도 중간에 의자나 소파, 테이블을 놓아 쉼터 공간을 만들면 어떨까. 복도라는 공간에서 뛰고 싶은 충동을 조금은 억제할 수 있을 것이다.

지각 벌금도 마찬가지다. 상습적으로 지각하는 학생이 있다면, 그 사정을 들어보고, 잦은 지각으로 인해 다른 친구들이 받는 안 좋은 영향에 대해서도 허심탄회하게 얘기하는 과정이 있어야 한다. 그리고 학급회의에서의 논의는 지각을 못 하게 하는 방법이 아니라 지각하는 친구를 돕는 방법이 주가 되는 것이 훨씬 더 교육적이고 효과적이라고 할 수 있겠다.

아이들이 이런 방식으로 문제를 보고 해결점을 찾지 못하는 것은 오로지 우리 어른들, 교사들의 책임이다. 어려서부터 잘못을 하면 모두 잘못한 이의 탓이며, 그 책임 또한 전부 그 사람이 짊어져야 한다고 배웠다. 우리가 이루고 사는 공동체에는 다양한 사람들이 함께하다 보니 늘 규칙에서 벗어나는 사람이 있기 마련이다. 잘못된 행동을 하는 사람을 배척하거나 제재하는 방식이 아니라 공동체가 그 문제를 어떻게 해결해나가느냐가 공동체의 힘(역량)이 되는 것인데 어려서부터 우리는 그렇게 배우지 않았기에 아이들에게도 그런 역량을 길러주지 못했다.

그렇기에 어떤 결정의 과정에서 아이들의 순수성만 믿고 그대로 맡겨두면 안 된다. '다른 사람들과 더불어 살아가는 삶'을 중심에 놓고 논의를 하고 있는지 끊임없이 의심하는 자세로 지켜봐야 한다. 복잡한 상황에서 사람은 익숙한 방법으로 해결하려 하기 때문이다.

아이들에게 익숙한 응보적 정의의 방법을 이제는 회복적 정의의 방법으로 패러다임의 전환이 필요하고, 그 역할은 어른들이 가정에서, 학교에서 해야 한다.

코로나 상황이 길어지면서 전 세계적으로 우리나라의 방역시스템에 대해 주목하고 있다. 우리가 흔히 선진국이라고 부르던 나라들도 속수무책인 코로나 팬데믹을 우리나라가 안정적으로 관리하는 이유는 무엇일까. 한 언론의 설문조사 결과 우리 국민은 다른 나라 사람들과 비교해 '공동체를 지향하는 개인주의적 성향'이 강하기 때문이라는 분석이 나왔다.

이제 우리 아이들이 어떻게 성장했으면 하는지 그 목표가 뚜렷해졌다. 개인적인 성향을 존중하면서도 공동체를 지향하는 아이들. 그 성장을 돕기 위해서 우리 어른들도 자신을 스스로 돌아보며 끊임없이 의심해야 한다. '나는 그렇게 살고 있는가'라고.

시민이 커가는 교실

학급단체대화방에 오늘의 종례가 올라온다.

애들아! 오늘 종례가 좀 늦어서 미안.
오늘은 우리가 준비한 게임을 다 하고 나서도 시간이 좀 남는데 그 시
간 동안 무엇을 하면 좋을지 의견을 보내주면 돼.

학급자치회장이 올린 글이다. 예정됐던 학교 축제가 코로나19 상
황이 심각해지면서 학년별 비대면 축제로 변경됐다가, 우여곡절 끝
에 학급별 축제로 최종 결정되었다. 세 시간 동안 진행되는 축제를
담임 혼자 맡아서 하기는 부담이 컸기에 각자 아이들이 좋아할 만한
게임을 한 가지씩 만들고 이를 합쳐서 만든 프로그램을 각 반에서
진행하는 것으로 협의를 했다.

하지만 나는 우리 반 아이들에게 온전히 3시간을 맡겨보기로 했
다. 선생님들이 만든 게임들이 상당히 재밌고 기발해서 탐이 났지만
포기한 이유가 있다. 학년별 축제에 사회자와 공연자로 참가를 희망
했던 학생들이 우리 반에 있었고, 시행착오를 겪더라도 우리 반 교
실에서는 아이들의 자기 결정권을 중심에 두겠다는 신념에서였다.

우리에게 주어진 시간은 열흘 남짓이었다. 우선 학급자치회장과
부회장에게 두 사람이 중심이 돼 학급축제를 운영했으면 좋겠다고
했다. 일정이 촉박하니 매일 종례 시간을 활용해 급우들의 의견을

받아서 그 내용을 기반으로 조금씩 채워가자고 했다. 그렇게 주어진 시간의 절반이 흘러갔고 어느 정도 틀이 만들어졌다. 남은 시간 동안 세부 계획을 만들어야 하는데 여기서부터가 중요하다. 학생은 큰 계획이 세워지고 나면 준비가 다 된 것으로 알고 이때부터는 낙관적으로 생각하기 쉽다. 하지만 막상 당일에 행사를 치러보면 당혹스러운 일이 한둘이 아니다. 행사가 끝나면 온갖 불만과 비난이 쏟아지기 십상이라 적절한 시기에 교사의 개입이 필요하다.

그렇다고 너무 관여하면 학생들이 준비하고 진행하는 행사로 만들고자 한 처음의 목적이 사라지게 된다. 너무 가깝지도 멀지도 않은 '불가근불가원(不可近不可遠)'의 관계를 유지하면서 학생이 중심되는 행사가 되도록 하려면 교사 역할에 대해 깊이 고민해야 한다.

학급임원들이 준비한 축제는 아쉬움이 없지는 않았지만 담임이 개입해야 할 긴박한 상황이 발생하지도 않았다. 먼저 말하지 않았는데도 세밀한 시나리오가 준비되었다. 반 아이들이 쉽게 참여할 수 있도록 PPT를 만들어 화면에 띄워서 진행했고 중간에 휴식시간도 갖고 장기자랑도 짬짬이 넣어서 세 시간이 길게 느껴지지 않게 구성도 잘되었다.

행사가 끝난 후 아이들에게 비공개 채팅창으로 좋았던 점과 아쉬웠던 점을 한 가지씩 적어서 보내라고 했다. 그중에서 좋았던 점만 골라서 아이들에게 읽어주고는 끝으로 담임으로서 느낀 소감을 전하는 것으로 행사를 마무리지었다.

"선생님들도 한 해에 한두 번 이상 수업을 다른 선생님들께 공개합니다. 여러분도 아마 초등학교 때부터 이런 모습을 많이 봤을 거예요. 그런데 그 공개수업을 하는 선생님은 무척 부담스럽습니다. 하지만 더 나은 수업을 하기 위해서 다른 선생님들께 공개하고 평가를 듣습니다.

그런데 수업이 끝나면 누가 얘기하지 않아도 수업의 문제점과 아쉬운 점을 본인이 가장 잘 알아요. 그런데 다른 사람들로부터 가슴을 후벼파는 평가를 받게 되면 무척 속이 상하거든요.

오늘 우리 학급축제를 진행해준 친구들도 마찬가지일 거라 생각해요. 처음 해보는 학급축제 진행이고, 더군다나 온라인으로 하니 얼마나 걱정되고 힘들었을까요? 이런 상황에서 세 시간을 큰 탈 없이 진행한 것만으로도 충분히 칭찬받을 만합니다. 그러니 굳이 아쉬운 점을 얘기하지 않아도 될 것이라 생각해요. 모두 수고 많았어요."

어느 날 광고를 보다가 중국의 극동지방에서만 자라는 희귀종 '모소대나무'에 대해 알게 됐다. 그 지방의 농부들은 여기저기 모소대나무 씨앗을 뿌려놓고 매일 같이 정성을 들여 키우는데 싹이 움트고 4년이 지나도 불과 3cm밖에 자라지 못한다는 것이다. 하지만, 5년째 되는 날부터 하루에 무려 30cm가 넘게 자라기 시작해서 6주가 지나면 15m 이상의 높이에 다다른다고 한다. 그래서 순식간에 빽빽하고 울창한 대나무 숲이 만들어진다고…. 그런 폭발적인 성장은 지난 4년 동안 모소대나무가 땅속에 수백 미터에 이르는 뿌리를 뻗치고 있어서 가능했다. 그 성장의 밑바탕에는 뿌리가 살아 있음을 알고 계속 물을 주고 정성을 다해 돌보는 농부가 있다는 것이다.

코로나19로 인한 학교의 혼란은 이제 많이 잦아든 듯하다. 예기치 못한 집단감염으로 인해 사회적 거리두기가 격상돼 또다른 혼란이 찾아오기도 했지만 2020년 3월만큼은 아니다. 학교현장의 대응역량이 그만큼 커졌음을 엿볼 수 있다. 이는 숱한 시행착오의 결실이다.

아이들도 마찬가지 아닐까? 시행착오를 거치며 성장할 기회가 주어져야 한다. 5년이라는 시간이 흐른 뒤 폭발적인 성장으로 대나무 숲을 이루는 모소대나무처럼, 혼자 결정하고 실행하는 데 서툰 아이들에게도 농부의 마음으로 기다려주는 시간이 필요하다.

학교는 공부와 함께 많은 것을 가르친다. 시민으로의 성장도 교육목표 중 하나다. 따라서 학생들에게 민주 사회의, 시민의 '기본'을 우선 알려줘야 하기 때문이다. 비상상황에서 어쩔 수 없는 '효율적인 대처'는 지금보다 다른 방식이어야 한다. 그 방식은 신뢰라는 바탕 위에, 원칙은 준수하는 방향이어야 하지 않을까.

학교자치는 문건이나 정책으로만 존재해서도 안 되고 가능하지도 않으며, 여백이 있지만 일단 시행해보는 데 초점이 있을 수 있다. 코로나19 상황에서 교육부나 시·도교육청은 불가피하게 학교에 많은 재량권을 주었지만, 문제 되는 것은 없었다. (중략) 앞으로 학교공동체

를 신뢰하고, 믿고 맡기는 데서 학교자치가 시작되어야 한다.[2]

---

2) 홍섭근, 「교육자치 시대 학교자치의 성과와 과제」, 경기도교육연구원, 2020.

3장

학생
자치

학교에 민주주의가 필요하고, 교실에서 어떻게 민주주의의 문화를 만들어 갈 수 있을지 함께 고민하는 시간이 되고 계시나요? 그렇다면 글을 쓴 지희에게도 힘이 되는 일입니다. 이어지는 3장에 학교에서 이루어지는 학생 자치에 관한 이야기를 담았습니다. 학생자치라고 말하면 어떤 모습이 떠오르시나요? 민주주의의 꽃이라는 선거를 통해 학생자치회장을 선출하고, 선출된 학생들이 공약을 실현하기 위해 노력하고, 학생들이 오고 싶은 행복한 학교를 만드는 모습을 상상하실 수 있나요? 아직도 교문에서 복장이 불량한 학생들을 선도하는 모습을 떠올리는 분도 계실지 모르겠네요.

학생인권조례 이후에 많은 학교에서 학생들의 인권에 관심을 두고 있고, 학생자치를 통해 자치 역량을 키우는 모습이 많이 발견되고 있습니다. 글을 쓰는 입장에서도 '지금 이 정도는 대부분의 학교에서 하는 학생자치 내용이지 않나?' 싶은 이야기가 있어 고민이 많았습니다. 반면에 오랜 시간 동안 학생자치의 가치를 실천해서 '이렇게까지 할 수 있단 말이야?' 싶은 이야기도 있고요. 그래도 크고 작은 경험을 모아 이 장을 구성한 이유는 이렇습니다. 우선 학생자치회만의 학생자치에 관한 고민입니다. 학생자치는 모두가 함께 소통하는 구조에서 만들어질 텐데, 지금의 학교에서는 학생자치회장과 학생자치회에 너무 많은 것을, 또는 너무 적은 것을 바라는 것은 아닐까요? 학생자치회는 교실의 민주주의와 연결되고, 학교민주주의를 위한 다리가 될 수 있을까요? 이런 질문을 던졌습니다.

또 학생자치가 다른 자치 조직과 어떻게 연대해야 하는가의 고민도 있습니다. 학생자치 혼자 세워놓고 너 혼자 가라고 등 떠미는 것이 아니라 교사와 학부모가 함께 만들어가야 하지 않을까요? 이런 질문에 대해 고민해보았습니다. 아직 너무 어리다고, 중2병이라고, 대학은 가야 하지 않겠냐고 걱정하는 척 학생 자치를 막고 있는 현실에 부딪히며 때로 희망을 꿈꾸고 때로 좌절한 세 교사의 이야기입니다.

인생의 일할을

나는 학교에서 배웠지

아마 그랬을 거야

매 맞고 침묵하는 법과

시기와 질투를 키우는 법

그리고 타인과 나를 끊임없이 비교하는 법과

경멸하는 자를

짐짓 존경하는 법

그중에서 내가 살아가는 데

가장 도움을 준 것은

그런 많은 법들 앞에 내 상상력을

최대한 굴복시키는 법

유하의 시 〈학교에서 배운 것〉이다. 유하는 김광규의 '느그 아버
지 머하시노~'라는 대사로 유명한 〈말죽거리 잔혹사〉의 영화감독이

기도 하다. 유하 감독의 영화에서 그리는 학교 역시 시처럼 비민주적인 곳으로 묘사된다.

몇 해 전 연수에서 '내가 만난 가장 기억에 남는 선생님'에 대해 돌아가며 이야기할 시간이 있었다. 연수 참가자 중 한 선생님이 자신이 교사가 될 수 있었던 것은 집안 사정이 넉넉지 않은 자신을 물심양면 도와주신 초등학교 은사님 덕분이라며 눈물을 훔치셨던 게 기억난다. 나는 도덕 예화 같은 이야기에 감동받으며 내 기억 속 학교는 어땠을까를 떠올렸다.

나 때는 말이야

초등학교 아니 국민학교의 기억이다. 1991년 초등학교 3학년이던 나는 시골에서 도시로 이사 온 지 3년밖에 지나지 않은 터라 사투리가 무척 심했다. 1학년부터 사투리 사용으로 많은 놀림과 괴롭힘을 당해 누가 말을 걸어오면 사투리를 쓸까 봐 두려워 최대한 단답식으로 대답했다. 긴 대답을 요하는 질문을 받으면 머릿속이 복잡해지고 얼굴은 새빨갛게 달아오르기 일쑤였다. 그러다 보니 쉬는시간 이야기할 친구 하나 없는 외톨이였다.

당연히 어떻게 하면 친구를 사귈 수 있을까가 주 관심사라 성적은 밑바닥이어서 3학년까지 구구단도 못 외웠다. 이전 선생님들과는 다르게 3학년 때 선생님은 구구단을 못 외우는 아이들을 그냥 두지 않는, 혼내서라도 아이들이 목표를 달성하게 만드는 선생님이셨다. 나머지 공부를 해서 구구단 검사를 맡고 통과하는 사람은 집에 가고 통과하지 못한 사람은 집에서 따로 공부해 다음 날 다시 선생님 앞에 줄줄이 서서 구구단을 외어야 하는 시스템이었다.

나는 집에서 혼자 구구단을 욀 때는 분명 다 외워지던 것이 이상하게도 실전만 되면 머릿속이 하얗게 돼 버벅거리기 일쑤여서 구구단을 외는 줄이 점점 줄어 혼자 남을 때까지 결국 시험에 통과하지 못했다. 결국 최후의 1인이 되어 구구단을 외는데 또 틀리자 선생님께서 정말 화가 나셨는지 반 아이들 앞에서 머리를 때리고 소리를 지르며 너 같은 바보는 처음 본다며 벌컥 화를 내셨다. 친구들이 사투리 쓴다고 놀리는 것보다, 발표를 못해 모든 아이들이 킥킥거리는 것보다 더 큰 창피함와 절망, 그리고 선생님에 대한 분노를 느꼈다. 다시는 그런 치욕을 겪으면 안 된다는 절박함으로 또 나를 바보 취급한 선생님께 본때를 보여주겠다는 복수심으로 구구단을 외웠던 기억이 난다.

내가 다니던 인문계 사립고등학교는 나름 그 지역에서 대입을 잘 시키는 학교 중 하나로 학부모님들에게 특히 인기가 높았는데 그 이유는 학생들을 쥐잡듯이 잡아 면학 분위기가 훌륭하다(?)고 알려졌기 때문이다. 〈새들도 세상을 뜨는구나〉의 화자가 영화가 시작되기 전 일제히 일어나 애국가를 경청하듯이, 내가 다니던 학교도 수업이 시작되기 전 애국가가 울려 퍼지면 1mm라도 규정보다 긴 머리를 기른 학생들의 머리카락을 그 자리에서 가위로 잘라내던 선생님도,

이런저런 이유로 혼나던 아이들도 일제히 정지해 하던 일(혹은 당하던 일)을 멈추고 태극기 방향으로 몸을 돌려 가슴에 손을 얹어 국기에 대한 경례를 등교 시간마다 하는 등 군사 독재 시대 분위기를 풍기는 곳이었다.

그 당시 대다수의 고등학교가 그러하듯 우리 학교도 최대한 많은 학생을 명문대에 진학시키는 것이 목표였기에 학생들에게 요구되는 것은 오직 공부 하나였다. 그래서 학급 평균이 떨어지면 평균을 깎아 먹은 아이들은 앞으로 나와 반 평균과 본인 평균 차이만큼 엉덩이를 맞아야 했다. 야자시간 도서관에서 학생들은 전교 1등에서 100등까지 출입구와 멀어 집중이 잘되는 구석에서부터 등수대로 좌석이 배정되었다. 앉은 자리만 보아도 전교 몇 등인지 알 수 있어 공부를 못하는 것은 전적으로 열심히 공부하지 않은 개인 탓이었다.

학교는 1분 1초라도 공부를 더 해야 하는 학생 처지에 감히 외모를 꾸미는 것을 두고 보지 않았다. 하루는 고1 담임선생님께서 갑자기 복장 검사를 했다. 메리야스를 입었는지, 머리 길이는 규정을 지켰는지, 눈썹을 밀지는 않았는지 등의 검사 말이다. 내 차례에 선생님이 손톱, 머리 등을 보고 만지시더니 손톱 다듬을 시간이 어디 있느냐며 손을 내리쳤다. 아니라고 하자 아니긴 뭐가 아니냐며 말대꾸까지 한다고, 또 머리도 갈색으로 염색한 것 아니냐며 느닷없이 뺨을 때렸다. 이 사건으로 여자 중에서는 처음으로 일명 뺨을 맞아 아직도 동창들에게는 '여자 싸대기 1호'로 불리고 있다. 그 사건으로 내 손톱이 관리 중이란 오해를 받을 정도로 예쁘다는 것, 그리고 내 머리에 갈색빛이 돈다는 것을 처음 알게 되었다.

그 뒤로도 3월 동안 많은 학생이 이런저런 이유로 맞았다. 1년간의 편안한 학급운영을 위한 담임선생님의 큰 그림이었던 것이다. 그 그림대로 우리는 1년 동안 숨죽이며 공부하는 척, 예의 바른 척하며 학교생활의 정석을 배웠다. 그리고 배운 기술을 바탕으로 선생님들을 최대한 힘들게 하지 않으려 노력하며 무사히 학교를 졸업했다.

이러한 경험들 속에서 내가 학교에서 배운 것은 무엇이었을까? 시인 유하와 나는 30년이나 차이가 나는데 학교에서 배운 게 별반 차이가 없다는 것이 씁쓸하다. 모든 학교가 나의 경험과 같지 않을 것이고, 존경할 만한 교사가 더 많다는 것도 잘 안다. 하지만 학교에서 민주주의를 경험하지 못한 내가 어떤 방식으로 민주시민교육을 해야 하는지 알 수가 없었다. 학생들과 소통하는 교사가 되고 싶었으나 학생들의 의견을 묻지도 않고 내가 올바른 답이라 생각하는 것만 떠먹이려 했다. 그럼에도 못 따라오는 학생들은 그들의 상황 배경, 겪었던 문화 그리고 사회적, 구조적 시스템을 따지기보다는 오롯이 학생 개인의 노력과 의지 부족 탓으로 돌리며 모든 책임을 학생들에게 전가했다. '온정주의에 바탕을 둔 근대적인 학생 위하니즘'[1]에 빠져 학생들을 닦달했다. 내가 학생자치를 만나기 전까지 말이다.

---

1) 조영선, 『학생 인권의 눈으로 본 학교의 풍경』, 2020.

학생자치라는 세계

　나는 교대 3학년 때 제비뽑기로 과대에 당첨된 적 외에 학창 시절 단 한 번도 학급 임원을 해본 적이 없다. 그래서 사실 그 생태계를 직접 경험하거나 깊이 고민해본 적도 없다. 다만, 학급의 일원으로서 기억에 남는 것은 반장(그 당시 명칭)이 전교회의에 가기 전에 형식적으로 진행하는 회의(국기에 대한 경례부터 시작하고 동의와 재청을 거쳐 선생님의 훈화 말씀으로 끝나는)를 진행하던 친구라는 것, 또 전교회의에 다녀와서 이번 주 생활목표를 일러주고 잘 지키라는 말을 하거나 선생님이 없을 때 교탁 앞에 서서 떠들거나 딴짓하는 학생들을 칠판에 이름 적던 친구라는 정도의 기억이다.

　교실 밖에서 기억되는 학생회는 중학교 때부터인데 등하굣길에 학생부 선생님을 대신하여 학생회 학생들이 팔에는 '선도부'라고 적힌 노란 띠를 두르고 매우 모범적인 차림으로 다른 학생들이 명찰을 착용했는지, 머리와 치마 길이가 규정에 맞는지, 교복은 줄이지 않았는지를 매의 눈으로 훑어보는 것, 그리고 쉬는 시간 복도에서 뛰는지, 급식은 다 먹었는지 등을 검사하는 학생들이어서 다른 학생들에겐 학생부 선생님같이 피해 다녀야 하는 존재였던 걸로 기억한다.

　2000년에 고등학교까지 졸업하고 다시는 학교 다닐 일이 없을 줄 알았건만 "인생은 예측불허, 그리하여 생은 그 의미를 갖는다"는 만화가 신일숙의 말처럼 다시 학교에 오게 되었다. 그간 학교는 2000년대 작은 학교 살리기 운동, 대안 학교 운동 등에 영향을 받은 경기도 진보교육감의 혁신학교 정책, 그리고 경기학생인권조례 발의, 민주시민교육과 신설 등의 여러 사건의 영향으로 그간 문서상에만 존재했던 민주시민교육이라는 거대한 수레바퀴가 조금씩 돌아가고 있었다.

아주 조금씩 움직여서인지 나로서는 큰 변화를 못 느끼던 때에 처음 그것을 느끼는 계기가 된 사건은 2015년 학생자치회장선거였다. 그 당시 학생자치 담당 선생님은 지금까지 내가 단 한 번도 보지 못했던 '후보자 토론회' 방식으로 학생선거를 진행한다고 하여 나의 호기심을 자극했다. 일단 대부분의 학교(비단 학교만의 일은 아닐 것이라 생각하지만) 일이라는 것이 그렇듯 관행적으로 직전 해와 비슷하게 진행돼 획기적으로 바뀔 일이 별로 없는데 새로운 시도를 한다는 것, 그럼에도 과연 이 방식이 효과가 있을 것인가 하는 호기심 때문에 관심이 일었다. 왜냐하면 이미 그 선거는 학생자치회장 후보자가 남학생 셋, 여학생 하나였는데 초등학교 고학년의 동성끼리 무리 짓는 특성에 비추어보아 어차피 단독후보인 여학생이 이기지 않겠나 하는 생각을 나도 모르게 하고 있었기 때문이었다.

결정적 사건이 토론 중후반에 일어났다. 후보자들 모두 기조연설을 실수 없이 하고 사회자의 즉흥 질문에도 답을 잘하여 이변이 있을 것 같진 않았다. 하지만 각자 준비된 공약을 발표하고 후보자들 간 자유 질문 시간에 변화가 생겼다. 각 후보 간 질문이 오가던 중 한 남학생 후보가 여학생 후보에게 물었다. 공약 중 '깨끗한 학교'를 만든다고 했는데 어떻게 깨끗한 학교로 만들 거냐고 말이다. 그랬더니 똘똘하게 논리적으로 말을 이끌던 여학생 후보가 학교를 청소하시는 분이 지금보다 더 자주 학교를 청소하게 하겠다는 것이다. 그러자 남학생 후보자가 그러면 청소하시는 분이 너무 힘들지 않겠냐고 재질문하니, "어차피 그분은 청소하라고 학교에 있는 거잖아요. 그게 그분의 일이니 힘들어도 시키면 해야죠"라고 대답하는 것이 아닌가. 이 대답 하나로 그 여학생은 최하위 득표로 결국 학생자치회장이 되지 못했다.(사실 나는 이 토론회 이후 이 여학생이 왕따를 당하진 않을까 무척 걱정했지만 다행히 그런 일은 벌어지지 않았다). 기존의 방식대로 3분씩 공약만 발표하고 투표했다면 이런 결과가 나오지는 않았을 것이다. 유권자인 학생들은 후보자 토론회를 보며 공약의 진정성, 질문에 대처하는 방식, 후보자의 세계관 등을 종합적으로 판단하여 합리적으로 선택했다. 내 학창 시절 경험과는 완전히 다른 이 놀라운 경험으로 나도 우리 반 학급선거에 이런 방식을 적용해야겠다고 결심하게 됐다.

그러다 만기가 되어 학교를 옮기게 되었다. 전입 교사에게 남겨진 업무는 학생자치, 학부모회, 학교폭력(놀라운 것은 친한 선생님 두 명도 각자 다른 시로 학교를 옮겼는데 그 학교에서 남은 업무들도 모두 이 업무였다!) 세 개였다. 학생자치회장선거에 대한 좋은 경험이 있었기에 나는 기꺼이 학생자치를 맡겠다고 했다. 그렇게 학생자치와 본격적으로 만나게 되었다.

알고 보면 쓸 데 있는 학생자치 담당자의 고민

학교를 옮기자마자 학생자치를 맡는 것은 지금 생각해도 결코 쉬운 일은 아니다. 새로운 학교에 적응하기도 전에 3월부터 온갖 선거를 치르고 얼굴도 모르는 기존 선생님들께 협조의 쪽지를 잔뜩 날려야 하기 때문이다. 지금도 학생자치 업무는 신규교사 또는 전입교사가 많이 맡는다. 관리자의 기대는 높고 아이들은 바쁜 와중에 잦은 행사와 회의, 간담회, 동료교사의 협조 등 신경 써야 할 일이 수도 없이 많다. 말 그대로 해도해도 끝이 없기에 다들 담당에서 벗어나려 한다. 그럼에도 불구하고 내가 학생자치를 맡고 싶어 한 이유는 학생들과 직접적으로 만나 함께할 수 있는 학생자치 업무가 교사 본연의 역할에 더 가깝다는 점 때문이었다. 학생 교육과 그다지 관계 없어 보이는 일로 시간을 빼앗길 때의 짜증과 허무감에 시달리는 것보다는 학생들 속으로 완전히 뛰어드는 편이 낫다. 학생자치 일은 업무로 생각하면 도저히 견딜 수 없는 일이다. 내가 하는 이 일이 학생들의 삶 속에 큰 변화를 일으킨다는 생각으로 함께 즐겨야 그 고됨을 견딜 수 있다.

그렇지만 관심이 있어도 학생자치 일은 녹록지 않았다. 인수인계를 전임자가 아무리 잘해줘도 광대한 학생자치 업무는 파악하기 어려웠다. 그래서 처음 학생자치를 맡았을 때는 업무의 구조를 알기 위해 각 교육청의 학생자치 안내서를 참고했다. 그러나 실전에서는 책에서 알려주지 않은 여러 문제에 부딪혔다.

선거만 학생자치 업무에서 빠져도 소원이 없겠다

학생자치를 맡으며 가장 먼저 맡게 되는 일이고 또 가장 힘든 일인 선거. 도대체 왜 이리 힘든 것인가.

그 이유를 생각해 보건대 일단 선거는 한번 삐끗하면 공정성에 금이 가기 때문이다. 작은 단어, 사소한 결정 하나하나를 섬세하게 고민해야 한다. 예상치 못한 사건은 어찌나 많이 일어나는지 하루하루 살얼음판을 걷는 느낌이 들 정도이다.

둘째로, 의외로 작지만 큰 일인데 교사들에게 정말 많은 쪽지 폭탄을 보내야 한다. 교사마다 옳다고 생각하는 선거방식이 미세하게 다르고 다들 선거가 민감한 사안인 것을 알기에 많은 문의형 쪽지와 전화가 함께 되돌아온다. 그 과정 속에서 꼭 이렇게 까지 해야 하냐, 더 간소하게 하면 안 되냐, 더 편한 방법은 없냐, 해야 하는 일은 왜 이렇게 많냐는 등 본의 아닌 원망을 듣게 된다.

셋째, 학생자치 교사가 담임일 경우는 더 힘들다. 학기 초 담임들은 교실 환경 정리, 공동체 세우기, 학생들 기초건강조사, 교우관계 조사, 수업 준비, 학부모 총회 등 눈코 뜰 새 없이 바쁜 와중이라 정신적, 육체적 피로도가 무척 높은 상태다. 선거라도 학생자치업무에서 분리하면 소원이 없겠다는 말이 절로 나온다. 담당자 입장에서는 피하고만 싶지만 그럴 수 없다면 진행법을 제대로 알아볼 필요가 있다. 선거관리위원회 중심의 선거, 공약 중심의 선거를 치르는 뾰족한 수가 어디 없을까?

#1 선거관리위원회 중심의 선거?

흔히들 말한다. 선거는 선거관리위원회 중심이 되어야 한다고. 하지만 선거관리위원회 중심의 선거가 무엇인지 담당자가 아닌 한 제대로 알기 어렵다. 담임교사들에게 '꼭 선관위를 뽑아서 선거를 진행해야 하나요?'라는 문의를 많이 받았다. 코로나로 인해 한글도 제대로 배우지 못해 투표 용지에 후보자 이름도 못 쓰는 학생도 있는데 학생이 주도하는 선거를 어떻게 진행하냐며 난색을 표하는 3학년 담임도 있었다.

선거 및 학생자치회 규정의 대부분은 선관위를 구성하여 학생 중심의 선거를 진행하도록 하고 있으며 굳이 규정이 아니더라도 민주시민교육의 일환으로 선관위 중심의 선거를 진행하는 것이 좋다. 하지만 자치가 생경한 담임교사 입장에서는 부담스러운 것도 사실이다. 도대체 어떻게 선관위 위주의 선거를 진행하라는 것인가?

기본적으로 학생선거관리위원회건 학급자치선거관리위원회건 위원회가 하는 일은 비슷하다. 선거를 시작하기 전 가장 먼저 시작하는 일은 선거관리위원회를 조직하여 선거 계획을 세우는 것이다. 조직된 선관위는 학생 및 학급 선거 관리 규정을 살펴보고 구체적인 선거 운동 방법, 투표 방식 결정, 토론회 진행, 공정한 선거 운동 감독, 투·개표 진행을 한다. 할 일이 무척 많아 다 기억하기 힘들어 우리 학교는 학생자치선거 일정을 만들어 선관위와 모든 교사에게 공유한다. 그리고 학급 담임교사들에게 학급선거관리위원회가 할 일도 안내한다.

선관위 중심 학급선거 안내

①선생님: 선관위 뽑기, 선거 날짜 공고, 선관위 교육, 선거 전(학급
자치회장의 덕목과 가치 찾기-활동지), 후보자 후보들 공약
중심 선거 교육(투표용지, 시나리오, 선거인 명부 뽑기)

②선관위 활동

선거 전	-학급선거관리규정 살펴보고 규칙 정하기 -역할 분담 하기 -전 학기 학급자치회장단 선거 공약 검증 -질문 수집 게시판, 투표용지, 후보자 명찰 만들기 -토론회 준비(시나리오 등) -학급자치회장의 덕목과 가치 찾기(활동지) 분석 및 공고 -선거인 명부 작성 <입후보받기> -공약제안서, 자기평가표 나눠주기 -8절 색지 각 2장씩 나눠주기(공약 쓸 종이) -번호 부여 -선거 공약 게시
선거 중	<투표 하루 전> -투표 환경 만들기(기표소, 선거인 명부, 도장, 투표함, 투표용지, 투표 위 한 배치 준비 등) -토론 환경 만들기(책상 배치, 책상에 공약 붙이기, 질문 완성) <투표 당일> -토론회 진행 -개표
선거 후	-선거 마무리(당선 소감) -구체적인 공약 이행서 작성 -공약 점검하기(임기 말)

00학년도 학생자치선거 캘린더

	12.1 (화)	12.2 (수)	12.3 (목)	12.4 (금)
✕				선관위 회의 (규정점검 및 역할 분배)
12.7 (월)	12.8 (화)	12.9 (수)	12.10 (목)	12.11 (금)
			4~6학년 학급 회장에게 투표자 명단 제출 안내	
12.14 (월)	12.15 (화)	12.16 (수)	12.17 (목)	12.18 (금)
		선거일 공고 (학교 홈페이지, 클래스팅)	후보자 등록 신청 ~	
			학급자치회로부터 투표자 명단 받기	
12.21 (월)	12.22 (화)	12.23 (수)	12.24 (목)	12.25 (금)
후보자등록마감 선관위 및 후보자 선거교육 (14:30~ 줌) 기호추첨, 후보자공고	공약선거홍보 및 투표 절차 영상 송출	온라인[벽보,공약집,공약 홍보영상, 선거도우미명단] 제출 마감	합동소견발표 토론회 (1~2교시,유튜브 생방송)	
12.28 (월)	12.29 (화)	12.30 (수)	12.31 (목)	
6학년 투표		4,5학년 투표 개표	선거 결과 발표 공지	✕

하지만 아무리 꼼꼼하게 준비해도 예상치 못한 상황은 발생한다. 2020년 개교한 우리 학교는 3월, 코로나19가 곧 끝날 줄 알고 1학기에 학생자치회를 조직하지 않고 잠시 멈추었다. 하지만 코로나가 계속되며 다음 학기도, 또 내년도 이런 상황이 지속될 가능성이 커지

자 2학기 때는 학생들의 의견을 모아 전달할 학생자치기구를 조직하기 위해 학생자치회 선거와 학급선거 모두 온라인으로라도 진행하기로 했다. 하지만 처음 하는 온라인 선거이다 보니 여러 돌발 상황이 발생하여 수정할 것이 많아 교감선생님과 상의했다. 그러나 학교 선거관리규정 61조에 따르면 선거에 관한 모든 결정은 담당자나 교감(교장)이 아닌 선관위가 해야 한다고 하여 8차에 걸친 선관위 회의가 열렸고, 회의 내용은 기록하여 결재를 맡았다.

> **제61조【보칙】**
> ② 이 규정에 명시되지 아니하였거나 규정의 해석에 이의가 있는 경우에는 선거관리위원회의 심의를 거쳐 결정한다.

제일 먼저 일어난 돌발 상황은 학생자치선거 후보자 등록 조건 중 하나인 '20인 이상의 추천인 서명' 문제였다. 학생들이 온라인 등교하는 상황이니 빼자는 주장과 학급플랫폼이 있고 실시간 수업도 하고 있으니 20인 이상 추천은 충분히 받을 수 있다, 또 20인 이상 추천인도 못 받는 사람이 학교 전체를 어떻게 이끌겠냐며 그대로 유지해야 한다 등으로 의견이 갈렸다. 토론 끝에 서로 절충하여 20명의 추천을 받되, 학급플랫폼의 댓글, 문자, 카카오톡에 '추천합니다'라고 적으면 인정하는 것으로 결정되었다.

이렇게 결정하여 공고하였으나, 우리 학교가 신설학교라 후보자들이 학급 외 아는 학생들이 별로 없다는 것을 생각하지 못했다. 학원에서 선후배를 아는 경우도 있지만 학원을 안 다니는 후보자들은 추천인 20인을 채우기가 무척 힘든 상황이었다. 이런 상황이 공정하지 않다는 의견이 당연히 제기되었다. 그래서 선관위는 모여서 협의한 끝에 등록한 후보자들(20인 추천인 서명을 채웠든 안 채웠든)을 모두 모아 의견을 듣고 결정하기로 했다. 선관위와 후보자들끼리 모여 토론한 결과 이미 추천인 20인을 채운 후보자들도 이미 정한 규정을 바꾸는 것은 반대이나 서로 잘 모르는 상황을 고려하지 못했기에 절충하여 공지된 후보자 등록 기간보다 이틀의 시간을 더 주자고 하였다. 대신 여전히 유권자들이 후보자의 연락처를 모르는 것은 마찬가지이므로 각 반 담임선생님들이 후보자 홍보를 하고 추천을 하고 싶다면 댓글로 '○○○를 추천합니다'라고 적으면 이를 인정해주기로 했다.

돌이켜보면 더 나은 해결책도 있었을 것이나 담당자가 일방적으로 결정하는 것이 아닌 실제 닥친 문제에 학생들이 주체가 되어 민주적 의사 결정을 한 것이 의미 깊다. 개인적으로 후보자 등록조건으로 중복되지 않게 20인의 추천인의 서명을 받는 것이 꼭 필요한가 하는 의문이 든다. 국회의원과 대통령을 뽑는 선거[2]도 무소속인 경우는 추천인과 기탁금을 받게 되어있지만 학교 교육에서 현실 정치와 똑같이 엄격하게 지킬 필요가 있었나 싶기도 하다(이 문제는 올

---

2) 국회의원은 추천인 300~500명, 기탁금 1,500만원, 대통령은 추천인 3,500명 이상, 기탁금 3억.

해 생활인권 규정 개정에 반영되어 삭제되었다).

다음 돌발상황은 학급자치선거에서 발생했다. 등교수업이 원활하지 않았던 탓에 학생 간 관계 형성이 이뤄지지 않아 학급선거에 아무도 후보를 등록하지 않은 반이 생겼고, 규정에는 남녀 부회장을 각각 뽑는데 남자 부회장 후보는 넘치고 여자 부회장 후보는 아무도 없는 경우(혹은 그 반대)가 발생했다.

사실 이 문제는 코로나 이전에도 있었다. 그동안 학급에서는 관행적으로 담임선생님이 후보자가 나올 때까지 계속 설득하는 방법(?)을 써왔다. 코로나19 이전에는 대면 상황에서 설득했기에 선생님을 위하는 착한 학생이 한 명쯤은 나서서 선생님을 구제해주기도 했더랬다.

하지만 코로나19로 인한 대면 부족으로 교사와 학생과의 관계도 예전만큼의 관계 형성이 안 되어 후보자가 없는 반이 꽤나 많았다. 그래서 선거 전에 담임선생님들의 문의 전화가 빗발쳤다. 이런 상황에서도 학급대표를 꼭 뽑아야 한다면 학생에게 전화를 일대일로 걸어 설득할 수는 있지만 꼭 그렇게까지 해야 하냐는 것이다. 이렇게 억지로 구성된 학급자치회가 제대로 이뤄질 수 있느냐의 문제도 더불어 제기되었다.

이 문제를 논의하기 위해 다시 선거관리위원회의가 열렸다. 안건은 두 가지였다. 첫째, 학급회장 후보자가 없는 학급은 없는 채로 갈 것인지, 아니면 등교 개학 후 다시 선거를 할 것인가. 둘째, 부회장 후보의 남녀 구분을 꼭 해야 하는가. 먼저 상황과 발생 배경을 설명하고 난 후 각각을 선택했을 때 발생할 수 있는 문제점을 충분히 논의하고 최종 선택을 했다. 결론은 올해는 후보자가 없는 경우 강요하지 않고 없는 대로 할 것, 부회장 선거 경우 한쪽 성별에 한 명도 출마하지 않고 다른 한쪽 성별로 후보자가 몰릴 경우 남녀 구분하여 뽑지 않는 것으로 결론이 났다. 결정 기준은 학생의 자발성을 중시하자는 것이었다.

선관위 중심의 선거란 단순히 선관위가 선거 운동을 감시하고, 투개표를 진행하는 역할에 그치지 않고 돌발상황에서 선관위의 충분한 숙의로 선거의 중요한 사항을 결정하는 것이다. 학생들은 충분한 숙의를 통해 합리적인 의사 결정을 할 능력이 있다.

이번 선거로 학생들과 같이 논의하여 선거관리규정을 수정할 것이 많다는 것을 깨달았다. 예를 들면, 부회장을 남녀 구별해서 뽑아야 하는가, 학기 말에 내년 선거를 하는데 졸업생인 6학년에게 선거권을 주지 않는 것은 옳은가(최근 어느 SNS의 쟁점 사안으로 6학년도 학교 소속인데 투표권을 박탈하는 게 옳은가에 대한 판단 여부), 학생자치회장 임기는 한 학기로 계속할 것인가(매 학기 새로운 학생들이 학생자치회를 구성하기에 행사 위주로 학생자치회 역할이 치우친다는 비판이 있기에) 등이다.

정해진 답은 없다. 학교의 주인인 학생들이 충분한 숙의를 거쳐 결정하면 된다. 그것을 논의할 자리를 만들어주는 것이 교사의 역할이다.

학생들이 선거 기간 동안 가장 관심을 갖는 것은 후보자들의 선거 운동이다. 주로 애용되는 방법은 다음 두 가지이다.

① 8시 30분 학생자치회장 및 부회장 후보자들, 선거 도우미들이 정문 앞으로 모인다. → 등교하는 학생을 향해 모두가 '기호 0번, ○○○, 뽑아줘요, ○○○'을 외친다.

② 쉬는 시간, 점심시간마다 기호 0번 ○○○가 적힌 피켓만을 들고 돌아다닌다 → 교실이나 복도에 있는 학생들을 향해 모두가 '기호 0번, ○○○, 뽑아줘요, ○○○'을 외친다.

정치인들이 신호등이나 역 앞에서 벌이던 선거 운동이 생각나 눈살을 찌푸렸는데 주변 교사들, 학생들도 마찬가지였다. 선거운동을 하는 아이들 역시 어쩔 수 없는 선택이었을 것이다. 선거운동을 어떻게 하는지 모르고 그동안 보고 배운 것은 이뿐인데 어떻게 올바른 선거 운동을 할 수 있을까. 그렇게 생각하자 덜컥 무서워졌다. 그래서 어떻게 하면 공약이 중심이 되는 선거를 만들 수 있을까 하는 고민을 계속했다.

먼저 왜 이렇게 악을 쓰고 번호와 이름만을 외칠 수밖에 없는가에 대한 근본적인 문제에 고민했다. 나의 결론은 첫째, 학생들이 공약이 얼마나 중요한지 잘 모른다는 것. 둘째, 공간이 한정적이라 한

곳에서만 선거 운동을 할 수 밖에 없다는 것. 셋째, 선거 공약을 말할 충분한 시간이 없다는 것. 마지막으로 유권자 교육이 부족하다는 것이다. 그래서 제일 먼저 공약 중심 선거의 중요성을 후보자들에게 알리는 교육을 했다. 후보자들 등록을 완료하고 기호 추첨과 토론회 안내를 듣기 위해 후보자들이 모두 모일 때 매니페스토 선거와 공약을 구체적으로 세우는 방법에 대해 안내했다.

두 번째 문제인 공간의 한정성을 해결하기 위해 선거 운동 장소를 실내로 옮겨보기로 했다. 학생들이 등교 때 지나가는 곳은 정문만이 아니다. 각 교실로 가기 위해서는 필수로 계단을 이용하기 마련이기에 층별 계단의 큰 복도 공간을 이용하기로 했다. 층별로 후보자들을 한 명씩 배치해 소리를 지르지 않아도 되는 조건을 만들었다. 또 피켓 역시 기호와 이름 외에 공약을 적게 하고, 지나가는 학생들에게 핵심 공약을 발언하도록 했다. 공정성을 위해 후보별로 지정 복도를 순환시켰다.

세 번째로 시간 문제를 해결하기 위해 아침과 점심시간을 활용했다. 후보별로 돌아가며 후보자나 후보자를 지지하는 학생이 연설할 수 있게 했다. 지금 생각해보면, 각 후보자들에게 궁금한 질문을 사전에 받아 후보자들이 대답하는 시간을 가져도 좋았을 것 같다.

마지막으로 유권자 교육에 집중했다. 대체로 학교에서는 선거를 위해 후보자토론회 두 시간, 투표 두 시간을 잡아놓는다. 사실 각 두 시간도 부족해 빠듯하게 흘러간다. 더욱 질 높은 선거를 위해 유권자 교육시간을 교육과정 시수로 포함시키면 어떨까? 코로나 상황이라 줌으로 토론회를 진행하고 중앙선거관리위원회 온라인투표를 이용해 선거를 진행해 시간이 남아 유권자 교육을 두 시간 했다. 매니페스토(공약 중심)선거가 무엇인지, 공약은 어떻게 분석하는지, 투표해야 하는 이유는 무엇인지 등을 교육하기 위해 더불어 사는 민주시민교과서와 중앙선거관리위원회 선거연수원 자료[3]를 활용해 교육자료를 만들었다. 그리고 비밀선거 원칙 그리고 1인 1투표 원칙을 지키기 위해 중앙선거관리위원회의 온라인투표시스템을 이용해 선거를 진행했다. 이를 통해 학생들이 선거는 단순히 내가 좋아하는 사람을 뽑는 것이 아니라, 공약이 얼마나 학생들의 바람을 담고 있는지, 구체적이고 실천 가능한 공약인지를 분석하여 뽑고 당선 후에는 당선자가 그 공약을 잘 실천하고 있는지를 지켜봐야 한다는 것을 알리려 했다. 민주주의의 꽃은 다수결로 결정되는 선거가 아니라 선거 과정에서 공약을 분석하며 좋은 후보자를 선택하는 의사 결정 과정을 배우는 것이다.

아무리 강조해도 지나치지 않은 리더십캠프

학생자치 업무 중 리더십캠프는 제일 막막한 일 중 하나다. 각 시도 교육청 안내서를 살펴봐도, 책을 읽어도 리더십캠프 프로그램이 명확하지 않은 경우가 많다. 그래서 보통 공문을 보고 '찾아가는 학

---

3) 중앙선거관리위원회 선거연수원(www.civicedu.go.kr)-통합자료실-민주시민교육자료에 가면 선거에 관한 다양한 자료들이 많다.

교별 학생자치회 리더십 함양'과정이나 지역별로 있는 야영장에서 리더십캠프 강사가 진행하는 1박 2일 프로그램을 신청한다. 하지만 담당자들과 학생들에게 필요한 회의 방법 실습, 학생자치의 실질적 운영 기획, 예산 사용법을 알려주기보다는 일반적인 리더십 내용과 회의 방법을 설명하고 협력 게임을 하는 경우가 대부분이다. 사설 교육원이나 중앙선거관리위원회의 강사도 초청하여 리더십연수도 진행해보았지만 실질적인 내용보다는 일반적인 내용인 경우가 많았다. 학교 상황을 모르는 강사들 입장에서는 학교에 맞춰 교육하기도 어렵고 시간도 충분하지 않기에 당연하다고 할 수 있다.

외부 프로그램 내용

찾아오는 학교별 리더십 함양 교육 (2~4시간) -OO연수원-	1) 리더십 활동 : 문제해결 및 의사소통 핵심역량 함양 리더십 교육 프로그램 2) 협력 활동 : 팀웍, 공감능력, 학생자치회 이해 교육 프로그램
학생자치회, 간부수련 1박2일 캠프 - OO야영장-	1일차 활동: 공동체 활동→저녁식사→학교자체회의 혹은 장기자랑, 캠프파이어 2일차 활동: 아침식사→함께 도전하자 도전 99초→활동 피드백-마무리

외부 프로그램을 이용한 리더십 프로그램은 항상 기대에 못 미치는 경우가 많아서 이번에는 학교 내부 프로그램으로 직접 운영해보기로 결정했다. 사실 코로나만 아니었다면 학생야영장을 빌려 1박 2일 리더십캠프를 가서 다음과 같은 프로그램을 운영하려고 했다 (운영위를 대의원회와 함께 운영하는 경우).

직접 기획한 리더십프로그램 내용

순서	내용
1	-학생대표의 중요성 및 역할 -학생자치회장단, 대의원회, 운영위원회 역할 구분
2	아이스 브레이킹 및 협력 게임
3	학생자치회 비전 세우기
4	회의법 학습 및 회의 그라운드룰 정하기를 통한 회의 실습
5	업무 나열 및 유목화
6	부서 확정 및 부서 배정
7	사회참여 소개
8	예산 확인 및 전년도 활동 돌아보기, 연간 일정 및 행사 공유
9	부서 계획-실천-성찰 과정 익히기
10	부서 활동 및 예산 계획 세우고 다른 부서 피드백
11	온라인 플랫폼 실습(미리캔버스, 구글설문지, 패들렛 등)
12	자치 선배들과의 Q&A

하지만 코로나로 인해 캠프는 모두 취소됐고, 평일이나 토요일을 활용해 몇 차례에 걸쳐 리더십프로그램을 운영하고자 했으나 점차 심각해지는 코로나로 인해 어쩔 수 없이 줌으로 세 시간 동안 진행했다. 프로그램은 학생대표의 중요성과 추구해야할 리더십 내용(30분)→ 학생자치 업무 나열 및 유목화하고 부서 정하기(2시간)→ 부서 확정 및 부서 이름 정하기(30분)로 구성했다. 그리고 각 부서별

로 온라인 소통방을 만들어 부서별 계획을 세우고 일주일 후 최종 계획서를 서로 발표하게 했다. 항상 회의나 리더십 프로그램을 진행할 때마다 느끼는 것은 학생들의 적극적인 참여가 부족하다는 것이다. 학급회장이 된 학생들은 학급에서 봉사하고 학급회의를 진행하는 것으로 만족하고 대의원회는 귀찮은 회의시간이라고 생각하는 경우가 있다. 학생들이 실제로 대의원회에서 결정 사항이 학교생활을 바꿀 수 있는 경험을 못했기 때문이다. 교실 안에서 발생하는 일상의 문제를 학생자치회를 통해 함께 논의하여 해결하는 것도 의미가 있지만 더 넓은 시각을 가지고 교실 밖으로 시선을 돌릴 필요도 있다. 학교 안의 문제를 스스로 해결하고 필요한 것은 학교에 요구할 수 있어야 한다. 이를 위해 학급임원들은 대표로서의 자신들의 역할을 중요하게 여기고 책임감 있게 임무를 수행해야 하고, 학교는 학생 대표인 학생자치기구를 동등한 교육공동체 구성원으로 대우해야 한다. 학생들에 의해 뽑힌 임원이니까 책임감 있게 뭐든지 참여하고 잘해야 한다고 강요하기보다는 학생들이 즐겁고 의미 있게 참여할 수 있도록 동기를 불어넣고 학생들의 의견을 대표하여 학교를 바꾸어나가는 과정에서 성취감을 느낄 수 있도록 하는 교사가 도와야 한다.

학생들도 학생자치회 활동을 잘하고 싶지만 어떻게 할지 모른다. 어디서 제대로 배운 적도, 실천해본 적도 없기 때문이다. 지난달 학생들의 의견을 받아 학생자치회 공간을 꾸미는데 한 학생이 자치실에 학생자치에 관한 책을 사달라고 요청했다. 그러고 보니 교사들을 위한 안내서와 책, 연수는 많은데 학생들을 위한 것들은 별로 없다는 것을 깨달았다.

학생에게 도움이 되는 자료로 이우고등학교 학생자치회에서 만든 「이우고 자치 매뉴얼」을 참고하면 좋다. 학생자치 안내서, 리더십 캠프 프로그램 내용, 예산요구도 학생들의 눈높이에서 학생들이 원하는 방향으로 기획하면 더욱 좋을 것이다.

이우고 자치매뉴얼 목차

1. '자치'에 대한 모든 것
1) 학급자치의 기능 : 자치와 개인의 일상은 어떻게 연결될까?
2) 학급자치 주체의 역할: 대의원, 담임교사, 학급 구성원
3) 학급자치 진행 체크리스트 : 의제 설정부터 회의 결론짓기까지
4) 학급자치 진행시 발생하는 어려움 : 어려움을 어떻게 극복할 수 있을까?

2. '회의 방식'에 대한 모든 것
1) 모두의 의견은 존중받아야 한다. 퍼실리테이션
2) 서로 존중하며 진솔한 이야기를 꺼내기. 회복적 써클
3) 작은 단위의 진솔한 이야기. 짝 대화
4) 다양한 학자형태를 진행할 수 있는 학자 모듈아이디어
5) 학급 구성원 모두가 주체로 참여하기. 모둠 학자
6) 학자를 기획하는 것부터 정리하는 것을 돕는 학자부록

3. 이우고등학교 '자치교육'에 대한 모든 것
1) 이우학교 교육 이념과 학교 성격
2) 교육과정으로서의 학급자치
3) 이우고등학교의 학년별 문화와 목표
4) 학급자치를 통해 기르고자 하는 것
5) 2019 이우학교 학급자치의 현 위치

4. 지난 자치 이야기
1) 2019 임원수련회(퍼실리테이션 강의와 선배들과의 Q&A)
2) 특별편. B선배에게 총학을 묻다
3) 선배들의 자치 이야기

학생이 주인인 학교가 되기 위한 '적극적 자치'의 필요

노르웨이 평화학자인 요한 갈퉁은『평화적 수단을 위한 평화』에서 평화를 두 가지로 정의한다. '소극적 평화'는 테러, 전쟁, 범죄, 폭행 같은 직접적이고 물리적 폭력이 없는 상태, '적극적 평화'는 구조적 폭력과 문화적 폭력이 모두 사라진 상태로, 진정한 평화를 위해서는 '소극적 평화'와 '적극적 평화' 모두를 추구해야 한다고 한다.

갈퉁식 표현에 의하면 현재 학생자치도 '소극적 자치'는 이뤘다고 생각한다. 학생자치회가 모든 학교에 존재하고 민주적 절차를 바탕으로 선거, 대의원회 등이 운영되고 있기 때문이다. 또 학생참여예산제, 학교운영위원회 참석 등 제도적 민주주의도 마련돼 있다. 하지만 자세히 들여다보면 자치회 스스로 자발적으로 방향과 목표를 설정해 주도하기보다는 학교에서 정해준 목표에 학생들이 방법만 정하는 식의 수동적 학생자치회 활동에 머물러 있는 것 같다. '적극적 자치'를 위해서는 민주시민교육과정 운영, 민주적 수업방식과 관계, 그리고 가장 중요한 일상 속 민주주의의 실천이다. 그래야 학생들이 학교의 진정한 주인으로 행동할 수 있을 것이다. 이러한 일상 속 실천하는 민주주의가 되려면 무엇보다 회의가 활발하게 진행되어야 한다. 회의를 통해 일상의 문제를 해결할 수 있기 때문이다. 하지만 막상 회의시간이 되어도 학생들이 적극적으로 회의를 참여하는지는 의문이다. 그렇다면 왜 학생들은 회의에 적극적으로 참여하지 않을까. 왜 학교의 주인으로서 권리 행사를 두려워할까.

회의는 어렵다. 어려워서 재미도 없다. 학급회의는 그나마 학생들끼리 친밀감이 형성되어 있어 의견이 활발히 교환되기도 한다. 하지만 대의원회는 임원 간에 잘 알지도 못하고 시간에 쫓기는 경우가 많다. 학생들이 적극적으로 참여하지 않는 건 어찌 보면 당연하다. 일단 대의원회의는 지나치게 딱딱하다. 교육청 학생자치 가이드북에서는 주로 아래와 같은 대의원회의 단계를 들고 이에 맞춰 시나리오를 제공하고 있다.

> 개회선언▶국민의례▶전회 회의록낭독▶실천결과 성찰▶각부활동보고▶의안보고, 제안▶질의응답 및 토의▶의안의결▶기타토의▶회의록낭독▶폐회선언

학급회의에서는 그나마 활발히 열리는 회의가 대의원만 오면 딱딱해지는 이유는 위 회의 절차도 한몫한다. 회의를 할 때 가장 중요한 것이 안전하다는 느낌, 편안한 느낌인데 이러한 것들은 죄 무시되고 해결책인 결과만 어서 내놓으라고 하는 느낌이랄까.

초등학교 대의원회는 주로 아침시간, 점심시간, 방과후 시간 등을 이용해 40분 정도 진행된다. 아이들의 휴식시간에 하다보니 학생들 역시 올 때부터 사실 별로 유쾌한 기분으로 오지 않는다. 이 짧은 시간에 지난 회의 결과를 성찰하고, 각부활동 보고도 하고, 각 반에서 나온 안건을 듣고, 안건을 결정하고, 건의사항도 들으려니 당연

히 숙의는 불가능하다. 이 모든 절차를 하려면 의견만 듣고 다수결로 결정해도 40분이 모자란다.

우리 학교에서는 대의원회[4]가 총 2회 진행되었는데 두 번째 대의원회의는 아래처럼 진행했다.

> 개회(2/3되면 회의 시작)▶안건에 대한 각 반의 의견 듣기(미리 안건 공지하고 학급회의 해 옴)▶좋은 의견 추천하기▶추천된 의견에 대해 장단점 논의▶투표▶각 부별 활동 보고▶건의사항▶폐회

여전히 딱딱하고 시간이 모자랐다. 이러한 시간 부족의 문제를 해결하기 위해 다음과 같은 방식을 쓰면 어떨까? 만나지 않아도 의견 교환이 가능한 것은 온라인으로 하고 꼭 만나서 이야기를 들어야 하는 것만 대면회의를 하는 것이다. 집합이 어려우면 화상회의를 한다. 더 구체적으로 이야기하자면 먼저 각 반에서 나온 의견을 듣는다. 학생자치회장단이 각 반에서 나온 회의 결과를 미리 유목화해 대의원회의 전 학급대표들에게 공지하면 학급대표들이 공지된 의견에 어떤 의견이 가장 좋은지, 장단점은 무엇인지에 대해 미리 댓글이나 패들렛 등으로 의견을 남긴다. 그리고 대면회의를 한다. 대

---

4) 대의원회 월별 흐름: [1주차 학급]학교에서 함께 논의했으면 하는 안건 선정 → [2주차 대의원회]각 학급 이야기 듣고 1개의 안건 → [3주차 학급]그 안건에 대한 해결책 논의 → [4주차 대의원회]학급 이야기 듣고 해결책 및 건의사항 결정 → 학교장 간담회 → 전체 공지(온오프라인)

면회의 진행시, 패들렛이나 댓글로 남긴 내용을 요약해서 설명하고,
추천된 의견에 대해 '주먹오' 협의를 해보고 싶다.

협의를 이끄는 주먹오

1)주먹오란?
 다섯 손가락으로 얼마나 공감하고 동의하는지 알 수 있는 방법
2)주먹오 설명:손가락으로 표시
 ① 0 절대 반대입니다. ② 1 큰 우려가 있습니다. 논의하고 싶습니
 다. ③ 2 사소한 문제가 있습니다. 논의하고 싶습니다. ④ 3 받아들
 이겠습니다. ⑤ 4 괜찮습니다. 좋습니다. ⑥ 5 나는 아주 좋습니다.
 최선의 결정입니다.
3)방법:
각 안건에 대해 학생들이 주먹오하기→점수를 합산하여 전체 점수 확
인→가장 많은 점수 받은 상위 2개 남기기→상위 2개 안건에 0,1,2점
을 준 친구들이 그렇게 점수 준 이유 듣기→어떻게 하면 4,5점을 줄
수 있는지 묻기→함께 해결책 찾기→재투표하기

- 권재우, 『교사가 먼저 시작하는 학교자치, 스쿨퍼실리테이션』, (아
 이스크림, 2019) 중에서

또 딱딱한 회의를 부드럽게 만들기 위해, 아주 간단히라도 아이스
브레이킹을 하는 게 좋다. 공간도 모두 앞만 바라보는 책상 구조보
다는 ㄷ자 형태나 ㅁ자 형태, 또는 ㅇ자 형태로 책상을 배치(또는 아

예 없어서 의자만 놓든지)하고 간식까지 제공할 것이다. 그러다 보면 다양한 의견이 오가고 숙의가 있는 협의가 되지 않을까 싶다.

학생들이 회의에 적극적이지 않은 이유는 또 있다. 학생자치회의에서 다루어지는 안건들을 살펴보면 별로 즐겁게 참여하고 싶지 않은 주제들이 많다. 학교를 깨끗하게 유지하는 방법, 급식실에서 조용히 식사하는 방법 등 분명 '~할 방법'이라 하면 다양한 해결책이 있어야 하는데 왠지 답이 정해져 있는 듯한 안건이다.

사실 학교에서 학생들이 결정해야 안건은 의무 외에도 학생들의 교육과 관련된 것들이 있을 수 있다. '체험학습 장소를 어디로 할까' '운동회는 어떻게 진행할까' '졸업식은 어떻게 할까' '생활인권규정에서 바꿔야 할 부분은 무엇일까' '학생들의 휴대폰 사용은 어디까지 제한돼야 하나' '학생자치활동 운영비는 어떻게 사용할까' 등 학교의 정책이나 교육 활동, 생활 규칙에 대해 학생들이 주도해서 참여할 주제가 많다.

우리 학교에서는 교장선생님의 제안으로 '인사말 정하기'가 안건으로 올라왔다. 학생들이 사용할 용어이니 학생들의 의견을 받아 인사말을 정했으면 하는 의도였다. 어떤 문제가 생기면 해결책을 먼저 생각하는 게 교사라고 하던가. 이 안건에 대한 특별한 고민 없이 어떻게 공모를 진행할까만 내 머릿속엔 가득했다. 이 일을 학생자치회에 전달하자 학생임원단이 나에게 한 말이 인상 깊다.

"선생님, 그런데 학생들이 인사말을 정하는 걸 원하는지 물어보는 게 먼저 아닌가요?"

교장선생님이 하라고 했으니 빨리 처리해야 할 업무로 받아들이고 학생자치를 열심히 한다면서 온전한 학생들의 입장에서 생각하지 못한 나 자신이 부끄러웠다. 아마 교감, 교장도 미처 생각하지 못한 부분일 것이다.

그래서 먼저 학생자치회 임원들과 함께 교감선생님을 찾아갔다. 교감선생님은 다 듣더니 너무나 훌륭한 의견이라는 칭찬과 함께 학생들의 의견을 어떻게 물을 것인지 질문했다. 학생자치회장단은 찬반투표를 해 찬성이 더 많으면 공모를 진행하고 싶다고 했다. 교감선생님은 단순히 찬반만 묻게 되면 깊은 고민을 하기보다는 익숙한 쪽으로 투표하는 경향이 있다며, 학생들의 생활에 중요한 영향을 미치는 일이므로 먼저 인사말 사용의 장점과 단점을 학생들끼리 논의하고, 그 결과를 학생자치회에서 정리하여 공지한 후 찬반투표를 하는 것이 어떻냐고 제안했다. 학생자치회도 동의하여 거의 한 달 동안을 학교 전체가 이 문제를 숙의하게 되었다.

학생자치회에서 안건 제안 배경을 먼저 설명하고, 각 학급의 안건으로 '학교 인사말 정하기의 장단점의 의견을 나누고, 인사말 정하기가 필요한지 생각해보자'가 선정되었고, 논의 결과는 온오프라인 학생자치게시판에 게시하기로 했다(꼭 학급 전체의 의견이 아니라도 온라인자치소통방에 직접 댓글로 올리기도 했다). 이렇게 일주일간 모아진 의견을 자치게시판에 게시하고 사흘간 온오프라인에서 투표를 진행했다. 투표가 진행되는 동안 학생자치회는 학생들의 활발한 투표 참여를 위해 등교 때 학생들을 대상으로 캠페인을 했다. 투표 결과는 찬성이 더 많았다. 이후 인사말 공모를 하고 의미가 좋은 인사말을 몇 개 선정해 투표를 진행하여 최종 인사말을 정하게 되었다.

안건에 대해 단순히 수동적으로 '어떻게'만 생각하기보다 '왜'라는 고민을 함께 한다면 적극적으로 회의에 참여하는 숙의가 이루어지고 이 과정을 통해 내 삶 속에서 실천하는 민주시민교육이 되지 않을까? 한 학생의 말이 떠오른다.

"졸업하기 싫어요. 여기 학교는 작은 것까지 우리가 결정할 수 있는 게 많아서 너무 행복해요."

학생들은 정말 학교의 주인인가?

학생자치회를 운영하다 보면 학생들이 학교의 주인으로서 동등한 대우를 받지 못하는 것 또는 생활하며 불편한 것을 고치려 하기보다는 행사를 추진하는 데 더 열심인 경우를 보게 된다. 그래서 우스갯소리로 학교자치회가 아니라 학교행사회라고 불리기도 한다. 또 학생들에게 불편한 것이나 학교에서 고쳐야 할 점이 무엇이냐 물었을 때 고작 화장실에 휴지를 칸칸이 배치해달라거나 방향제를 설치해달라 혹은 불편한 점이 없다고 말하는 경우가 많다. 학생들이 아직 어리고 생각이 없어서 그럴까?

결단코 그렇지 않다. 학생들은 이미 학교의 불합리함을 많이 알고 있다. 얼마 전, 우리 학교 회의 안건으로 '엘리베이터 사용 기준 정하기'가 나왔다. '선생님이라는 이유로 타지 않기'라는 의견이 있었다. 예전 내가 학교 다닐 때도 중앙현관은 선생님만 이용 가능했던 기억이 떠오르며 혹시 지금도 그렇게 이해가 안 가는 일이 학교에서 일어나고 있지는 않은지 생각해보았다. 다음은 초등학교에서 흔히 있는, 교직원들은 되는데 학생들은 안 되는 것이다.

학생들	교직원
뒷부분이 막힌 실내화	뒷부분 안 막히고 굽 높은 실내화 혹은 폭신한 스포츠용 슬리퍼
현관에서 실내화 갈아신기	교실 신발장 앞에서 실내화 갈아신기
현관 밖에서는 실외화 신기	운동장도 실내화 신기 가능
수업시간 늦게 들어오면 혼남	수업시간에 가끔 늦어도 괜찮음
새치기는 절대 안 됨	급식시간 식판 앞으로 바로 옴
아프거나 무거운 짐이 있을 때만 엘리베이터 이용	언제나 이용 가능
학교에선(특히 수업중) 휴대폰 꺼놓기	수업 중 휴대폰 사용 자유

교직원들을 탓할 필요도 없이 나 또한 잘 지키지 못하는 것투성이다. 학생들은 이런 것들이 불공평하다는 것을 모를까? 안다. 몇몇 학생들은 개인적으로 와서 질문하기도 한다. 하지만 다수의 학생들은 좀처럼 말을 하지 않는다. 그럼 학생들은 왜 비누나 휴지 같은 소모품 문제만 제기하고 위와 같은 생활 속의 불합리한 문제를 정식으로 건의하여 개선하려 하지 않는 걸까? 학생들은 말해도 고쳐지지 않을 것이라 여기거나 또는 말해봤자 혼날 것이라 생각한다. 그래서 받아들일 수 있을 것이라고 여기는 것들만 요구할 뿐이다. 선생님이

니까, 어른이니까 그런 거겠지, 하고 순응하면서. 나이에 따라서 혹은 직급에 따라서 특별히 대우하는 문화가 당연하다고 은연 중에 배우게 만들기보다 학교에서 모범적인 어른의 모습을 보여줘야 하지 않을까?

지난번 학교에서 학교 피구장 사용 문제로 학생들끼리 다툼이 생겨 그 문제가 대의원회 안건으로 올라온 적이 있다. 당시 학교에는 피구장이 두 군데 있었는데, A피구장은 점심시간에 그늘이 지고 큰 반면 B피구장은 햇볕을 가려 주는 것이 없고 조금 더 작았다. 그래서 점심시간이 겹치는 5, 6학년의 피구장 선점 경쟁이 매우 치열했고 다툼도 잦았는데 결국 학년 간 문제로까지 커졌다. 점심시간 놀이에 관한 문제라 아이들의 관심과 참여가 남달랐다.

4~6학년 학급대표들이 모여 대의원회를 했는데 각 학년에서는 자신들의 입장만을 주장했다. 학기별로 돌아가며 사용하자는 의견과 6학년이 큰 것, 5학년이 작은 것을 쓰자는 안건이 충돌했다. 결론부터 말하자면 6학년이 큰 것을 사용하고, 5학년들은 6학년이 되면 사용하는 것으로 나왔다. 이 결론에 6학년은 당연히 만족했을 테고 5학년쪽에서 불만이 나올 것이라 생각했지만 놀랍게도 5학년 학생들에게서는 큰 불만이 없었다. 그 이유를 물으니, 6학년 때는 자신들이 독점할 수 있으니 상관없다고 한다. 더욱이 문제는 3, 4학년이 가끔 일찍 끝나는 방과후 시간과 5, 6학년 점심시간이 겹치는데 3, 4학년은 물론이고 1, 2학년 의견은 반영조차 되지 않았다.

나는 이 결과와 학생들의 대답이 너무나 안타까웠다. 선배라는 이유로, 참고 견디면 너희도 언젠간 사용 가능하다는 이유로 학교에서 쓸 수 있는 곳과 없는 곳이 정해진다는 것이 안타까웠다. 또 회의에 참석하지 못한 1~3학년, 점심시간이 아니란 이유로 5, 6학년들의 치열한 논쟁에 끼지도 못한 4학년 등 말할 기회조차 없어 들리지 않은 목소리가 된 중저학년도 안타까웠다.

사실 학교의 어느 장소도 누군가만 이용할 수 있는 권리는 없다. 학교는 1학년부터 6학년까지 나이와 상관없이 누구나 자유롭게 이용 가능한 공간이다. 정당한 사유 없이 누군 되고 누군 안된다면 그건 차별이다. 우리나라 헌법 제11조와 경기도학생인권조례 제5조에서는 차별받지 않을 권리를 분명히 명시하고 있다.

헌법 제11조
① 모든 국민은 법 앞에 평등하다. 누구든지 성별·종교 또는 사회적 신분에 의하여 정치적·경제적·사회적·문화적 생활의 모든 영역에 있어서 차별을 받지 아니한다.

경기도학생인권조례 제5조(차별받지 않을 권리)
① 학생은 성별, 종교, 나이, 사회적 신분, 출신지역, 출신국가, 출신민족, 언어, 장애, 용모 등 신체조건, 임신 또는 출산, 가족형태 또는 가족상황, 인종, 피부색, 사상 또는 정치적 의견, 성적 지향, 병력, 징계, 성적 등을 이유로 정당한 사유 없이 차별받지 않을 권리를 가진다.

나는 학생들이 이러한 나이주의를 가정에서, 학교에서, 사회에서 학습했다고 생각한다. 동생들이 흔히 하는 말이 있지 않나? '왜 누나, 언니, 오빠, 형만 되냐'라는 말. 처음에는 불합리하다고 생각하여 의견을 내보지만, 받아들여지지 않고 명령과 지시로 복종하는 일이 반복된다면 5, 6학년 피구장 사용 문제에서 나타난 것처럼 나보다 나이가 많거나 권위 있는 사람들이 더 많은 권리를 가지는 것이 당연하다고 여길 수 있다. 종래에는 스스로 생각하고 판단하는 능력을 빼앗겨 학생들이 자율적이고 주체적으로 살아갈 기회를 잃을 것이다.

그렇기에 무엇보다 회의가 살아나야 한다. 눈에 보이는 사람들 그리고 눈에 보이지 않은 사람들을 참여하게 하여 소수의 의견과 들리지 않는 목소리도 반영하는 회의가 될 때 학생들은 학교의 진정한 주인이 될 수 있을 것이다.

학교에서 배워야 하는 것을 배우게 하기

2018년 서울교대 입학 자기소개 문항 중에는 이런 것이 있었다. "초등교사에게 필요한 자질은 무엇이라 생각하는지 쓰고, 그 자질을 갖추기 위해 어떤 노력을 해왔는지를 구체적으로 기술하시오."

포용력, 이해력, 민주성, 인내, 열정 등 교사에게 필요한 자질로 떠오르는 말이 많기도 하다. 이 단어들은 또한 몹시 모호하다. 이 문항을 보면서 초등학교 교사의 특징들을 떠올려봤다.

학생자치와 관련된 연수를 듣고 대학원을 다니며 다양한 중등선생님들을 만날 기회가 있었다. 그 선생님들과 대화하며 깨닫게 된 것이 있다. 바로 초등학교의 '통일' 사랑이다. ○○지구 학교장, 교감, 교무 모임을 통한 학교간 통일, 학년군 통일, 학년 통일 등 소소한 것부터 큰 결정까지 초등학교는 가능한 통일하는 것을 매우 중요하게 여긴다.

좋은 아이디어를 함께 맞춰나가는 것은 좋지만 그렇지 않은 곤란한 경우도 있다. 우리 반만의 특색 있는 활동 자체도 학년별 통일이라는 이름으로 또, 우리 학년의 특색 있는 활동도 다른 학년의 눈치를 보며 못하는 경우도 종종 있다. 처음엔 옆 반 선생님, 다른 학년 선생님과 같이 해보려고 설득하다 결국 그 과정에서 지쳐 그냥 튀지 말고 적당히 남들과 맞추자고 결심하고 다른 시도를 하지 않게 된다.

질 높은 공교육을 전국의 모든 학교에서 동일하게 제공하는 것이 지난 시대의 목표였다면 최근 강조되는 학교자치는 그런 목표와는 거리가 한참 멀다(이 책의 맨 뒤의 학교자치 조례 부분을 참고하면 좋겠다). 학교자치 관점에서는 학교 구성원이 학교의 의사 결정에 참여하도록 보장한다. '학생이 주체'가 되어 교육 활동에 참여하는 것이 학교자치라면 학급별로, 학년별로, 학교별로 다양한 모습이 나올 수밖에 없다.

초등교사가 학생자치를 하며 배우는 것들

학생들이 실패에 대한 두려움 없이 다양한 생각을 나누며 삶 속에서 민주적 의사 결정을 일상화하고 그 과정에서 서로 존중하며 협력하는 민주적 경험이 일어나는 장이 학교여야 한다. 학생들이 주체적인 삶을 살게 하고 싶다면 옆 반이나 다른 학교와 통일을 추구하기보다는 동료시민인 학생들의 참정권을 인정하고 특색 있는 학급(학교)를 만들어나가는 데 힘을 쏟아야 한다. 예전 영어시험에 '다음 중 틀린 답을 고르시오'라는 문항에 대한 답으로 All이나 Every로 시작되는 문장을 고르면 백발백중 정답이었던 경험이 떠오른다. All과 Every에서 벗어나는 학교를 원한다.

또 초등교사들은 완벽을 추구하는 경향이 있다. 초등학교 선생님은 뭐든 잘하는데 지나치게 겸손하다며 함께 연수를 들어보면 말로는 못한다고 하면서 항상 놀랄 만치 완벽한 결과물을 내놓는다는 것이다. 사실 내가 보기에도 완벽해 보이는 초등교사들이 굉장히 많다. 왜 이렇게 뭐든 잘한다는 평가를 받는 것일까?

초등학교는 대부분의 교사가 담임으로서 한 교실에서 아이들과

1년을 함께 보낸다. 그러다 보니 수업도 중요하지만 그에 못지 않게 생활교육이 중요하다. 아이들의 관심, 수업, 친구 관계 더 나아가 가족 간의 문제 등도 신경 쓰고 해결해줘야 하는 일도 많다. 그러다 보니 어쩔 수 없이 섬세함과 디테일에 강하다. 그러다 보니 학생들에게 완벽한 모습을 보이려 한다.

완벽하게 준비해서 시도하려다가 아예 시도조차 못 하는 것보다는 완벽하지 않아도 학생들의 의견을 반영하여 작은 것부터 시도하고 도전하는 모험을 일상화하면 어떨까?

'공간의 민주성 회복 프로젝트'로 학생들이 배우는 것들

재작년 공간의 민주성 회복 프로젝트에 대해 많은 사례를 보고 우리 교실도, 학교도 그랬으면 하는 생각이 있었다. 그래서 남아 있던 학급운영비 10만 원으로 교실공간을 바꿔보자고 했다. 아이들이 바라는 것은 '쉼과 놂'의 공간이었다.

교사가 무엇을 어떻게 가르칠지 끊임없이 생각한다면, 학생들은 쉬는시간에 어떻게 놀지 쉴 새 없이 고민한다. 사실 학교는 공부만 하는 공간으로 지어져 있다. 그러나 학교라는 공간 안에는 아이들의 삶이 있다. 아이들이 쉬고 노는 공간을 원하는 것은 당연하다.

아이들은 교실을 '쉼과 놂'의 공간으로 바꾸기 위해 보드게임, 건반, 쇼파, 쿠션, 텐트 등 다양한 의견을 내놓았다. 텐트는 비싸서 다른 것을 포기해야 한다고 했더니 신문지 텐트를 직접 만들어보겠다고 했다.

아이들의 의견대로 텐트를 만들자니 교사로서 준비할 것이 너무 많았다. 인디스쿨과 네이버, 유튜브 검색을 하며 신문지로 텐트를 만드는 영상을 찾아보고 트러스 구조를 공부했다. 대체로 영상에 올라오는 것들은 유아용이어서 크기가 커지면 다른 결과가 나오지 않을까 염려스러웠다. 온갖 우려를 뒤로 하고 일단 학생들과 함께 해보기로 했다.

먼저 신문지를 모아야 했다. 4, 5인용 텐트 제작에는 꽤 많은 신문지가 필요한데, 신문지를 모으는 데만 2개월 가까이 걸렸다. 어느 정도 양이 될 때까지 쌓아두기만 했는데 막상 펴보니 신문지의 크기가 제각각이었다. 신문사별로 크기가 다르다는 것을 그때 알았다. 결국 아이들이 가장 많이 구할 수 있는 벼룩시장 신문지를 다시 한 달 가까이 모아서 시도했다.

어떤 모양의 도형이 가장 튼튼한 구조를 가지는지 알아보기 위해 소세지와 이쑤시개를 이용해 모형을 만들어보고 A4용지를 접어 시뮬레이션도 해보았다. 삼각형, 사각형, 오각형 등 모둠별로 만들고 싶은 도형으로 만들어보라고 했는데 삼각형 모양으로, 일명 트러스 구조가 가장 튼튼하다는 결과가 나왔다. 아이들은 자신들이 직접 발견한 것이 건축물에도 많이 사용되는 구조라는 것을 알게 되자 무척 신기해하며 텐트 만드는 데 더욱 열성적으로 참여했다.

신문지도 모두 모아지고 드디어 대망의 신문지텐트를 만드는 날이 왔다. 모두가 열성적으로 신문지를 돌돌 말고 이어붙여 첫 번째 신문지텐트를 완성했다. 기쁨에 차서 모두가 소리를 질렀다.

하지만 다음날 학교에 와보니 신문지텐트가 무너져 있었다. 아이들이 달려와 "선생님! 이거 어떻게 해요, 왜 무너졌어요?" 하는데 사실 나도 이유를 잘 몰랐다. 석 달을 애써 만든 텐트가 무너진 허망함, 교사의 준비 부족이 문제인 것 같은 부끄러움, 다시 시도하자니 언제 신문지를 모으나 싶어 암담했다. 이제 포기하고 돈이 좀 들더라도 기성제품을 사는 게 좋겠다고 은근히 말했다. 아이들은 완강히 거절했다. 한번 실패했다고 절대 포기하지 말라고 말하지 않았냐며 오히려 나를 가르쳤다. 만장일치로 다시 한번 도전하기로 했다. 자신들이 직접 만들어야 의미가 있다는 것이다. 구입하는 텐트는 아이들에게 이미 의미가 없었다. 쉬는시간마다 틈틈이 신문지를 말며 이야기하는 재미에 빠진 것이다.

어쩔 수 없이 우리는 신문지가 왜 무너졌는지에 대한 긴급 학급회의를 열었다. 다양한 이유가 나왔다. 먼저 신문지를 모두 함께 말다 보니 어떤 것은 헐렁하고 어떤 것은 빡빡했다는 등 신문지 말기의 기술 부재, 테이프를 너무 많이 감아 신문지의 무게가 커진 점, 마지막으로 트러스구조의 핵심인 삼각형을 너무 크게 했다는 것이다. 이런 원인을 아이들이 스스로 밝혀내는 과정을 지켜보는 것만으로 감동이었다. 신문지를 세로 방향으로 말 것이냐 가로로 말 것이냐로 의견이 나뉘었을 때 한 학생이 기존에 만 신문지에 조그만 삼각형을 하나 더 받치면 더 튼튼할 것 같다는 의견을 냈다. 아이들의 활발한 토의 속에서 나온 에너지로 우리는 다시 함께 신문지텐트를 만들기에 도전했다. 이후에도 텐트는 1, 2주마다 한 번씩 무너지곤 했지만 그때마다 아이들은 지지대를 받치기, 끈으로 고정물과 연결하기 등 다양한 방법으로 텐트를 살려냈다.

텐트가 완성되자 특정 학생들만 텐트를 이용하지 않도록 함께 모여 텐트 이용 규칙을 정했다. 놀이 공간의 보드게임 물품 정리가 잘 안 된다며 사용 수칙도 정하는 등 학생들은 스스로 만든 공간의 진짜 주인이 되었다.

나는 이 신문지텐트 만들기 활동을 통해 많은 것을 배웠다. 일단 아이들이 선생님에게 바라는 것은 교사 주도로 완벽하게 해결하는 것이 아니라 자신들의 생각을 이야기하고 실천할 경험을 주는 것이었다. 아이들은 수많은 의사 결정 과정 속에서 내가 수업에서 가르치고자 하는 것보다 훨씬 더 많은 민주적 협의를 경험했다. 아이들은 역량을 발휘할 기회를 갖지 못한 것뿐 이미 그런 역량을 갖고 있다. 공간의 민주화는 학생들 모두가 즐거워하는 활동이다. 학생들은 자기결정권을 가지고 친구들과 서로 다른 생각을 교환하고 조정해 나가는 과정에서 삶 속 민주주의를 경험한다.

우리나라는 모난 돌이 정을 맞는다는 속담도 있듯이 보통 자신의 의견을 내놓기보다는 남의 눈치를 보고 대세를 따르는 경우가 많다. 그러기에 눈'총' 맞기 싫어 절대 먼저 나서지 않는다. 하지만 우리 학생들은 주어진 일을 시킨 대로 하기보다는 먼저 '왜'라는 관점으로 자기 생각을 만드는 것에 집중하면 좋겠다. 그러기 위해서는 남들과 생각이 다른 모난 돌도 함께 어울릴 수 있는 분위기가 형성되어야 한다. 틀린 것이 아니라 다름을 인식하고 존중하는 문화가 있어야 한다. 학교는 학생들에게 자기 생각 갖기를 교육해야 한다. 자치라는 것은 여러 자료를 비판적으로 분석하고 서로 다른 입장에도 서보며 다양성을 경험하면서 포용적 자기 결정 능력을 키우는 일이기도 하다.

고민이 생길 때마다 찾아가는 선배가 있다. 그는 내가 고민을 털어놓으면 먼저 이렇게 말한다.

"네 생각은 어때?"

학생들에게 올바름을 가르치려는 어른의 욕심을 내려놓을 필요가 있다. 학생들에게 "네 생각은 어때?" 하고 물으며 자기 생각을 만들 기회를 주는 것부터 시작해야 한다. 학생들이 하는 게 어설퍼 보여도 믿고 맡기자. 그 어설픔 속에서 학생들은 배울 것이다.

초등학생도 현재시민이다

과연 나는 학생들에게 얼마나 민주적인 교사인가를 돌아본다. 학생자치를 담당하며 학생자치[5]란 무엇인가, 학생들이 원하는 학교는 무엇인가, 그리고 학생자치 담당자의 역할은 무엇인가에 대해 고민

---

5) 학생자치활동은 학생이 주체가 되어 조직을 구성하고, 학생들의 권리 보호를 위해 학교의 교육 활동과 학교 주요 정책에 자신들의 의견을 제시하며, 생활속에서 당면한 문제를 민주적인 절차와 방법으로 해결해 나가는 활동을 통해 미래사회의 더불어 살아가는 창의적인 민주시민 자질을 함양해 나가는 과정이다. (「경기도 학생자치활동 매뉴얼」, 2013)

을 많이 했다. 그동안의 나는 교사 입장에서 제도를 갖추는 데 초점을 맞췄던 것 같다. 학생자치 조직을 구성하는 데 의견을 제시하고 민주적인 절차와 방법으로 문제 해결해나가는 제도를 만들려고 했다. 문화가 한번에 바뀌기는 어려우니 학생들이 자신의 의견을 학교에 전달함에 있어 어려움을 느끼지 않고 말할 수 있는 시스템이라도 만들어야 한다고 생각했다.

그러나 제도부터 만들어 문화로 내려가는 탑다운 방식은 근본적으로 문제가 있다. 여전히 학생들의 참여는 부족하고 다른 담임교사들의 협조 등 구성원들의 자발성을 이끌어내는 데는 역부족이다. 자발성은 초기 혁신학교 사례에서 보듯이 아래로부터 올라가는 바텀업 방식으로만 가능한 것 같다. 그러기에 가장 먼저 필요한 것은 결국 교실자치다.

교실자치가 이루어지려면 민주적 선거, 학급회의의 정례화, 다양한 학급 행사, 학생들이 만드는 규칙을 넘어서 교실 속에서 친인권적인 수업 방식, 생활 양식으로서의 교육활동이 보장돼야 한다.

'중학생이나 고등학생쯤 되어서 하는 게 자치지, 초등학생처럼 미성숙한 학생들은 아직 자치를 말하기엔 일러. 교육과정과 학교 정책에 대해 뭘 안다고 의사 결정에 참여를 해? 실제로 기회를 줘도 참여를 안 해'라고 말하는 사람들도 있다.

하지만 정말 온전한 기회를 주었나? 어떤 일을 결정하기 위해서는 충분한 정보 공유가 되어야 한다. 잘 모르는 일에 자기 생각을 갖기란 어른도 쉽지 않다. 나는 어른들이, 또 고학년이, 학생자치회가

정보 독점 권력인 〈1984〉 속 빅브라더가 돼서는 안 된다고 생각한
다. 어떤 조직의 민주성을 보여주는 척도는 정보가 어떤 방식으로
공유되고 조직이 얼마나 개방적인가에 달렸다.

몇 년 전 5학년 우리 반 아이들과 학교생활인권규정에 대해 이야
기를 하고 의견을 나누는 수업을 한 적이 있다. 나는 학생들이 제대
로 학교생활인권규정을 못 봤기 때문에 학생들이 규정에 관심을 갖
지 않는다고 생각을 했기에 수업시간을 활용해 의견을 나눠보았다.
아이들의 한결같은 반응은 '너무 어렵다'였다. 학생 눈높이에서 이
해하기에는 온갖 규정이 어른 용어로 너무나 어렵게 쓰여져 있다.
어른들의 말로 잔뜩 쓰인 생활 규정을 공고하는 것이 올바른 정보
공유라 할 수 있을까. 이러한 정보 공개가 학생의 눈에는 기울어진
운동장으로 비치고 부당하다고 느낄 수 있다. 어려운 말이 벽으로
느껴지면 수동적으로 임할 수밖에 없다. '학생들은 기회를 줘도 참
여를 안 한다'는 말은 사실이 아니고 미성숙해서 그런 건 더더욱 아
니다. 그들의 언어와 관점에 맞는 친절한 정보 공유가 필요할 뿐이
다. 그렇다면 학생들 역시 삶의 주인공으로 자기 생각을 갖고 참여
하게 될 것이다.

> 인생의 소중한 것을 나는 학교에서 배웠지.
> 아마 그랬을 거야.
> 서로를 그대로 인정하는 법과
> 삶의 주인공으로 참여하는 법과

타인을 배려하고 협력하는 법과

함께 사는 세상을 만들어가는 법.

그중에서도 내가 살아가는 데 가장 도움을 준 것은

이 많은 법들 속에 내가 가진

가능성을 최대한 펼쳐내는 법.

이형빈 선생님이 유하의 시를 패러디하여 쓴 〈학교에서 배운 것〉
이다. 학생들은 미래 시민이 되기 위해 육성되는 게 아니라 현재 동
료 시민으로서 존중받아야 하며 이를 바탕으로 타인을 배려하며 함
께 사는 세상을 만드는 법을 교실 속에서 먼저 배울 수 있기를 희망
한다.

· 중학교 ·
그물 모양의 민주주의를 꿈꾸며

민주주의 공부를 공부하기

나는 10년째 중학교에서 과학을 가르치고 있다. 어느 과목이나 마찬가지겠지만, 아이들은 종종 과학을 왜 배워야 하냐고 묻는다. 화강암과 대리석이 어떻게 다른지 구분하는 게 일상생활에 무슨 도움이 될까. 그게 어디에서 어떻게 생성되는지가 아이들의 삶에 결정적인 영향을 미치는 지식은 아니다. 반질반질하게 연마해놓은 암석도 어차피 '돌'이다. 손으로 만져서는 단단함의 정도를 구별하기 어렵다. 대리석이 훨씬 비싸다는 이야기를 듣고 나서야 그 금전적 가치에 잠시 눈길을 둘 뿐이다.

과학은 대체 왜 배우는 걸까? 아이들이 질문할 때마다 내가 하는 대답은 조금씩 다르지만, 대체로 '세상을 보는 눈을 다르게 만들기 위해서'라는 뉘앙스로 답한다. 여러 암석을 들여다보고 색깔과 알갱이의 크기를 비교하고, 생성 원리를 추론하고, 주변에서 이런 암석이 어디에 사용되는지 알아보는 건 세상을 보는 눈을 바꾼다. 배우기

전의 세상은 '돌'로 가득 차 있다. 배우고 난 후에 서로 다른 곳에서 온 다양한 역사를 가진 여러 이름의 암석이 우리의 생활에 이용되고 있음이 보인다. 더 들여다보면 그들을 구성하고 있는 광물의 세계까지 만날 수 있다. 동물과 식물에 대해서 배우고, 지구 대기의 구성 성분에 대해서 배우고, 바다의 구성과 지형에 관해 배우는 것도 마찬가지다. 정밀하게 바라보고 다양성을 찾아내는 것이다.

가르치고 배우는 과정의 편의를 위해 근대 학교에서 여러 교과를 만들었다. 하지만 우리가 여러 과목으로 분절된 교과를 배우는 의미를 다른 데서 찾고 싶다. 언어가 아닌 숫자로 세상을 표현하고, 내가 직접 볼 수 없는 다양한 도형을 상상하고, 경험을 정교하게 측정해 통계를 만든다. 음악으로도, 그림과 형태로도, 사람들 사이의 관계로도, 역사 속에서도 정밀함과 다양성을 배울 수 있다.

이런 정밀함과 다양성으로 만들어야 하는 것이 민주주의다. 자신에 갇혀 주변을 살피지 못하면 어려움을 겪는 사람도, 도움이 필요한 사람도 찾아낼 수 없다. 다양한 사람이 있음을 알지 못하면 그 안에서 의견을 모으고 새로운 방향으로 사람들과 함께 나아가는 고민은 시작되지도 않을 것이다. 민주주의를 배우기 위해 사회 과목을 열심히 공부해야 한다고는 이제 아무도 말하지 않는다. 민주주의의 다양한 모습을 우리는 광장에서 보았고, 사회 곳곳을 가꾸어가는 사람들에게서도 보았다. 하지만 단순히 실천적 참여만으로 세상이 만들어지는 것은 아니다. 물론 공부를 다 한 뒤에 참여하자는 의미도 아니다. 아이들이 주변과 세상을 바라보는 시야를 키워가면서 또 차근차근 참여의 발판을 디뎌보는 장소가 중학교였으면 한다.

"웰컴 투 중간고사!"

신입생 예비소집에 동생을 데려온 대학생쯤 되어 보이는 오빠가 동생에게 던진 말이다. 이제 좋은 시절은 다 갔다며, 시험 보는 인생이 얼마나 힘든지 느껴보라며 단단히 겁을 주고 있었다. 중학교 예비소집부터 정신 차리게 만들어서 공부를 좀 해보게 만들려는 심정은 이해할 수 있었지만, 동생은 여유롭게 웃으면서 이제 중간고사는 없어지고 대부분 지필 평가를 기말고사 기간에 한 번만 치른다고 설명해주었다. 뒤쳐질 거라고 겁을 주고, 공부를 못하면 어떻게 되는지 세상의 낮은 곳에 존재하는 이들을 들먹일 필요는 없다. 초등학교, 중학교 다니는 아이들에게 좋은 대학에 가고, 돈을 벌기 위해서 공부를 해야 한다고 말하지 않아야 한다. 다양한 교과를 배우는 것도 민주주의를 실천하기 위해 배워야 한다고 말할 수 있어야 한다. 그리고 교사도 공부해야 한다.

앞으로 이어질 이야기는 이런 생각을 하며 스스로 민주주의 공부를 해나간 과정이다. 어느 학교나 고민하는 지점이 담겨 있을 테고, 또 다른 학교에서는 꿈꾸기도 어려운 실천 과정이 담긴 부분도 있을 테다. 10년이 넘은 혁신학교에서 이런저런 일을 겪으며 8년이라는 시간을 보내니 감을 잃었다. 다른 학교에서 이야기를 들려달라고 부름을 받는 경우가 종종 있다. 수업이나 학생자치에 관련된 일들을 털어놓으면 '그건 그 학교에서나 가능한 일 아닌가요?'라는 질문이 돌아오기 일쑤였다. 하지만 학교민주주의를 고민하고, 함께 실천하는 과정의 어느 시점에서는 꼭 짚어봐야 할 이야기가 있고, 그것을 여기 담았다. 어떤 사람에게는 과거의 고민일 것이고, 현재의 고민일 것이다. 미래의 고민일 수도 있다. 좌충우돌하는 시간 속에서 먼저 고민한 사람들의 '후기'가 결정적인 도움이 되는 것처럼, 이 이야기를 자랑거리가 아닌 아쉬움이 담긴 후기로 읽어주시면 좋겠다.

두근거리는 일, 학생자치를 만나다

생각해보면 장곡중학교에 오게 된 것은 학생자치 때문이었다. 같은 지역의 다른 학교에 근무하고 있던 2012년 무렵, 혁신학교에 관한 연수를 들을 기회가 있었다. 그곳에서 조금 놀라운 이야기와 만났다.

"아이들이 축제를 기획해서 처음부터 끝까지 만들어내요."

축제의 컨셉과 준비 상황을 교사들에게 브리핑하는 사진을 연수 진행 강사가 보여주었다. 발표하는 아이들 표정도, 듣는 교사의 표정도 묘하게 웃는 얼굴이었다. 그때까지 학교에서 경험한 축제를 떠올려보았다. 고등학교에서는 아이들이 밴드와 댄스 공연을 하고, 교사들이 깜짝 등장해서 퍼포먼스를 벌이는 축제였다. 대부분은 어둡게 만든 강당에서 조명을 반짝이며 이루어지는 축제를 했다. 중학교에서는 축제가 많지 않았다. 해를 걸러 하는 예도 있었지만, 특별활동 발표회처럼 간단하게 이루어지는 경우가 많았다. 중학교에서 아이들이 축제를 직접 기획해서 만든다는 것이 신기하기도, 놀랍기도 했다.

"우리 학교 교복은 아이들이 공모전을 해서 만들어냈어요. 반바지도 있어요."

교복도 아이들이 직접 디자인했다고? 정말 입고 싶은 교복을 입을 수 있도록, 불편한 교복 재킷을 없애고 카디건만 있다고? 외투 안에 교복 재킷을 입었는지를 두고 실랑이하던 나에게 그건 다른 세상의 학교 이야기 같았다. '단순히 기회를 준다고 되는 걸까?' 아이들에게 판을 깔아주는 것이 쉽지 않았다. 고려할 것이 너무 많아 보였다. 그보다 교사가 아니라 학생들이 스스로 뭔가를 기획한다는 것 자체가 낯설었다. 학급도 학교도 교사가 '경영'한다는 것이 그때까지의 기본적인 생각이었다. 학급 경영 계획을 학부모에게 브리핑하기도 하지 않았던가. 대체 어떤 수업을 하고, 어떤 활동을 해야 처음부터 끝까지 축제를 꾸려나가고, 불편한 교복을 공모를 통해 바꿔낼 수 있을까? 혹시 아이들을 전면에 내세웠을 뿐 실제로 교사들이 다

하는 게 아닐까? 아니, 내가 알지 못할 뿐 뭔가 특별한 방법이 있는 것은 아닐까? 이렇게 새로운 세계가 내 눈앞에 펼쳐졌다. 그 이듬해에 나는 그 학교의 공개수업을 몇 번 보았고, 지역의 혁신연구회에 참가했다. 그리고 예정되어 있던 것처럼 그 학교로 전입해 왔다. 두근거리는 일을 만났다고 생각했다.

실은 도망쳐 왔다는 것이 맞는 표현이었다. 그때까지의 일방적인 수업, 외로운 섬처럼 떠 있는 교무실 풍경, 벌떡 일어나 목소리를 높여 싸워도 바뀌지 않는 관리자의 권위로부터 도망쳤다. 졸업한 선배들이 찾아와 후배들의 군기를 잡고, 방송실을 꾸리는 동아리 아이들이 후배들을 갈구지만, 아무도 제지하지 않는 문화로부터 도망쳤다. 그 학교만의 문제는 아니었다. 그 시기의 분위기도, 학교를 바라보는 시선도 모두 답답했다. 교사가 된 지 10년도 되지 않았는데 자꾸만 의욕이 꺾였다. 시키는 건 잘했지만, 뭘 시키는 사람이 없는 구조이기도 했다. 뭔가 도약할 기회를 보려고 하면 발판이 흔들리는 느낌이었다. 그래서 도망쳤다.

새로운 학교에서 5년을 보내며, 옆에서 뒤에서 학생자치를 어떻게 꾸려나가는지 배웠다. 나는 도망쳤지만, 여기에는 지난한 싸움을 통해 얻은 문화가 보였다. 학생자치가 단순히 판을 깔아주고 아이들에게 기회를 주기만 해서 이루어지는 것이 아니라는 것도 서서히 깨달았다. 그래서 '학생자치가 뭔데?'라고 물으면 우물쭈물 대답할 말이 없었는지 모르겠지만, 담임과 학년 부장을 거치면서 학생자치를 통해 함께 하고 싶은 일들은 생겼다. 그때 즈음 학생자치를 담당하는 교사가 되었다. 도망쳐 나온 학교에서부터 해보고 싶었던 일들을 드디어 해낼 수 있을 거라는 생각이 들었다. 결론부터 말하자면 역부족이었지만 말이다.

그런데 저희가 이벤트 기획자는 아니잖아요?

학기가 시작되기도 전에 학생자치 담당교사로 학생자치회 아이들과 만났다. 지난해 학생자치회 아이들이 후배를 위해 '인수인계 워크숍'을 열었다. 한 해 동안 학생자치회의 일을 정리하고, 내년에는 어떤 일을 할지 정한다. 이때 새로운 학생자치회의 부서 개편도 이루어진다. 학생자치회의 구성이 모두 끝난 뒤에 만났기 때문에 부서 개편은 간단하게 이루어졌다. 아이들은 대부분 학생자치회에서 일하면서 자신의 역할을 알고 있었지만, 나는 아이들 이름조차 헷갈렸다. 수업시간에 만나지 못한 아이들이 있어서 얼굴을 익히는 데도 시간이 걸렸다. 아이들은 의욕적이었다. 새로운 기운이 아이들에게서 넘쳤다. 이름과 얼굴이 잘 연결되지 않는 아이들 사이에서, 나도 의욕적으로 아이들에게 하고 싶은 것을 물었다. 그 첫 번째 대답은 '학생자치회실 꾸미기'였다.

학생자치회실은 창고가 되어가고 있었다. 학생부 교무실로 쓰던 1층 현관 앞의 공간이다. 엘리베이터, 1학년 신발장, 보건실이 근처에 있었다. 통행량이 많은 곳이지만 방치되었다. 학생자치회실로 이름을 붙였지만 자주 사용하지 않다 보니 엉망으로 물건이 쌓여있었다. 학생자치회에서 주최하는 행사에 사용된 물건들이 대부분이었고, 교복 물려주기를 위해 걸어둔 낡은 교복이 한 무더기, 그리고 학생부 교무실의 흔적이 곳곳에 있었다. 낡은 정수기와 냉장고 같은 것들이었다. 필요한 것은 대부분 있지만, 아이들의 공간은 아니었다. 그래서 새롭게 꾸미기로 했다.

"페인트부터 칠해요. 페인트가 꼭 필요해요."
"저쪽 면은 칠판 페인트로 칠해요! 칠판이 없으니까 불편했어요!"
"어차피 여기 잘 쓰지도 않았잖아."
"회의를 교무실에서 하니까 그렇지. 거긴 뭐 얘기하기가 불편한데."
"이쪽 벽도 칠하면 안 돼요? 여기 벽지 색깔이 너무 이상해요."
"다 필요 없고, 여기 컴퓨터 설치해주시면 안 돼요? 저희 뭐 문서도 만들어야 하고 홍보지도 뽑아야 하는데 매번 선생님께 부탁하러 가기도 좀 그래요."

의욕 넘치는 아이들은 말이 많았다. 200만 원 정도 학생주도 프로젝트에 사용할 수 있는 예산이 남아 있었다. 예산에 맞춰 아이들이 가져온 계획은 칠판 페인트칠하기, 회의 책상 놓기, 컴퓨터와 프린터 설치 등이었다. 회의 테이블과 간단한 의자, 한쪽 구석에서 쓸 매트, 접이식 상, 블라인드 등을 구입하고, 여기저기에서 남는 가구를 수소문했다. 쓸모없는 물건을 버리고, 가구 위치를 바꾸고, 칠판 페인트 위치를 정하고, 칠해서 말렸다. 남는 페인트로 회의실 문도 칠했다. 3일이 걸렸다. 검은 문은 학교와 어울리지 않지만 특별했다. 분필도 구해서 '어서 와, 학생자치회실은 처음이지?'라고 적었다. 컴퓨터와 프린터도 설치했다. 가구를 꺼내서 칠하고 말리고 하면서 많이 웃었다. 페인트를 칠할 수 있는 도구는 모자랐고, 모자라서 서로 도와가며 할 수밖에 없었다. 바닥이며 옷에 페인트가 묻었고 나는 온종일 그걸 닦으러 다녔다.

그래도 아이들이 사용할 공간을 만들어내며 웃고, 떠들고, 친해지는 시간이 좋았다. 아이들이 자신의 공간에 한 땀 한 땀 무늬를 만드는 것도 좋았다. 흘린 페인트를 닦아내고, 큰 가구를 함께 옮기고, 점심을 주문해주고, 담당 교사에게 필요한 물품을 요청하는 것이 담당자인 나의 일이었다. 내가 할 수 있는 역할은 아이들을 옆에서 도와주는 것이었다. 앞으로의 1년이 매번 이런 식으로 아이들이 벌이는 일을 더 펼치도록 돕고, 때로는 수습하는 거라고 예상할 수 있었다. 매일 이야기를 나누고 친해졌다. 그러면서 차근차근히 한 해 동안의 일정을 그려보았다.

2월 말, 학생자치회의 일정을 정리해 '2월 교사 연수'에서 브리핑하기 위해 모였다. 새로운 테이블에 둘러앉았다. 아이들은 새로 만들어낸 공간이 뿌듯한 표정이었다. 큰 계획은 월별 행사와 축제를 중심으로 이루어졌다. 꼭 학생자치회에서 진행해야 하는 일들이 있다고, 아이들은 생각하고 있었다. 선배들이 해온 일이기도 하고, 그런 걸하고 싶어서 학생자치회에 지원한 친구들이기도 하다. 신입생 환영회, 세월호 추모, 학생의 날, 체육대회, 친구 사랑의 날, 넷볼장의 게릴라 공연, 마을 축제, 핼러윈과 크리스마스 이벤트 등이었다. 따져보면 3월부터 12월까지 한 달도 빠지지 않았다. 빡빡한 일정이었다.

"그런데, 이렇게 뭘 해도 애들이 많이 참여하지는 않아요."

늘 꼼꼼하게 일을 진행하는 학생활동위원회 위원장이 말했다. 지난 크리스마스 행사도 참여 인원이 적었다고 한다. 축제도 끝나고, 시험도 끝났으니 아이들이 뭘 해도 흥미를 보이지 않았다고 한다. 준비한 아이들도 맥이 빠지고, 뭔가를 해냈다는 결과가 없는 것이 안타까웠다. 학생활동위원회가 뭔가를 하려면 예산도 생각해야 하고, 얼마나 참여하느냐에 따라 준비하는 입장도 달라지는데, 한 달에 한 번 꼴로 이어가려니 부담이 크다. 다른 위원회에서 도와주기는 하지만 역부족이라고.

"홍보가 잘 안 되나 봐요."
"아니야, 알잖아? 페이스북에도 올리고, 행사할 때마다 교실이랑 복도에 포스터도 엄청나게 붙여."
"근데 애들이 잘 모르잖아. 페북으로 신청하는 애들만 신청하고."
"페북을 다시 만들까? 페이지가 두 개여서 공식 페이지라고 생각을 안 하는지, '친구 추가'를 누르거나 '좋아요' 누르는 것도 3학년 애들만 하고."
"차라리 카카오 채널을 하나 팔까?"

그해 학생자치회 조직은 행사를 마련하는 학생활동위원회, 선거와 몇 가지 다른 일을 하는 생활인권위원회, 체육대회 및 게릴라 공연을 담당하는 예술체육위원회, 마을 축제를 준비하는 축제 준비위원회, 그걸 홍보하는 홍보미디어 위원회로 구성되어 있었다. 어떤 행사든 실행할 때에는 서로 돕는다. 해마다 비슷한 행사가 이어져 오고 있기에 행사를 진행하는 이유나 내용에 큰 고민은 없다. 다만 어떻게 진행하느냐에 따라 참여율이 달라지고, 참여가 많으면 좋은 행사가 된다고 느끼고 있었다. 의미 있는 행사라기보다는 규모 있는 행사를 잘 만들어내는 것이 학생자치회의 능력이라고 믿었는지도 모른다. 그러면서도 어떤 부서에 일이 많이 몰리면 그건 나름의 격정이다. 일이 많은 쪽도, 일이 적은 쪽도 마음의 부담이 있었다.

그런 부담 속에서도 2월 연수에서의 브리핑 준비와 우리의 첫 번째 이벤트는 잘 기획되고 있었다. 신입생 환영회가 첫 번째 이벤트다. 어떻게 하면 좋을지 고민하다 다목적실에 신입생들을 모아서 학생자치회가 하는 일을 설명하고, 질문을 받고 답변하는 형식으로 진행하자는 이야기를 했다. 지난해 사진도 보여주고, 앞으로 무엇을 할 것인지도 말하기로 했다. 올해 회장단의 공약도 소개할 것이다. 1학년 친구들이 어떤 질문을 할지, 기대되기도 했다. 누가 발표 화면을 만들고, 꽃가루를 준비하고, 사회를 볼 것인지 한 시간의 신입생 환영회를 위한 '이벤트 기획'이었다. 어떤 선물을 나눠줄지를 고민하는 데에서 회의는 어딘지 모르게 절정의 느낌을 떠었다. 대화를 물끄러미 지켜보던 학생자치회장이 말했다. "그런데, 저희가 이벤트 기획자는 아니잖아요?"

그렇다. 학생자치회를 이끄는 학생자치회장은 이런 이벤트를 벌이면서 한 달 한 달을 버티며 살아가는 걸 원한 것은 아닐 테다. 나도 직접 담당하기 전에는 학생자치회가 무엇을 해야 하는지 깊이 있게 생각해보지 않았다. 학교의 일에 분절적으로 접근했던 것 같다. 내 일이 아니면 잘 모른다는 건 핑계일 수밖에 없는데, 무지가 드러나는 건 그것대로 부끄러워 말을 못 했다. 대강 아이들이 학교에서 바꾸고 싶은 것이 있으면 요구하고, 이 요구사항을 잘 정리해서 누구에겐지는 모르겠지만 전달하고, 할 수 있다면 개선하는 것이 학생자치회의 일이라고 생각했다. 학교 축제와 같은 규모 있는 행사를 학생 주도로 마련하고, 재미있게 학교에 다닐 수 있는 소소한 교문 행사를 여는 것도 학생자치회의 역할이라고 생각했다. 다른 학교에서는 꿈도 꾸지 못하는 이벤트를 잘 마련해내는 것이 마치 우리 학교 학생자치회의 능력인 것 같았다. 어느 정도 규모의 행사를 어떻게 치러냈는지로 다른 학교와 학생자치회의 능력이 비교된다고 생각했다. 아이들이 생각하는 수준과 다르지 않았다. 내가 이정도 밖에 생각이 자라지 않았으니, 아이들과 깊이 있는 대화가 이루어지기 어려운 게 당연했다.

"우선은 홍보 위원회가 할 수 있는 일을 찾아서 학생자치회를 잘 홍보해보자." 결론은 그렇게 내렸다. 학생자치회실 꾸미기와 신입생 환영회 준비가 모두 끝난 뒤 아이들이 흩어지기 시작했다. 문득 아까 우리는 이벤트 기획자가 아니라는 말을 던졌던 학생자치회장이 원하는 모습은 무엇인지 궁금했다. 행사의 모습이 아닌 다른 모습으로 학생들과 만나는 건 어떤 걸까? 나보다 더 많은 생각을 하지 않았을까? 대답은 다른 자리에서 들을 수 있었다. 꽃가루를 뿌리며 신입생 환영회를 치른 다음의 3월이었다.

텅 빈 건의함을 바라보며

학생자치회장, 부회장과 2학년 부회장까지 셋을 태우고 용인에 있는 한 연수 장소로 가는 길이었다. 경기도 각 지역의 학생자치 담당 장학사, 학생자치 중점학교의 담당 교사와 학생자치회 임원들이 모여 올해의 학생자치를 어떻게 꾸려나갈지 고민하는 자리였다. 차 안에서도 아이들은 앞으로 할 일에 대한 고민으로 조금 들썩였다. 회장이 먼저 말을 꺼냈다.

"저희 공약이 있어요."
"맞아요. 첫 번째는 소통을 잘하기 위해서 건의함 만드는 거고요. 두 번째는 애들이랑 e-스포츠 대회 하는 거예요."

공약을 걸고 당선되었으니, 공약을 중심에 두고 학생자치회를 꾸려나가려는 모습에 우선 박수를 보냈다. 건의함을 설치해서 어떤 의견을 받고 싶은지도 물어보고, 어떻게 관리할지도 의견을 나눴다. e-스포츠 대회를 제대로 치러내려면 얼마나 예산이 들고, 어떤 게임으로 할지도 앞으로 이야기하기로 했다. 이런저런 이야기 가운데 궁금했던 것을 물었다.

"그런데 그런 이벤트 기획 말고, 정말 뭐가 하고 싶었던 거야?"
"저희가 선거 나올 때부터, 정당 활동을 해보고 싶었어요."

정당 활동이라니, 예상치 못한 답이었다. 역시, 아이들이 하고 싶었던 것은 따로 있었구나 싶으면서도, 부담감이 함께 찾아왔다. '설마 그걸 나보고 같이 하자는 건 아니겠지?' 불안한 마음으로 정당 활동으로 학생자치회를 어떻게 꾸려나갈 수 있을지, 왜 하고 싶은지도 물었다.

"사회 시간에 배우잖아요. 배우기만 하고, 정당 활동을 어떻게 하는지 모르니까. 학교에서도 학생자치회를 통해서 그런 활동을 해보면 좋겠다 싶었어요."
"사실 학생자치회 구조를 보면 대통령처럼 선출되는 회장단이 있잖아요. 여러 위원회가 있어서 대통령이 임명하는 행정부처럼 일하는 애들도 있고요. 그러면 국회 역할을 할 수 있는 게 학교에서 무엇일지도 생각해봤어요. 그게 애들이 자신들의 대표로 뽑은 사람들이면 좋은데, 우리는 대의원회의가 이런 식으로 작동하지는 않는 것 같아요. 그래서 아예 정당 같은 걸 만들어서 활동하면 어떨까 생각했어요. 서로 비슷한 의견을 가진 사람들이 모여서 그 뜻을 모아 학교에 전달하기도 하고요. 서로 다른 의견을 가진 애들이 있으면 서로 토론도 해보고요. 그래서 정당에서 채택한 공약으로 선거도 진행하고, 그러면 재미있을 거라 생각했어요."

3학년 학생자치회장과 부회장 두 친구는 선거에 나가기 전에 둘이 이야기 나누었던 것을 신나게 들려주었다. 새로운 모습의 학생자치회를 꿈꾸면서 또 들떠 있었을 모습을 생각하니 대견했다. 하지만 두 친구의 큰 계획은 선거 초반부터 벽에 부딪혔다. 우선, 단일 후보였다. 다른 친구들은 선거에 도전하지 않았다. 당연히 2학년 부회장이 다음 학년도 학생자치회장이 될 거라 여기고 도전해봤자 쪽팔리기만 할지 모른다고 생각하는 아이들이 대부분이었다고 한다. 정당활동이라는 게 둘이서만 할 수는 없는 데다, 공약에 관한 관심도 떨어지는 것 같아 처음부터 맥이 빠졌다는 것이다. 그래도 선거에 나오면서 아이들에게 '학생자치회에서 뭘 해주면 좋겠는가?'라는 질문은 많이 던졌다고 한다. e-스포츠 대회 개최라는 공약도 그런 질문에서 나온 대답을 모은 결과였다.

그리고 학생들이 많이 원하는 것은 '소통'이었다. 원하는 바를 이야기해도, '이러이러한 건의사항이 나왔습니다' 외에 어떻게 해결하겠다는 확답이나 진행 상황이 알려지지 않는다는 것이었다. 그래서 공약에 소통을 위한 창구를 마련하겠다고 내걸었다. 학교 홈페이지 게시판이나 페이스북을 이용하자는 의견도 있었는데, 그건 또 나름의 반대에 부딪혔는지 결국 '건의함'을 설치하기로 결론을 내렸다고 한다.

용인에 도착해서 워크숍에 참여했다. 한 고등학교 학생자치회가 진행한 소통 방식을 엿볼 수 있었다. 토크 콘서트와 비슷한 형식으로 아이들이 직접 교장, 교감, 행정실장과 만나는 시간을 만든 것이었다. 학생들이 학교의 정책을 제안하고, 자신들의 건의사항이 제대로 이행되지 못한 이유를 듣는 자리가 되었다고 한다(이 부분은 고등학교 학생자치 '극소심이 1515를 위한 학생자치 안내서' 부분에 자세히 소개되어 있다). 아이들과 함께 그 이야기를 들으면서 직접적인 소통의 방식을 배울 수 있었다. 하지만 당장 우리 학교에서 실천하기는 어렵다는 의견이었다. 결국, 우리는 건의함으로 소통하는 방식을 적극적으로 밀고 나가기로 했다. 워크숍에서 돌아와서 학생자치회의 첫 예산은 건의함을 사는 데 썼다. 열쇠까지 달린 좋은 건의함을 사서 통행량이 많은 곳에 설치했다. 곳곳에 학생들의 소리를 듣는다고 써 붙였다. 하지만, 실패하고 말았다. 매주 건의함을 열어도 아무것도 나오지 않았다. 쓰레기가 나오지 않은 것이 다행이라면 다행이었다.

　아이들은 길을 잃었다. 의견이 없었다. 학생자치회에 바라는 것도, 학교에 바라는 것도 별로 없었다. 아이들이 일상에서 겪는 문제를 학생자치를 통해서 풀어보고자 하는 생각이 별로 없었다. 아니, 그런 게 가능한지를 잘 몰랐던 것 같다. 아이들은 학교를 그저 다니는 공간으로 인식하는 것은 아닐까. 아이들에게 학교가 공동체로 기능하지 않는 것은 아닌지 의문이 들었다. 길을 잃은 것은 나도 마찬가지였다. 제 역할을 못하는 건의함 앞에서 '학생자치'가 무엇인지 되물을 수밖에 없었다.

학급자치회 연결하기

학생자치가 무엇인지 물으면 돌아오는 대답은 비슷하다. '학생이 학교의 주인', '학생들이 민주주의를 배우는 장치', '학생들이 스스로 주체가 되어 학교 운영에 참여하는 것'이 학생자치를 설명하는 말이다. 그렇다면 주인이 되어 운영에 참여한다는 것이 어떤 의미일까? 학생들이 학교 운영에 참여한다는 것은 학교 내외의 문제를 해결해 보는 것이 아닐까? 물론 그 바탕에 공공성, 자율성, 협력 문화가 깔려 있어야 한다. 당연히 직접 경험하면 교육적 효과는 높아질 것이다.

그런데 아이들은 학교의 문제라는 것에 별로 관심이 없는 것처럼 보였다. 불편한 점이 있지만, 그건 원래 그런가 보다 하고 지나가는 경우가 많다. 아이들이 부딪히는 문제가 학급에서의 관계로 좁아져서 그렇기도 하고, 건의사항이라고 아무리 말해도 들어주지 않기 때문이기도 하다. 게다가 학생이 학교의 주인이지만 학교에서 이루어지는 대부분의 교육 활동은 교사 주도가 많다. 학생들이 직접 수업과 관련된 프로젝트를 기획하거나, 학교 운영의 방향을 정할 기회는 별로 없다. 막상 그런 기회가 주어져도 '이제부터 무엇을 해야 해요?' 묻는 경우가 대부분이다. 학생들이 학생자치를 경험하고, 긍정적 경험이 축적되어야 한다는 데에는 대부분 동의하지만, 그런 경험을 할 수 있는 장치가 무엇인지는 아이들도 교사도 잘 모른다. 직접적으로 자신에게 영향을 주는 문제부터 해결해봐야 하지 않을까? 그런 의미에서 학급은 자치의 시작을 경험하는 중요한 장소다. 학급에서 학년 단위를 거쳐 학생자치회로 연결될 수 있는 통로가 있다면, 그게 자치의 경험을 확대해나가는 장치가 되지 않을까? 그런 생각을 하고 있을 때 학급자치회장 선거가 다가왔다.

3월 중순이 지나가며 학급자치회 구성에 공을 들였다. 서로 소통할 수 있는 창구는 사실 쪽지를 넣을 수 있는 건의함보다는 '사람'이 더 좋다. 학급자치회와 학생자치회가 잘 연결된다면, 건의함이 없어도 의견을 주고받을 수 있지 않을까 생각했다. 그래서 학생자치회 아이들, 각 학년 선생님들과 함께 '평화로운 우리 학급의 자치회장과 부회장에게 필요한 것은 무엇일까?'라는 수업을 기획했다. 3월 중순에 선거 공고를 하고, 일주일에 걸쳐 국어, 사회, 도덕 등 관련 과목 선생님들이 수업을 진행한다. 수업이 끝나면 학급별 선관위를 구성해서 선관위 모임을 학생자치회에서 실행한다. 학생자치회에서 입후보자 등록, 공약 발표와 선거운동, 학급별 기자회견과 선거를 어떻게 진행하는지 안내한다. 실제 선거는 학급의 선관위원들이 구체적으로 진행하도록 한다. 선거에서의 담임교사 역할을 줄이고 실제 학생들이 학급자치회를 조직해보도록 안내하는 것이다.

흔히 민주주의의 꽃은 선거라고 한다. 하지만 현실의
교실 속 선거는 초라하게 끝나는 경우가 많다. 지금의
학급 대의원 선거는 영향력 있는 학생이 누구인지 확인
하는 과정이거나, 올해는 학급에서 뭔가 공식적인 지위

를 갖고 싶은 학생의 개인적 소망을 이루는 자리거나, 담임선생님의 심부름꾼을 뽑는 것이거나, 그마저도 아니면 어쨌든 명단을 보고해야 하는 학생자치회의 구성원에 자리를 채워 넣는 과정일 뿐이다. 선거 과정은 없고 투표만 있던 셈인데, 이 다수결에 의한 결정은 별 의미가 없기 때문에 아예 투표하지 않고 교사가 임의로 지명해 뽑아도 지금과 같은 상황에서는 큰 의미가 없어 보인다.[6]

이 내용을 실제 학급에서 수업시간에 공유하고, 학급자치회 선거 과정을 바꿔보고자 했다. 학급자치회장에게 필요한 덕목을 정리하고, 후보에게 던질 질문을 모둠에서 구성해보도록 수업을 만들었다. 모둠의 질문을 모으면 한 후보에게 던질 수 있는 질문이 5~6개 정도 나왔다. 이런 질문을 정하는 동시에, 학급의 선거 방식도 학급에서 논의해보도록 했다. 담임교사가 후보로 나온 학생들을 보고 선거 방식을 결정하는 것이 아니라, 학급의 목소리를 대변하는 학생을 뽑기 위한 방식을 직접 정해보도록 하는 것이다. 러닝메이트 출마 방식, 단독 출마 후 최다 득점자가 회장이 되고, 차 득점자가 부회장이 되는 방식, 또는 회장 후보 출마와 부회장 후보 출마를 따로 하는 방식 중에 결정하도록 했다. 학급별로 선거 방식을 결정한 후에 후보 등

---

6) 따돌림사회연구모임 학급운영팀, 『폭력 교실에 맞서는 용기』, 살림터, 2018.

록을 받았다. 18개 학급 모두 서로의 방식으로 학급의 대표를 선출했다.

학생자치회는 선거를 관리하는 위원회에서 위원장과 부위원장이 선거를 총괄해서 돕는 역할을 했다. 자신들도 학급 구성원이기 때문에 더 세세한 부분을 이야기해줄 수 있었고, 이런 선거 방식이 하루 날을 정해서 입후보를 정하고, 소견 발표를 하고, 바로 투표하는 형식에서 벗어나서 좋았다는 이야기를 들었다. 선거운동 기간에 수업에 들어가 보면 교실 한쪽에 후보자를 홍보하는 안내문과 공약이 적힌 종이가 붙어 있었다. 선거가 끝난 뒤 학급자치회장 및 부회장 선거 당선자를 공고하고, 당선자에게는 선거관리위원회의 당선증을 배부하는 것도 학생자치회에서 담당했다. 이 방식은 담임선생님들로부터 좋은 평가를 얻었다. 선거에 많은 에너지를 쓰지 않으면서 아이들이 원하는 방향으로 학급을 돕는 회장을 뽑을 수 있었다. 몇몇 선생님들이 왜 이렇게 복잡한 방식으로 선거를 하느냐 반문했지만, 선생님에게 새로운 방법이었을 뿐 아이들에게는 괜찮은 선거였다. 첫 시도로부터 3년이 지난 지금도 이 방식은 조금 변형된 채 유지되고 있다.

학급자치회가 구성되면, 학급은 학생자치회의 한 조직이 된다. 한 달에 한두 번 정도는 각 학급의 자치회장단이 모여 회의를 한다. 보통 이 회의를 '대의원회의'라고 부른다. 각 학급의 대표가 모인 자리이므로 (학생자치회장이 말한 것처럼) 국회의 모습이 된다. 이 대의원회의에서 나온 의견을 학생자치회에서 듣고, 학생자치 운영의 방향을 정하거나, 거꾸로 학생자치회에서 안내할 사항을 대의원들에게 안내하고 서로 돕는다. 제대로 운영되면 학생자치회에서는 학급의 의견을 잘 받아 안을 수 있고, 학급자치회에서는 학급의 건의 사항을 전달하거나, 학생자치회의 일을 학급에 전달할 수 있다. 이게 처음 생각했던 학급에서부터 시작해 자치의 경험을 확대해가는 장치였다. 하지만 대의원회의에서 모두가 관심 있는 한두 가지 주제로 회의를 진행하기는 어려웠다. 학급별, 학년 별로 관심이나 생활의 주제가 다르기 때문이다. 학급의 의견을 모아 학생자치회에서 할 수 있는 일을 찾아가는 길은 험난했다.

더 실질적인 학생자치회가 되려면 대의원회의에서 논의되는 주제를 학생 생활과 밀접한 문제로 바꾸고, 서로 깊은 대화를 나눌 시간이 필요했다. 대의원회의 방식을 바꾸기로 했다. 국회의 모습을 생중계하는 것과 비슷하게 대의원회의를 중계하는 이전의 방법도 좋은 점이 있었으나, 방송 시설 문제로 잘 들리지 않는 것, 방송부 아이들의 회의 참여 어려움, 실시간 의견 개진에 시간이 부족한 점 등이 단점으로 떠올랐다. 그래서 대의원회의를 교실에 중계하던 방식에서 벗어나, 학급회의에서의 의견을 모아 그날 오후에 대의원회의를 학년에서 진행하기로 했다. 이런 논의는 '학생자치회 운영위원회'에서 주로 이루어졌다. 학생자치회장단과 각 위원회의 위원장과 부위원장으로 구성된 이 모임은 매주 목요일 오후에 모여 회의를 진행했다. 운영위원회 회의에 특별한 규칙은 없지만, 주로 학급에서 일어나는 일을 물었다. 학생자치회의 구성원들도 각 학급의 구성원이기 때문에 학급에서 어떤 일이 논의의 중심이고, 학년에서 어떤 회의가 필요한지 들여다볼 수 있는 창문이 되기도 했다.

4월 마지막 주 학생자치회 운영위원회에서 5월 첫 주에 진행할 학급회의의 주제를 큰 틀에서 정했다. 학급회의 시간에 학급의 현안을 논의함과 동시에, 학생자치회에서 생각하는 큰 주제도 함께 제시해 준다. 그러면 학급의 이야기와 학생자치회의 연결을 도모할 수 있겠다 싶었다. 학생자치회에서 제안한 회의 주제는 다음과 같다.

학년	학생자치회 제안 회의 주제
1학년	학급 존중의 약속을 통해 학급 내에서 서로를 배려하는 모습이 자리 잡아가고 있습니다. 그런데 학급 밖에서의 모습은 어떤가요? 복도, 학교 가게, 보건실, 운동장 등 다른 곳에서 학생들과의 관계를 위해 어떤 배려와 예의가 필요한지 논의해봅시다.
2학년	최근 2학년 학생들의 보건실 사용에 관한 불만이 많습니다. 보건실 사용이 급증하여 쉬는 시간에도 소화하지 못하는 경우가 생기고, 결국 수업 시간에 늦거나 수업을 방해하는 일이 벌어집니다. 보건실 앞에서 학년 간 다툼이 일어나기도 합니다. 보건실 사용 수칙을 어떻게 정해야 할지 이야기 나누어 봅시다.
3학년	엘리베이터는 몸이 아픈 친구들이나 장애 학생을 위한 이동 수단으로 설치되어 있습니다. 꼭 필요하지 않은 학생들이 엘리베이터를 이용하다 보니 여러 가지 문제점이 생기고 있습니다. 엘리베이터 사용을 줄이는 방안을 이야기해봅시다.

회의에 사용할 활동지에는 세월호 추모 행사 모금 활동명세 보고, 체육대회 진행 관련 안내, 그리고 건의사항, 학년 제안 회의 주제와 학급 제안 회의 주제를 적을 수 있는 칸이 마련되었다. 그리고 학급회의를 모니터링할 수 있는 질문도 함께 담았다. 모든 학생 구성원

이 참여하는지, 담임교사가 함께 참여해 발언하는지, 회의 분위기는 어떠한지, 회의 발언이 독점되지는 않는지, 어떤 주제에 가장 많은 열의를 갖고 논의에 참여하는지, 학급회의가 학급 내 소통에 도움이 되는지 등을 기록할 수 있게 했다.

학급회의를 마치고 온 학생들과 함께 모여 대의원회의를 진행할 때에는 학년별로 이야기를 나눌 수 있도록 했다. 학년별로 모둠을 만들어 학급에서 나온 의견이나 발언을 정리할 수 있도록 도왔다. 학년별로 이야기를 나누니 단위가 작아서인지 조금 더 의견이 활발하게 오갔다. 자치회장과 부회장이 모이기 때문에 학급의 회의 분위기를 비교하고, 우리 학급에서 부족한 것이 무엇인지 알 기회도 되었다. 또 학급별로 회의를 진행할 때 어떤 부분이 어려운지 나눌 수 있었다. 비슷한 의견을 모으고, 다른 의견에 살을 붙였다. 대의원회의를 진행한 결과는 모아서 정리한 뒤에 학생자치회 홍보지로 만들어 학급에 게시했다. 학급 단체 대화방에서도 공유할 수 있게 했다.

학급회의에서 나눈 이야기가 전체 학생들에게 공유되고, 건의사항이 어떻게 처리될지에 관한 내용까지 피드백이 이루어지니 홍보지는 아이들이 잘 봤다.

"운동장 농구 골대랑 축구 골대 바꿔준대."

"급식 소위원회는 누가 들어가는 거야? 거기서 메뉴 정하는 것 같던데?"

학생자치회에서 만든 소식지를 보고 자신들의 의견이 어떻게 반영되는 중인지 확인하게 되자 학생들의 건의사항을 모으는 방식도 조금은 정비되었다. 무조건 교장 선생님께 말해서 바꿔달라고 요구하는 것이 아니라, 일부 문제는 각 위원회가 맡게 되었고, 학교 시설 개선 문제는 종합해서 전달하게 되었다. '해결하겠다'라고 제대로 알리자 정말 해결되는 것도 많았다. 급식 관련 문제는 지속해서 급식 소위원회에 학생자치회 아이들이 참여하며 개선이 진행되었고, 교실 커튼은 얼마 지나지 않아 전면 교체되었다. 칠판 교체는 다음 해에 진행되었다. 청소도구함 개선 같은 문제는 기술 교과 수업시간에 목공을 배우고 교실에서 사용할 수 있는 청소도구함을 만들어 해결하기도 했다. 이렇게 학생들의 작은 경험이 쌓였다. 학급회의가 이루어질 때마다 대의원회의는 점점 학년 중심으로 이루어졌다. 물론 체육대회나 마을 축제 기획과 같은 조금 더 큰 규모의 전체 회의도 진행했다.

이런 경험을 바탕으로 다음 해 학생자치를 준비할 때에는 조금 더 구체적인 학급자치, 학년 자치와의 연결 고리를 고민하게 되었다. 그 해를 마무리하며 학생자치회 조직 개편을 통해 '학년 위원회'를 신설하고 학년 위원장을 모집했다. 학년 위원장은 학급자치회장들과 긴밀하게 소통하면서 학년의 고민을 학생자치회 운영위원회에서 더 다뤄보자는 뜻에서 만든 위원회다. 학년에서 이루어지는 활동에 학생자치회가 어떤 역할을 할 수 있는지 고민한 결과이기도 했다. 3학년 뮤지컬, 2학년 합창제, 1학년 영화제와 같은 학년 말 프로젝트에서 학년 위원회가 해당 학년의 학급자치회장들과 함께 프로젝트를 주도해나가자는 것이었다.

잃어버린 고리, 학년자치로 대안을 찾다

학급자치와 학생자치회의 연결 지점을 찾아 헤매며 1년을 보낸 뒤, 학생자치회 담당 교사 역할을 내려놓게 되었다. 다시 1학년 부장을 맡게 되었기 때문이다. 치열한 삼파전을 통해 학생자치회장단 선거를 치르고, 매니페스토 선거의 구조를 만들고, 학생자치회를 함께 이끌어갈 위원회의 구성원들을 모아둔 상태에서 담당교사가 결정되었다. 학생자치회 규정을 정비하고, 새로운 인권 규정을 마련하기 위한 기초 회의를 하던 중이었다. 생각하지 못했던 일이라 아쉬워하며 학생자치회와는 한 발자국 떨어지게 되었다. 하지만 그 경험을 통해 자치의 방향을 다시 보게 되었다. 학급자치를 통해 아이들이 학급에서 일어나는 문제를 해결해나가는 경험을 쌓는다면, 같은 학년 친구들이 모여서 그 경험을 나누기만 해도 학년 자치가 작동할 거라는 생각이 들었다.

학생자치회에서 학급을 위해 무엇을 해줄 수 있는지 고민하는 데에는 한계가 있다. 학생자치회가 하는 일을 '이벤트 업체'와 비슷하게 취급하지 않도록 하려면 학생자치회 활동에 참여하는 아이들이 주변에 많을수록 좋다. '학년 자치회'가 이름을 갖고 제 역할을 해내면 새로운 역할도 찾아낼 수 있을 것이다. 학기 초에 학년의 교육 활동을 기획하면서 학년 자치에 대한 비전을 담임선생님들과 함께 공유하는 시간을 가지면 좋겠다는 생각도 있었다. 하지만 그런 고민이 무색하게 코로나로 아이들이 학교에 나오지 못하는 시간이 길어졌다.

코로나는 학교의 많은 것을 바꾸었지만, 특히 '자치'에 관해 깊이 생각할 시간을 주었다. 2019년 11월에 경기도에서 학교자치 조례가 만들어지면서 학교자치와 관련된 논의가 활발해지기 시작한 것도 한몫했다. 학교에서 아무것도 명확하게 스스로 결정할 수 없는 상황에서, 자치를 통해 학교 스스로 돌파구를 마련하라는 아이러니한 상황이기도 했다. 갑작스러운 상황에서 준비되지 않은 자치가 시작된 느낌이었다. 방역 업무를 나누고, 원격수업 방안을 마련하고, 등교 일정을 정하는 과정은 순탄치 않았고, 그 과정에서 '자치'가 작동한 학교는 혼란을 조금 덜 겪은 것 같다.

등교 일정은 학년별로 달랐다. 3분의 1, 3분의 2 등교 상황에서 모든 학년이 함께 모이는 일은 아예 없었다. 다른 학년 학생들의 얼굴을 보기도 어려웠다. 한 개 학년이 등교하면, 다른 학년은 온라인 수업으로 정신이 없었다. 다른 학년에서 뭘 어떻게 진행하는지 교육과정에 대한 소식마저 어두웠다. 중학교에서마저도 교사들이 각자의 교실에서 원격수업을 진행하느라 대화를 나눌 시간조차 부족했다. 다른 해 같았으면 각 학년의 공개수업을 통해 서로의 교육과정도 엿볼 수 있고, 아이들이 성장하는 모습도 더 지켜볼 수 있었을 텐데, 기회가 좀처럼 없었다.

하지만 그렇기에 오히려 학년 자치가 돌아가기에는 좋은 구조가 되었다. 학급자치회 선거도 1학기를 조금 지내본 뒤에 치르기로 해서, 이때부터 학년 자치를 위한 활동을 시작했다. 학급별로 선거 관리 위원회를 꾸려 교육을 진행한 뒤에 모두를 '학년 선거관리위원회'로 묶었다. 학년 선관위에서 조금 더 활동할 수 있는 여력이 되는 학생들을 모아 학년 선관위의 활동가가 되도록 했다. 학급자치회를 꾸리기 위한 수업, 선거 방식 결정, 입후보 등록 등의 절차를 학년 선관위 활동가들이 도왔다. 가을에 진행한 학년 축제도 학년 축제 준비위원회를 꾸려 진행했다. 학급의 축제 준비위원을 모집하고, 학급 축제 준비위원회가 모여 학년 축제 준비위원회를 만든다. 이번에는 학생자치회에 속한 학년의 축제 준비위원들이 있어 그들이 학년 축제 준비위원회의 활동가가 되었다. 학년 축제 준비위원회 활동가들이 학급의 축제 준비위원회 아이들과 함께 회의를 진행하며 각 학급의 축제 부스를 조율하고, 포스터를 만들고, 축제 진행을 도왔다.

마지막으로 학년 교육 활동을 마무리할 때 학급 영화제 준비위원회를 조직하고, 이들을 모아 학년 영화제 준비위원회를 만들기로 했는데 학년 말에 전면 원격수업이 이루어지면서 영화제를 진행할 수 없어 결국 실행되지는 않았다. 하지만 이런 방식으로 학년 활동을 구조화해보니, 학급-학년이 긴밀하게 연결되어 선거와 축제를 만들어낼 수 있었다. 학생자치회를 맡아서 할 때도 이런 방향의 구조 개편 논의를 진행한 적이 있었다. 학급자치와 학생자치의 활동을 유기적으로 연결하기 위한 방안으로 학급에서 각 위원회 활동가들을 조직하는 안이 나왔다. 학급과 학교의 행사를 기획하고 참여하는 데 관심이 있다면 학급의 '학생활동위원회'에 참여하고, 그들이 모여 학생자치회의 학생활동위원회를 꾸리는 것이다. 학급 게시판이나 단체 대화방을 꾸리는 데에 관심이 있다면 '홍보 미디어 위원회'에 참여하고, 다시 그들이 모여 학생자치회의 홍보 미디어 위원회의 활동가가 되는 식이다.

이렇게 된다면 학생활동 위원회에서 세월호 참사 추모 행사를 기획할 때 각 학급의 학생활동 위원들을 모두 모아 회의를 진행하고, 어떤 활동을 할지 결정하고, 실행하는 과정에도 함께한다. 자연스럽게 학생자치회의 활동에 참여할 수도 있고, 학생자치회에서 학급의 참가가 적음을 한탄하지 않아도 된다. 하지만 이런 조직은 잘 이루어지지 않았다. 너무 혼자 밀고 나갔던 탓에 학급에서의 공감이 없었기 때문이었던 것 같다. 모든 학생이 학생자치회의 구성원으로 함께하는 일이 만만치는 않았을 것이다. 하지만 이런 생각은 남아 학년의 자치를 고민하는 데 도움이 되었다.

민주주의의 모양

중학생 시기에 정도는 덜하지만, 사춘기를 겪는다. 자신의 가치관, 세상을 바라보는 시선을 정립해나가는 시기다. 이때 자기중심의 세상으로 '개인적 우화'를 만들어내기도 하고, 이미 어른이 되었다고 생각하며 허세 가득한 모습을 보이거나 쿨한 척하기도 한다. 이런 모습을 희화화해 '중2병'이라는 말이 생겨났다. 실제 아이들도 사춘기를 표현하는 말로 자주 사용한다. 저마다의 속도로 자라나는 아이들이 자신의 세상에서 벗어나 조금 다양한 시각으로 세상을 바라보기 시작하는 이 나이에 정말로 필요한 것은 무엇일까? 자신을 둘러싼 문제들을 스스로 해결해나가고, 실패하고, 다시 일어서는 경험이 아닐까?

학생자치가 아이들에게 주는 신호는 실패하도록 격려하는 것이면 좋겠다. 학급이나 학교에서 당연시해온 일들에 질문을 던지고, 친구들과 함께 바꿔나갈 방향을 마련해보는 경험을 해야 한다. 그 방향이 공공성, 자율성, 협력을 바탕으로 해야 한다는 것은, 시작할 때에는 몰라도 좋다. 함께 이야기를 나누면서 알아가면 된다. 꼭 성공할 필요도 없다. 질문을 던지고 자신과 자신을 둘러싼 공간과 공동체를 새롭게 바라보기 시작했다는 것이 포인트다. 민주주의의 시작이라는 거창한 수사도 필요 없다. 학생자치의 경험이 민주주의에 대해 이해하고 실천하고, 배워나가는 시작점이 되었다는 해석은 미래에 붙여도 좋다. 어차피 민주주의에 완성 따위는 없으니까.

중요한 것은 '내 주변에는 바꿀 게 없어', '나는 주변에 관심이 없어'라는 시야를 벗어나 자신을 둘러싼 세계에 조금씩 균열을 만들고, 새로운 길을 만들어내는 작은 경험이다. 자신의 주장으로 교실과 학교가 바뀌고, 새로운 일들을 기획하는 경험도 학생자치를 통해 얻을 수 있을 것이다. 그게 나무와 같은 모양이면 좋겠다. 학급의 이야기가 모여 학년의 문화를 만들고, 학년의 문화가 두꺼워져 학교의 흐름이 된다. 나무의 잎끝까지 흐르는 물이 보이지 않는 땅속의 뿌리털에서 흡수된 물이 모여 만들어진 것같이, 한 명 한 명의 목소리가 모여 학교의 문화를 만들어냈다는 '느낌적인 느낌'이 학생들 개인에게 있으면 좋겠다. 민주주의 공부를 공부하며 내가 계속 깨지고 다시 단단해지는 과정을 거치듯이 말이다.

> 차별과 배제로 목소리를 낼 수 없는 사람이 많은 것도 문제지만, 말할 수 있는데도 자신의 의견을 말하지 않는 사람이 많아질 때, 민주주의는 절대 오지 않는다는 사실을 기억해야 합니다. 여전히 세상 곳곳에서 일어나는 문제에 귀 기울이고, 조금 더 정의롭고 청렴한 우리 사회를 위해 마지막까지 빈 광장을 지킬 수 있도록 우리를 지켜야 할 때입니다. 지금, 우리 사회에 살아 있는 민주주의가 필요한 이유입니다.[7]

7) 인디고 서원, 『두잉 데모크라시』, 궁리출판, 2017.

우리는 사회의 일원으로서 자신의 안전과 행복만을 추구하는 것이 아니라 공동의 의사 결정에 참여하고, 다른 사람의 의견을 귀 기울여 듣고, 좋은 학교와 사회의 모습을 상상하고, 공적 대화의 장에 참여해야 한다. 차별과 배제의 목소리를 찾아내는 것은 예민하게 주변을 살피는 능력이 부족하면 해낼 수 없다. 무엇보다 지금 여기의 우리 교육에서 가르치고 배워야 할 부분이다. 자신의 목소리와 경험이 다른 학생들의 목소리와 경험과 만나 그물처럼 직조되고, 그것이 다시 나에게 돌아오는 것이 민주주의다. 민주주의의 모양을 함께 만들어간다는 것을 학생자치 활동을 통해 배우면 좋겠다.

·고등학교·
극소심이 1515를 위한 학생자치 안내서

극소심이 1학년 5반 15번 학생에게 필요한 아고라 광장

학창 시절을 떠올려보면 나는 하고 싶은 말이 있어도 차마 오른팔이 올라가지 않아 말을 못 하던 평범한 학생이었다. 때때로 학교에 대한 불만이 있을 때는 친구들과 모여 일명 '뒷담'으로 풀었다. 우리의 오른쪽 어깨 위에 쇳덩이를 올려준 사람들은 덩치가 유난히 컸던 담임선생님, 나이 지긋하고 깐깐한 교장선생님 등 학교 안에서 만났던 어른들이었다. 어쩌다 수업시간에 발표라도 하면 수십 개의 눈이 나를 쳐다보고 있으니 완벽한 답변이나 질문이 아니면 입을 열지 말아야 한다는 것이 학교 안에 보이지 않는 룰이었던 걸까? 학교라는 공간은 늘 선택된 소수에게만 마음 편한 공간이었는지도 모른다. 대부분 평범한 학생들은 얼마만큼은 주눅 든 청소년기를 보냈을 것이다. 사회나 학교가 그 시절과 비교한다면 많이 달라졌다. 그러나 학교 안 민주주의 혹은 일상민주주의의 실현이 여전히 미진한 것도 사실이다.

학생자치회 업무를 처음 맡았을 때 1학년 5반 담임을 겸하고 있었는데 쉬는 시간에 학생들이 일명 학교 뒷담화를 하는 모습을 보고 '왜 학교에 직접 건의하지 않느냐?'라고 하니 '어차피 들어주지 않는다'라고 하였다. 나의 학창 시절과 달라진 것이 없는 이 불멸의 공간! '말해도 소용없잖아요'는 100년이나 된 전설의 문장! '어차피 교장이 안 들어주잖아요.' 언제나 교장이라는 직책은 학생의 적! 특정 시간과 장소에서만 두 주먹을 불끈 쥐고 특별한 용기를 장착한 학생만이 의견을 말할 수 있는 곳이 아니라 학교 전체가 아고라 광장이나 대나무 숲이 되면 안 되는가의 고민에서 '마당'을 생각했다. 그런 마당이 있다면 오래전 나를 닮은 1515 극소심이가 학교에서 하는 모든 발언을 모두가 듣는 것. 그것이 민주 공간이라고 생각했다. 또한 민주 공간의 설치는 일상민주주의 그 자체가 되어야 할 것이다. 사실 일상민주주의란 용어가 사라진다면 그곳이 아고라 광장이 되었다는 증거일 것이다.

민주성이란 내가 주인이라는 인식에서 출발해야 한다. 주인은 내가 속한 공간(혹은 단체)에 대한 발전을 위해 고심할 것이다. 의견 표명을 자유롭게 할 수 없다면 주인이 아니지 않나? 교사들이 말하는 일명 '조용한 학생'이 학급의, 학교의 주인이 되어 자신의 의견을 자유롭게 말하는 것이 학교 안 민주주의의 출발이라고 생각한다.

'마당이 있으면 매뉴얼은 없어도 무방하다.'

'마당은 경청하게 하고 경청은 투명함을 담보한다.'

소원을 말해봐

처음에 물리적 공간을 만들려고 시도했다가 실패했다. 그래서 선택한 것이 의사소통 구조를 체계화하는 작업이었다. 그 출발은 당연히 학급회의였다. 학급에서 띄운 종이배가 대의원회의를 거쳐 학교장 간담회 그리고 학교운영위원회까지 무사히 갈 수 있도록 물길만 터 주면 되는 방식에 집중하기로 했다. 1515 극소심이가 학급회의에서 발언한 것에 대한 답을 직접 듣는다면 민주 마당 형성에 절반은 성공!

극소심이의 소원은 민족의 통일 같은 거대 담론이 아니다. 학교에서 배가 자주 고프다거나 따뜻한 물이 안 나온다거나 등 일상 문제일 확률이 높다. 그가 말하는 어떤 주제나 문제를 최고 결정권자가 알게 되고, 최선을 다하고 있음을 확인해준다면 극소심이는 이제 밥이나 식수 걱정이 아니라 다른 문제를 생각할 것이다. 즉 자신이 속한 공동체를 돌아볼 것이다. 극소심이가 원하는 대로 해결을 해주어야 소속감이 생기는 것이 아니다. 경청에서 출발해 사소한 것에도 답해주는 성의가 중요하다. '건의사항을 말해도 어떻게 해결되었는지 알려주지 않는다'가 대체로 학생들이 학교에 대해 갖는 불신이다. '우리 학교는 학급의 건의사항에 답을 공지해주어 맘에 든다.' 이 말이 주인이 주인답게 서는 출발점이다.

학생자치회를 맡은 첫해는 처음 맡은 업무라 행사 중심으로 진행을 했다. 두 번째 해부터 등장한 것이 극소심이라는 친구였다. 그가 낸 의견이 무엇이든 그것이 학교 안에서 실현될 수도 있다는 가능성에 대해 화답해주고 그의 의견이 하나의 활동으로 연결하는 것을 최우선 과제로 생각했다. 아무리 좋은 혁신학교의 빛나는 결과물을 가지고 와도 금방 그림의 떡이 되어버리는 학교 현장에서 학생자치의 출발은 그 학교 자체여야 한다. 그러므로 화려한 활동이나 행사로만 학생자치를 평가하는 것은 바람직하지 않다. 즉 일 년간 하나의 활동만 하는 학교가 있다고 해도 전교생 대다수가 알고 서로 나눔이 있다면 학생자치는 이미 순항한 셈이다.

'굳이'에서 '감히'로 갈 용기, 그것도 고등학교에서?

학생자치 활동은 민주시민교육의 바로미터이며 활동 과정은 '성장' 그 자체라고 할 수 있다. 그러나 입시가 중심에 있는 고등학교에서 학생자치 활동은 '굳이'로 표현될 수 있다.

"굳이 그게 지금 이 시점에 중요한 거야? 대학 가서 하면 되잖아."
"그런 소란스러운 것 할 시간에 문제 하나 더 푸는 게 이득이지."

교사와 학생이 이구동성으로 하는 말이다. 대학입시는 모든 걸 빨아들이는 학교의 블랙홀이다. '그 안에서 학생자치가 가능한가?'라고 묻는다면 '어렵다', 그것도 '아주 어렵다'라고 말할 수 있다. 그러나 인간은 환경의 동물 아닌가? 그러니 가능성은 있을 것이고 거기에 배팅해 보는 모험은 짜릿할 수도 있다. 그것이 입시라는 경쟁 괴물에게 부역하는 것이 아닐까 하는 혼란을 겪을 수도 있지만 그보다도 나를 뒤흔든 무형의 어떤 것이 감동이라는 이름으로 나를 추동한다면 강호의 무인처럼 '감히' 학생자치의 검을 빼들 수 있을 것이다.

경쟁교육 안에서 민주시민교육의 변질이나 위험성을 묻는다면 정확히 답할 자신이 없다. 그러나 자유로운 선택지가 많지 않은 고등학교에서도 학생자치에 대해서는 긍정적이다. 단 조건이 있다. 함께할 수 있는 구성원이 있어야 한다. 운 좋게 나는 그런 사람들을 만났다. 좌충우돌하는 실수투성이에게 열정이라는 이름표를 붙여주고 등까지 두드려주던 이들이 있었다. 그들의 고급 스킬에 속은 덕분에 많은 실패 속에서도 몇가지는 성과를 얻었다.

학생들은 주로 입시 스펙을 쌓기 위해 자치활동에 참여하는 경우가 많다. 그렇게 다소 불순한? 동기로 발을 들였더라도 학생자치 활동을 통해 만화경을 보고 세상을 체험했다고 한다. 모두가 그런 것은 아니지만 좋은 교사란 1%의 '가능성'에도 희망을 버려서는 안 된다고 (일명 나쁜) 선배 교사들이 말해주었다.

이 글이 입시라는 엄중한 상황에서 두 손 두 발 묶여 답답해하는 교사들이 화장실에서 편하게 읽고 나서 학생자치라는 강호로 입장하는 문이 되기를 감히 바란다.

안나 카레니나의 법칙

"행복한 가정은 모두 고만고만하지만 무릇 불행한 가정은 나름나름 불행하다."

톨스토이가 『안나 카레니나』에서 말한 것처럼 학생자치도 그러하다. 학생자치 활동이 잘되는 학교는 무엇이 있고, 잘 안 되는 학교는 무엇이 없는가?

잘되는 학교란 어떤 학교인가? 구성원들이 성장을 위해 함께 하고 싶은 것이 많은 학교가 아닐까 생각한다. 반면에 잘되지 못하는 학교에서는 특정한 소수가 특별한 무언가를 특별한 목적을 가지고 하고 싶어 하고, 그 구성원들은 그것을 '일'이라고 받아들이는 학교가 아닐까 생각한다. 어떤 활동이 '신나는 것'이 되기도 하고 '빨리 끝내야 하는 일'이 되기도 하는 것은 그 장소의 분위기와 그 구성원들의 마음가짐의 문제일 것이다. 민주주의에서 심리가 중요한 이유이다.

잘되는 학교에 있는 것

마당이 있어야 한다. 여기서 마당은 물리적 공간만을 말하는 것이 아니다. 위에서 설명한 '민주 마당'이 잘 정비된 학교는 구성원이 원하는 색을 칠하기만 하면 되므로 소통구조의 환유나 피드백이 자연스럽게 이루어지고 행사로 인한 피로감보다 '필요에 의한 즐김'과 '함께'의 가치를 공유하는 것이 자연스럽다.

잘되지 않는 학교에 있는 것들

'교장의 민주적 철학 부재, 지도교사의 비민주적 태도, 학생들의 적극성과 자발성의 부족, 입시로 인한 시간 부족, 예산 부족, 새로운 일 만드는 것을 꺼리는 경직된 교직 문화, 학생자치회 임원끼리만 잘하는' 등등 잘되지 않는 이유는 셀 수 없이 많다. 이 중 한 가지에서 막혀 있거나 여러 가지가 복합적으로 얽혀 있거나 등 수십 개의 이유가 있을 것이다.

남의 떡이 커 보인다구요!?

초등학교와 중고등학교를 비교하더라도 안 되는 이유는 그닥 다르지 않다. 초등학교나 중학교 교사들이 말하는 어려움은 '어려서 자세한 설명이 필수이며, 알아서 하는 것이 없어 교사의 손길이 많이 가는 번거로움'이다. 그런 의미에서 고등학생은 함께 활동을 기획하고 실행할 때 소위 '알아서'를 잘한다. 때로 교사의 인지능력과 경험치를 능가하기도 한다. 그러나 그들의 치명적 단점은 시간이 없다는 것이다. 성적이 대학입시로 연결되는 상황에서 학생자치 활동을 위해 시간을 낸다는 것은 상상하기 어렵다. 그래서 '학생들의 시간이 비교적 자유로울 때 재빨리 활동을 처리'해야 한다는 말이 나온다.

정리하자면 고등학생에게 학생자치 활동은 초·중학교 학생보다 운영이 수월할 수 있다. 또한 많은 설명이 필요하지는 않다. 단, 시간이 없다. 초중학교 교사들이 기본 설명으로 지쳐서 활동이 어려운

만큼 고등학교 교사들은 그들과 타이밍 맞추는 일이 어려워 기다리다가 지치니 어렵다. 어쩌면 학교급별로 비교를 해도 학생자치가 잘 안 되는 문제점의 무게는 공평한 셈이다.

대부분의 고등학교는 입시를 중심으로 정시 전형 중심 고등학교와 수시 전형 중심 고등학교로 나눌 수 있는데 이 또한 다른 듯 같은 불행한 가정에 속한다. 정시가 중요한 일명 명문고와 수시 전형을 중시하는 학교 중 학생자치 활동이 어느 쪽이 더 잘되냐고 묻는다면 그건 잘못된 질문이다. 둘 다 잘 안 되기 때문이다. 우선 모두가 1학년 때부터 진학을 준비한다. 정시, 수시를 떠나 1, 2학년 때까지는 두 마리 토끼를 다 좇아다녀야 한다. 즉 수능과 학교 시험 준비를 다 하면서 자신의 진로진학에 적합한 활동을 취사 선택해야 한다. 최근 학생자치회장·부회장 선거에 입후보자가 없어 고민이라는 이야기 또한 입시중심의 학교 환경이 만든 풍경 중 하나일 것이다. 더 나쁜 것은 학생자치 활동이 일명 학생부 스펙을 채우기 위한 도구가 되는 경우이다. 매우 드물지만 실제로 있다. 학생들은 대개 2학년 1학기가 끝나면 개별적인 대학 입학 전형 방법이 정해진다.

두 학교를 모두 겪은 나는 학교의 분위기보다 '내가 할 수 있는 무엇'을 찾는 게 더 중요하다는 걸 알았다. 입시라는 촘촘한 판 사이에는 '틈'이 있다. 그 '틈'으로 숨어 있던 어벤져스가 나온다면 환상적인 경험이 아닐 수 없다. 학생자치회나 동아리, 학급자치 활동이 그런 숨통을 열어줄 수 있다. 아무리 입시가 중요해도 24시간 쉬지 않고 공부만 하며 살 수는 없는 법. 학생들은 몸이 바쁘고 마음의 여유가 없기에 오히려 그 '틈' 혹은 '민주 마당'을 원하고 그리워한다.

학생자치 활동에 관심이 많은 교사라고 해도 어디에서나 현실은 자기 의지와 다르게 흘러갈 확률이 높다. 자치가 잘 안 되는 '대부분의 학교'에 발령을 받은 교사에게 필요한 조언은 '마음을 내려놓되 포기할 필요는 없다'는 것이다. 왜냐하면 일명 '학생자치가 잘 안 되는 학교'도 '숨은 허파'는 있기 때문이다. 그 위치를 찾으면 된다. 즉 각종 자료를 통해 아는 것은 많은데 현실이 받쳐주지 않는다면 가능성이 있는 곳부터 탐색을 시작하면 된다. 활동 개수나 완성도에 중점을 두지 않고 '과정'을 학생들과 나눌 수 있다면 예기치 못한 기적까지 함께 나눌 수 있을지도 모른다. 그런 지점이 학생자치의 힘이자 매력이다.

좌절 금지! 잘 안 되는 학교에서 잘하는 방법: 정시중심 고 사례

○○○고등학교는 졸업앨범으로 유명한 학교다. 발령을 받았을 때 주위에서 모두 부러워했다. 명문고에서 근무한다는 것이 이유였다. 그런 부러움을 한 몸에 받고 전근 갔는데 1학기를 넘기지 못하고 '노잼' 무기력에 시달렸다. 학생들과 함께 하는 즐거움을 중요하게 생각하는 나에게 학생들은 '일 만들지 마세요, 우리 바빠요'라고 응답했다. 그래도 수업이나 학급 활동 중 몇 가지를 기획해 세상 가련한

눈빛으로 참여를 호소하면 잠깐은 즐겁게 참여하지만 금방 손사래 치며 물러서기 일쑤였다. 마음을 내려놓고 두 번째 해까지는 학급 자치 활동에 집중하며 최소한의 범위를 정해 여러 가지를 시도했다. 호의적인 친구들을 만난 덕에 학급문집 제작이나 학급 야영, 매월 생일파티 등 다양한 행사를 통해 스스로 만들어가는 과정을 함께 즐겼다.

"바쁜데 재미는 있네요." 이런 반응이 나오면 일단 성공한 것이다. '재미있다'라며 다가오면 다음은 아이디어를 뿜어낸다. 마치 지루한 우기 사이에 빛나는 태양처럼 자발성과 아이디어가 눈부시다.

예를 들면 1박 2일 학급 야영을 할 때였다. 일명 런닝맨 게임을 기획했는데 건물을 통째로 사용하면서 그냥 잡는 놀이가 아니라 삼국지 시대별 연도에 적용해 서사가 있는 놀이로 재기획하였고 게임 진행 중에 협상과 정치까지 스스로 가미하는 놀라운 진화를 보였다. 뭘 해도 제대로 하는 데에 감동했다. 하지만 늘 그런 것은 아니었다. 두 해 동안은 우연히 나의 설계가 먹혔고 적극적 그룹이 지지해주었기에 학급 안에서 다양한 활동이 가능했다. 그러나 그후 2년간은 도서관에서 좌절된 마음을 다스려야 했다.

늘 시간이 없는 그들도 자발적으로 움직일 때가 있다. 본인들이 필요할 때이다. 그때 활동의 주체는 주로 동아리였다. 동아리 중심의 일회성 활동을 스스로 기획하고 진행하는 솜씨가 교사 뺨칠 정도였다. 어떤 경제 동아리가 주최한 퀴즈대회 참관을 했는데 과장해서 말하자면 신의 능력으로 진행을 해서 '대박, 저런 친구들과 함께 학생자치 활동을 하면 좋겠다'고 욕심내보기도 했었다. 그러나 거기서 끝. 그들은 내가 제안한 활동들은 대학 가서 하겠다며 다시 입시 준비하기 바빴다.

학교도 학생자치보다 수능을 대비한 학력 신장이 최우선이었기 때문에 학생자치회 중심의 활동은 활성화하기 어려웠다. 학생자치 회의실은 구석진 곳에 있었고 닫힌 날이 더 많았다. 유일하게 큰 행사인 축제가 있기는 하였으나 참여율이 매우 저조하고 그날 학교 앞 피시방에 사전 예약 경쟁이 치열하다는 '웃픈' 얘기도 있었다. 졸업 앨범이 기발하고 멋진 프로그램으로 자리 잡은 것은 넘치는 끼를 발산할 적절한 프로그램의 부재와 입시 준비로 인한 스트레스로 돌파구가 필요했기 때문은 아니었을까 추측해보았다.

돌이켜보면 여기에 답이 있었다. 동아리 활동의 활성화도 학생자치의 한 방법이 될 수 있다는 것. 콘크리트 사이에서도 들꽃이 자라듯 도서관에 박혀 있던 어느 날 새로운 시간이 왔다.

입시 지옥을 뚫고 나타난 어벤져스

도서관에 자주 가다가 사서교사와 눈이 맞았다. 역사의 시작이다. 약간은 대책 없이 꿈꾸기를 좋아하는 사람들이어서 금방 서로를 알아보았다. 우리는 '입시=경쟁교육≠학생자치, 민주성' 공식만 생각했는데 경쟁에 피로를 느끼던 도서관파와 친분을 쌓던 중 공부 아닌 면에 능한 강호의 능력자들(예를 들면 컴퓨터의 신, 공연 섭외의 신, 악기 연주의 신 등)이 곳곳에 숨어 있다는 것을 알게 되었다.

당시는 세월호 1주기일 때여서 북 카페를 만들어 『금요일에는 돌아오렴』을 읽고 낭독회를 진행하기로 했다. 낭독자를 정하고 배경음악을 위한 연주자를 찾는 과정에서 섭외와 진행을 준비하는 정식 활동가가 생겨났다. 단 4인으로 점심시간에 20분간 진행되는 작은 행사였지만 기타 좀 친다는 친구들이 자발적으로 신청해오는 등 기대치 않은 성공 덕분에 5월에도 감사의 달 낭송 콘서트를 열게 되었다. 공식 지원도 없이 4명의 어벤져스와 교사 2명의 자발적 활동으로 꾸려나가는 이 소박한 행사에 음악가들의 자원이 이어지면서 연주자를 고를 수 있는 상황이 되니 월별로 주제에 따른 행사가 가능해졌다. 7월에는 방학을 기다리면서 '휴가'를 주제로 신나는 시간을 만들었다. 우연히 한 번 관람한 친구가 다음 달에는 출연진으로 등장하는 등 학생들이 스스로 '짬'을 내주었다.

어벤져스의 담당 분야에 따라 몇 가지 원칙도 만들어졌다. 앙상블을 원칙으로 연주와 섭외기획팀, 무대 배경과 방송 체크 등의 기술팀, 완벽한 무대를 위한 리허설 준비팀을 위한 매뉴얼이 회차가 거듭될수록 전문화되었다. 공연이 완벽하지는 않았지만, 참가자가 부족하지는 않았고, 관람자들의 참여도 매우 높았다. 그런 흐름 속에서 9월엔 레미제라블 합창으로 최단 시간에 최고 인원의 중창이 이루어졌다. 그즈음 입소문을 타기 시작했고 10월엔 시 수업을 하는 국어과 교사들과 협업해 자작시 전시회와 콘서트를 병행했다. 그날은 다양한 주제로 커밍아웃하는 시 낭송이 이어져 객석이 울음바다가 되기도 했다. 남학교에서, 입시 지옥에서 감정 표현하기 힘들었던 모두에게 자작시를 쓰는 작업도, 그 시를 낭송하고 들으며 공감하는 일도 '기회'가 없었기에 묻어두었다는 것을 알게 되었다. 마당만 있으면 알아서 채우는 능력자들이 이렇게나 많았다. 11월은 도움반 친구들이 공연자로 참가했고 학교장도 참석해 학교의 정식 행사로 발돋움했다. 이쯤 되니 도서관에 처박혀 있던 일이나 첫 기획의 혼돈 따위는 까맣게 잊혔다. 핵심 활동가는 여전히 4인이지만 재미로 몇 번 왔던 친구들이 기획단으로 합류해서 힘을 실어주었다. 다양한 재능의 연주자들이 앙상블을 맞추었고 자신이 낼 수 있는 시간만큼 참여해서 자리를 빛내주었다. 12월, 4인의 어벤져스는 한 해를 정리하는 의미에서 마무리 음악 콘서트를 기획했다. 규모가 축제 공연 수준이 되었다. 난감하다. 예산 문제에 부딪혔다. 재미로 시작해서 매달 공식 행사가 되고 수업과 통합하면서 교과교사의 참여도 이루어지는 등 놀라움과 감동의 연속이었지만 정작 예산 고민을 해본 적은 없었다.

어벤져스 리더는 행사를 기획하는 데 따른 예산이 필요한 것에 답답해했다. 그래서 그에게 학교 예산은 학교운영위원회에서 결정하며 학교 홈페이지에 학교 예산이 공개되고 있다는 정보를 주었더니 축제 예산이 추경으로 잡혀 다른 예산으로 사용된 것을 확인하고 학교장에게 면담을 요청을 해 200만 원을 지원받았다.

눈 내리는 12월, 작은 콘서트가 막을 올렸다. 평소 지지하고 응원해주던 학생들이 객석을 메워주었다. 공연 마지막엔 학업 스트레스를 푸는 시간으로 즐겁게 마무리했다.

어벤져스 4인방은 2학년 내내 매월 행사를 진행하며 한 달에 일주일 정도는 밤늦게까지 남아 준비하는 데 시간을 할애했다. 주변 친구들이 '대학 포기한 애들'이라고 놀리고 부모님이 활동을 반대하기도 했다. 그러나 그들은 모두 원하는 대학에 입학했다. 이 미스터리 한 일을 겪고 나니 가능성 하나만 믿고 도전하는 것이 불가능하지 않다는 자신감이 생겼다. 학교를 옮겨도 그곳에도 있을 미지의 능력자들이 가진 가능성에 도전하기로 했다.

맨땅에 헤딩(?)이 골인(!)으로: 신설고, 수시중심고 사례

지역 만기로 옮긴 곳이 비평준화 지역의 신설 학교였다. 여기에는 일단 어벤져스가 없다. 비평준화 지역의 인문계 고등학교는 소위 명문고부터 성적순으로 채워지니 신설 학교는 가장 인기가 없는 학교인 셈이다. 특히 지역이 넓기로 유명한 이곳은 동서남북 전 지역에서 지원해 등교 자체가 힘든 학생들이 꽤 있었으니 생활지도부터가 어렵다. 어벤져스와의 경험에 대한 여운 탓인지 몹쓸 자신감으로 무장하고 학생들과 활동하기 좋으면서 독립적인 업무를 고민하다가 호기롭게 학생자치회를 맡겠다고 했다. 학생자치회를 구성하고 보니 학급자치회, 학생자치회 경험이 있는 학생이 거의 없다는 것을 알았다. 맨땅에 꽂힌 기분이었다. 황무지에 함께 서 있는 기분이랄까.

"또 회의하냐? 행사는 언제 하냐?"

회의실을 지나가던 관리자들이 늘 하던 말이었다. 아무것도 없는 신설 학교에서 황무지를 개간하는 심정으로 있자니 다른 학교의 모범사례들은 그림의 떡이었다. 대한민국 공립학교는 모두 같은 시스템으로 움직이는 것 같지만 실제 학교 안 풍경은 각양각색이다. 모범사례를 알면 알수록 열패감이 들고 원망이 시작되었다. 또한 목적을 위해 학생들을 다그치다가 접기를 반복했다. 이쯤 되면 '우리 학교는 안 되는구나'로 시작해 국가 정책 비판으로 이어지다가 '답이 없음'이라는 허탈한 결론에 도달하는데 이런 패턴은 현장 교사라면 누구나 공감할 수 있을 것이다. 내가 찾은 해답은 백지 위에 다시 서서 내가 아는 만큼만 해보는 것이었다.

신설 학교에서도 잘할 수 있다는 자신감으로 첫 설계를 해보았다. 일단 우리 학교만의 활동을 하나씩 찾기로 했다. 우선 학생자치회 임원들이 함께 밭을 갈 자세가 되어 있었던 것도 행운이었다. 우선 구성원들의 의견을 듣는 회의가 길고 지루하게 이어졌다. 학생자치회 구성 초기라 새로 세울 것이 많았는데 나를 포함해 누구도 경험이 많지 않았기 때문이다. 20여 명의 임원에 대한 개별 상담도 병행했다. 협업 과정에서 일어나는 불협화음을 염려해서였다. 실제로 구성원 간 갈등으로 어려움을 겪는 학생자치회가 꽤 있다. 회복적 써클을 하는 것이 좋으나 시간이 부족하다면 행사가 끝날 때마다 피드백을 하면 자연스럽게 극복하게 된다.

지루하도록 길고 별처럼 많은 회의를 통해 만들어낸 민주마당에서 1515는 어떤 경험을 했을까? 지금부터 그 현장을 함께 여행해보려 한다.

#사례1: 교장·교감샘! 학사일정 함께 만들어요

1515 극소심이가 교장실 문턱을 넘어 교장 선생님을 만나러 가
는 풍경이 가능한 학교는 여전히 흔하지 않다. 예나 지금이나 교장
과 교감이라는 분들을 가까이에서 대면하는 일이 학생들에게 일상
적인 일은 아니다. 감투를 쓴 친구들이 표창장을 받거나 성적 우수
학생이 되어야 전교생 앞에서 학교장과 악수할 기회를 얻었을까 평
소에 함께 이야기를 나눈다는 것은 지금도 쉬운 일은 아니다. 요즘
은 학생들에게 먼저 다가가는 분도 많고 유리벽 교장실, 혹은 교장
실 없는 학교 등 다양한 변화가 있지만 여전히 교장, 교감은 학생들
에게 어려운 존재일 것이다.

교장실 문턱을 낮게 한다는 취지와 일맥상통한 이 프로그램은 '마
당'을 열어주면 극소심이 친구들에게도 현장에서 발언할 수 있는 용
기를 준다고 생각해 마련했다. 그가 실제 발언을 하지 않더라도 분
위기에 젖어 평소 불만을 얘기하는 기적을 목격할 수도 있다. '민주
마당'이란 '민주 분위기'라고 해도 좋을 것 같다. 그 안에서 생기는
역동은 그들이 만드는 것이므로 무엇을 배웠냐고 묻지 않아도 이미
알아버린지도 모른다. 홍시가 그냥 홍시인데 왜 홍시냐고 묻는 것은
어리석은 일일 것이다.

어른이 되어서도 강자에게 기죽지 않고 자신의 의사 표현을 할 수
있는 씩씩한 민주주의자가 되기를 바라며 우선은 만날 수 있는 마당

을 열어주는 것을 목표로 1학기에는 '별톡투유, 교장샘! 할 말 있어요', 2학기에는 '별톡투유, 교감샘! 할 말 있어요'라는 프로그램을 기획하여 학급별 희망자 150여 명과 현장 대화의 시간을 만들었다. 제목처럼 그 당시 유명한 프로그램을 패러디했다. 관객을 섬기는 그 사회자의 태도가 좋아서였다.

1학기 별톡투유는 학생들이 건의사항을 자유롭게 말하고 교장의 교육철학을 공유하는 마당으로 열자는 취지였지만 교장이 학생들에게 당부하고 싶은 내용으로 대부분의 시간이 채워졌다. 학생 건의사항에 대한 답변보다는 일방적으로 학교 입장을 들어야 하는 시간이 길어지면서 불만이 속출했다. 가까운 거리에서 교장과 만나 말할 기회를 얻은 부분은 긍정적으로 평가받았지만 행사 후 '답정너(답은 정해져 있고 너는 대답만 해)'라는 유행어가 돌기 시작했다. 2학기 별톡투유는 답변의 대상이 바뀌었으니 좋은 결과가 있으리라는 기대감으로 들썩였고 학생들은 다양한 건의사항을 또 쏟아냈다. 그러나 교감이라는 직책이 가지는 한계가 함정이었다. 학생들의 요구사항에 대한 현장 즉답에 조심스러운 부분이 많으니 역시 불만이 쏟아졌다. 마당이 열렸으니 누구든, 무엇이든 얘기해보라고 했더니 각자 자기 얘기만 자유롭게 한 것이다. 결국 학생들은 학교 내 위계 구조만 확실히 체험한 셈이 되었다.

독특한 프로그램으로 학생들의 지지를 받으며 출발했지만 예상치 못한 거친 폭풍을 만났으니 난감한 상황이었다. 또다시 학생자치회의 지리한 회의가 시작되었다. 갑론을박 의견이 분분했지만 프로그램을 포기하지 않는 것에는 대체로 동의했다. 폭풍이 바이킹을 만들 수 있었던 것처럼 답답한 상황에서의 해법은 별톡투유의 주제를 좁히고 구체화하는 것이었다. 우리의 바이킹은 '교감쌤! 학사일정 함께 만들어요'였다. 11월경 시작하는 학사일정 편성에 학생들의 설문 결과를 최대한 반영하고 별톡투유 현장에서는 구체적인 질의 응답과 논의를 함께했다. 고사기간이나 행사 운영 시기 등에 대한 논쟁이 주를 이루었다. 그 과정에서 교무부나 교육과정부 실무진의 설명이 필요하다는 생각에 담당교사를 현장에 초대하기로 했다. 학생과 학교 혹은 학생과 교사 간 불만이 이해와 공감으로 변해가는 찰나들을 목격하니 자신감이 생겼다. 다음 해부터는 영역을 확장해 '교육과정 함께 만들어요'로 프로그램을 정했다. 어차피 학사일정과 교육과정 구성은 한 뿌리라서 자연스럽게 확장이 되었다. 중요한 것은 교직원들의 협력이었는데 다행히 모두가 적극적으로 협조해주었다. 업무 실무진이 동반 참석해서 학생들의 제안 의견을 경청하고 실행 불가능한 부분에 대한 학교 입장을 설명했다. 학사일정과 교육과정 편성 관련 답변은 교감, 교무부장, 교육과정 부장이 준비 자료로 설명하고 학생들 '뒷담화'의 주재료였던 복지 관련 부분은 행정실장의 즉답으로 진행되어 인기를 얻었다. 해결 가능한 문제는 답을 주고 해결이 어려운 내용들은 자세한 설명으로 이해를 구하는 과정을 지나면서 학생들은 첫 회보다 훨씬 성숙한 태도로 질문하고 경청하는 모습을 보여주었다.

이 프로그램의 미덕은 학생 의견을 무조건 관철해주는 것이 아니라 학생들이 학교 정책 중 '어쩔 수 없는 부분'에 대해 공감하고 이해하는 시간을 만들 수 있다는 것이다. '아! 학교에 예산이 없구나', '아! 교장샘의 생각이 아니라 교육부나 교육청에서 이미 정해져 내려온 것이었구나!'라는 식의 이해가 생긴다. 방학이나 시험 일정 등에 대해서도 탄력적으로 학교가 운영할 수 있을 것으로 생각하지만 실제로 국가가 정한 수업 시수가 있다든지 시험 관련한 민원의 경향성 등을 공유하면 학생들은 무조건 우기기보다는 경청과 공감을 자연스럽게 배운다.

#사례2: 있다는 건 아는데 본 적은 없는 신기루인 예산, 그리고 학생
자치예산참여제

'학생 뇌피셜'로 보면 학교의 예산 운영이라는 말은 먼 나라 이야기일 것이다. 담임을 오래 한 내 경우에도 행정 업무를 주로 해야 하는 부장이 되었을 때 공문서나 에듀파인 상신 업무가 낯설고 어렵게 느껴졌다. 하물며 학생들이 학교의 예산을 찾아보고 의견을 내는 일은 오죽할까? 물론 정보만 준다면 불가능하지는 않다. 정보공시 시스템과 학교 홈페이지에 학교 운영 관련 정보들이 탑재되어 있다는 사실을 알려주는 것만으로도 학생들은 움직인다.

예산이나 학교생활 인권 규정 등은 내용상의 어려움 탓인지 터부시하는 경향이 있는데 사실 학생자치 활동의 보물창고이다. 그래서 때때로 힘 있는 자들의 전유물이 되곤 한다. 학교 예산 전체를 들여다보는 일이 부담된다면 학생들을 위한 예산은 어떤 내용들로 책정이 되어 있을까에 대한 안내라도 적극적으로 해주면 어떨까 한다.

예산 주권을 학생들에게 주는 것이 왜 중요한가? 이 문제는 돈이 있어야 활동을 할 것 아니냐가 화두가 되어서는 안 된다고 생각한다. 주권이란 주인 된 권리이다. 즉 자신의 권리임을 알게 되면 생각이 바뀌고 생각이 바뀐다는 것은 활동의 색깔이 바뀐다는 것이다. 대부분의 학교가 학생자치회의실 비품 및 활동 비용을 집행할 때 열린 형태의 예산 집행이 아니라 담당교사가 정해준 후 세부 활동 시행 시 예산을 신청하라고 하는 닫힌 형태로 예산을 운용한다. 닫힌 형태란 아웃라인을 정해두고 교사가 선제적으로 예산 집행을 하는 경우라고 할 수 있다. 왜 그럴까 생각해보니 교사에게도 예산 집행의 문제는 간단하지 않다. 필요한 물품을 구입하고 품의를 올리고 상품을 장바구니에 담는 작업이 번거롭고, 때때로 행정실과 협의가 필요한 경우도 종종 생겨 번잡스러운 일에 속한다. 학생자치부가 있다면 업무를 나눌 수가 있지만, 부서가 없다면 신속한 진행을 위해 닫힌 형태를 선택할 수밖에 없다.

경기도교육청의 경우 학생자치회 운영을 위한 예산을 150만 원 이상 배정을 권장한다. 그 외 행사별 예산들을 별도로 편성해 본다면 우리 학교의 경우 한 해에 대략 1,500만 원 정도의 규모이다. 150만 원의 예산을 학생들에게 통으로 주어 자율 운영하게 하는 학교도 있다. 학생들이 그 돈으로 행사 후 회식비나 간식비 등 허투루 사용하리라 생각하지만 실제로는 그렇지 않다. 공공의 자산임을 인식하고 책임감 있게 운용한다. 때때로 교사들이 주는 아웃라인보다 훨씬 놀라운 기획과 예산 운용 능력을 보이기도 한다.

　행사별 예산도 마찬가지이다. 학교에서는 다음 해 예산 책정을 매년 12월에 확정해야 하는데 학생자치 활동 연간 평가를 통해 활동을 스스로 정하고 해당 예산까지 대략 정해둘 필요가 있다. 물론 교사 기준으로 '비교육적'이라든가 '황당하다'라든가 하는 경우를 두려워할 수도 있겠지만 돈이 중심에 있는 경우 인간은 노소를 막론하고 진지해진다는 것은 진리일 것이다. 한해 살림 계획이 성공했더라도 학교 안에서는 변수들이 있다. 주로 학생자치회 임원진들이 행사를 제안하나 학생들 전체 활동과 만족도를 염두에 두어야 하므로 촘촘한 피드백과 고민이 없으면 학생자치회와 함께 1년 살림살이도 빛을 잃을 수 있다. 그래서 약간의 숨통을 트기 위해 학생자치회 운영비를 다소 폭넓게 잡으면 새 학기가 시작하고 변경해야 하는 활동에 대한 대처가 가능할 수 있다. 우리 학교의 경우 학생자치회 임기가 2학기에 시작되고 학생자치회 활동이 공약 중심으로 이루어지므로 공약 이행을 위해 사전 계획에 없던 활동을 기획하는 일이 다반사였다. 그래서 예산의 탄력적 운용이 불가피했다.

　학생자치예산은 학생자치회 금고에 숨겨놓는 돈이 아니다. 학생들 의견을 모아 활용 계획을 세운다면 얼마든지 쓸 권리를 누릴 수 있다. 학생자치회 운영을 위해 사용하는 것도 좋다. 우리 학교는 전체 학생에게 '예산 있음! 누구든 사용할 수 있음!'을 공표했다. 그리고 학생자치 예산 참여제를 마련했다. 이 기획은 선도적 혁신학교였던 의정부여중의 사례를 벤치마킹한 것으로 학생자치 예산의 일부를 떼어 학생들이 스스로 기획한 사업에 지원한다. 학생복지 및 교육과정, 정책 등 학교생활에서 불편한 점을 찾아내 스스로 기획, 운영할 것을 가정해 기획안을 제출하게 했다. 제1회 학생자치예산 참여제 사업 아이디어는 하나같이 참신했다. 제출된 사업설명서를 1차 심사 후 타당성이 높은 팀을 선별해 PPT브리핑과 질의응답 시간을 갖는다. 그 과정을 거치면 기획안이 허무맹랑해서는 안 된다는 것을 학생들이 인지하니 '교육적이어야 함'에 대한 걱정은 내려놓아도 된다. 사업 선정 후 진행 과정에서 다소 불협화음이 있긴 했지만 지원금은 해를 거듭할수록 상향되었다. 이제는 별도의 예산이 책정된 어엿한 정규 프로그램이 되었다.

　학생들의 선거 공약이나 예산 참여제 사업기획을 교육적인가 아닌가 하는 잣대로 사전에 검열(?)해야 한다고 생각하는 교사들이 많다. 학생들은 세상 물정을 모른다는 이유이다. 그러나 건물을 세우거나 잔디를 깔겠다거나 하는 일명 터무니없는 기획들은 학생들 집단지성 안에서 합리적 심사 기준에 의해 탈락하니 교사들이 미리 선을 그을 필요는 없다. 선거 공약도 같은 맥락으로 똑똑한 유권자 교육(공약의 중요성 인지 정도여도 좋음)이 이루어지면 공약(空約, 빈 공약)은 자연스럽게 걸러진다. 이 소중한 명제를 나는 학생들로부터 배웠다. 어른의 기준으로 볼 때 황당한 사업들이 주를 이룬다고 생각할 수도 있겠지만 기획안 주제들이 우리 학교의 당시 환경에서 학생들에게는 절실했던 내용이다. 그래서 그들의 아이디어는 여전히 빛난다.

학생자치예산참여제 연도별 기획안 2017년 - 2020년 *는 실제 시행한 사업

	2017 사업기획안	2018 사업기획안	2019 사업기획안	2020 사업기획안
1	태양광 에너지 홍보 캠페인	*CO2 절감을 위한 (5층 방치된 공간) 화단 가꾸기	*위안부동상 제작& 전시(제1역 사관)	*제2역사관 (근현대) 기획
2	실내 생태정원 조성	과학 문화 카페를 이용한 사제 관계 개선	*필기구 판매	*스터디 카페
3	*게릴라 매점 운영	*마·리·별 ; 마이 리틀 별가람 소식판	인문학 강의	아동학대예방 홍보
4	*학생공용 프린터 운영	학생자치회실 전용 와이파이 공유기 설치	3D 프린터 대여제	*야외 포토존 (미니그네+꽃대 문)
5	교내 상담실 조성	*교내 과학 동아리 부스 운영	학급 행거 설치	*미니연못 설치
6	실내화 대여	어린이들을 위한 과학 호기심 증진 프로젝트	*텃밭 가꾸기	*남화장실 가림막 설치
7	*탁구채 -탁구공 대여	'별가람 시간을 바 꾸는 시간'	*점심시간 과학실험 부스운영	생태화원 설치
8	*우산대여제	자습실에서 말하고 싶은 당신을 위해!	와이파이 서비스 제공	*텃밭 허수아비 제작
9	컴퓨터 싸인펜 대여	다육일기		

#사례3: 학생자치회만의 자치가 아닌 누구나 리더 되는 자치

잔칫집에 사람이 없는 것. 그것은 누구의 책임인가? 학생자치회 홍보부 임원들이 늘 고민하는 문제이다. 학생자치회 임원들은 학교에서도 적극적인 편에 속하는 학생들이 주로 활동을 해서 내부적인 불협화음만 없다면 좋은 활동들을 만들어낼 수 있다. 임원들은 학생들의 불편과 불만을 학교 측에 전달하고 나아가 해결할 수 있는 연결 고리 역할을 하는 중요한 메신저들이다. 다양한 온라인 관계망이 있음에도 불구하고 활동에 대한 전교생의 참여를 이끄는 홍보 활동에는 어려움을 겪는다.

우리 학교에서는 월요뉴스, '곰비일비'라는 학생자치회 소식지 제작, 홍보 포스터는 학급에 직접 부착하는 방식 등으로 학생자치회 행사를 알리고 홈페이지와 다양한 SNS를 통해 온라인 홍보도 병행했지만 만족한 결과가 나오지 않았다. 고민 끝에 발상의 전환을 시도하기로 했다. 학생들이 학생자치회 활동에 대한 소식을 일방적으로 듣는 것이 아니라 직접 참여해 기획, 진행하면 역지사지의 심정이 될 수 있을 것이며 한두 번의 참여를 통해 협업과 어울림, 양보 등을 배울 수 있을 것으로 판단했다. 학생자치회 활동에 대한 평가만하던 극소심이 1515가 임원이 되어 활동할 수 있는 마당에 온 셈이다.

우선 학생자치회 활동 중 축제나 신입생 오티, 음악 버스킹 등 규모가 크거나 지속적인 활동의 경우 필요한 인원으로 기획단을 조직해 참여의 폭을 넓혔다. 또한 학생자치회 활동을 견제하는 선거 공약 및 정책 점검 매니페스토단이나 동아리 활동 총괄팀 등은 별도의 기구로 조직해 운영하였다. 기획단 구성원이 메신저가 되어주니 학생자치회 임원들은 활동 홍보의 부담을 해결하고 입시 준비로 학생자치회 활동을 피하는 학생들은 골라 먹는 아이스크림처럼 자신에게 맞는 활동에 참여하니 모두가 윈윈하는 전략인 셈이다. 다음은 기획단 활동을 통한 성장 사례다.

#사례4. 다양한 기획단, 골라 참여하는 재미로 자소서를 채운다고?
 - 경고: 학생들의 참신한 아이디어에 깜짝 놀랄 수 있음

○○이는 제1회 학생자치회장 선거 기간에 후보별 공약을 정리하고 공약마다 총평을 단 황색 선전물을 만들었다. 선거 기간 중이라 배포하지는 못했지만, 내용에 위트가 넘쳤고 공약(公約)이 될 공약(空約)에 일침을 가하는 촌철살인이 돋보였다. 그 아이디어는 2기 선거 공약 점검 매니페스토단 조직의 출발이 되었다. 학생들은 경험이 부족해서 서툰 것일 뿐 견제 기구의 필요성에 대해서는 알고 있었다.

○○이는 올해 입시에서 가장 주목을 받았다. 임원으로 활동하지는 않았지만 매니페스토단에 지원해 학생자치회장 선거 공약 정리, 공약집 제작, 공약 이행 점검을 위한 협의회, 공약 이행 토론회, 점검 결과 공지 등의 활동을 3년간 꾸준히 했다. 단장이 되어 리더 역할도 잘하고 매니페스토단 활성화에 큰 역할을 했다.

○○이는 수학과 통계학에 관심이 많은 우수한 학생이었다. 내향적인 성격으로 임원이 되지는 못했지만 기획단 활동에 참여했다. 선거 준비 기간에 출구조사 기획안을 써왔는데 학생부에 스펙으로 기록하고 싶은 마음도 분명 있었겠지만, 기획서 내용이 매우 훌륭했고 차기 선거부터 선거 계획서에 투표 출구조사를 넣기로 했다.

○○이는 학생자치회에서 예산 관련 활동에 지원했지만 뜻을 이루지 못했다. 학생자치회 임원 면접은 삼수했다. (대학은 단번에 들어갔다.) 기획단 신청자들을 선착순으로 뽑는다고 해서 활동에 문제가 있는 것은 아니라는 생각을 그를 보면서 했다. '누구나 리더 프로젝트' 기획의 원동력이 됐다.

체육을 좋아하던 ○○이는 학생자치회 활동은 부담스러웠지만 운동 경기와 관련된 활동에서 빛을 발하는 학생이었다. 체육기획단에서 체육 행사 기획과 심판 등의 역할을 3년간 꾸준히 했다. 행사 때마다 함께해서 임원이라 착각할 때가 많았고 안전요원으로 행사 중 위급 상황이 생길 때 전방위로 해결사 역할을 해주었다.

대학입시를 목적으로 하는 경쟁교육 환경 속에서 교육 활동을 한다는 것은 사실 앞뒤가 맞지 않을 수 있다. 그러나 대학입시 준비라는 긴 트랙 위에서 자신의 취향이나 진로와 관련된 활동에 참여해 최선을 다한다면 그 작은 경험도 '나'를 돌아보는 시간으로 만들 수 있을 것이다. 좋은 교육이란 거대한 목표와 화려한 결과물이 반드시 있어야 하는 것은 아니며 서툴러도 '성장하는 나'와 만난다면 모든 순간이 소중할 것이다.

경쟁 교육 VS 민주시민교육
-학생자치 활동과 대학입시 준비의 불안한 동거

대한민국 대부분의 고등학교는 '대학 정문'으로 교문이 나 있다. '입시'는 경쟁교육이 필수 조건이고 이러한 경쟁적인 문화는 고등학교를 시작으로 초등학교까지 형성되어 있다고 해도 과언이 아니다. 교육학자나 현장 교사 모두 경쟁교육의 문제와 한계에 대해 알지만, 해결책의 마지막에는 사회구조와 국가 정책이라는 입구 앞에서 탁상공론으로 끝나기 일쑤다. 누구나 알지만, 누구도 혁신하기 어려운 분야가 교육임을 안다. 현재 대학입시는 예전과 비교해서 정시 전형보다 수시 전형 비중이 크다. 정시 전형의 축소와 수시 전형의 확대는 공교육 내실화에 무게를 두고 시행된 것이다. 장점도 있지만 부작용도 있다. 정시 비중이 높던 시기엔 전국 단위의 경쟁시스템이었는데 수시 비중이 높아지면서 학교 내 경쟁시스템이 공고해졌다. 그러니 경쟁을 통한 서열화가 바뀌었다고 보기 어렵다. 변별을 위한 고난도의 문제 출제, 수행평가로 인한 학생 피로도 가중 등 새로운 문제가 대두되고 있다. 개선을 위한 새로운 정책이 제시되고 있으니 교육 정상화에 대해 기대해본다.

수시 전형의 확대는 중학생들의 고등학교 입시에도 영향을 준다. '명문고를 선택할 것인가? 수시 전형에 유리한 학교를 선택할 것인가?'라는 작은 물줄기가 학교 내 학생자치 활동에 큰 파도가 되기도 한다. 정시를 중시하는 일명 명문고에서는 수업과 학생활동 모두가 학력 신장에 초점을 두고 있어 학생자치 활동에 쓸 여력이 없다. 아무리 매력적인 프로그램도 수능 준비 시간을 빼앗긴다면 망설여지기 때문이다.

고3은 치외법권 영역 속에 있다고 말하는 교사도 있다. 학사일정도 1학기에는 체육대회나 축제를 배치하지 못하거나 부득이 배치하여도 수업에 방해되지 않는 선에서 시행된다. 2학년도 마찬가지다. 전체적으로 인문계 고등학교에서 학생자치 활동은 대학 입시 일정을 배제하고 일반적인 계획으로는 활동을 해내기가 여간 어려운 것이 아니다.

학생자치회 활동은 입시 공부의 적!?

수시중심학교(정시로 대학 가는 학생이 그리 많지 않은 학교)에서 학생들이 가장 많이 하는 질문이다. 학생자치 활동도 이런 목적을 염두에 두고 지원하는 경우가 많다. 그러다가 활동을 통해 생각지도 못한 것을 알거나 얻게 된다. '힘들다, 시간을 뺏긴다'를 넘는 어떤 것을 알게 되니 쉽게 그만두지 않는다. 다음은 성적과 입시에 대한 고민 속에서도 학생자치 활동을 열심히 했던 학생들의 이야기이다.

Q 고등학생이 되어 학생자치회에 지원한 계기는 무엇이었나요?

솔직히 말하면, 처음에는 대입에 유리해지고 싶어서 들어왔다. 하지만 그 후에는 학생자치회 활동을 하면서 책임감이 생겨 계속하게 되었다. - ○수

앞에 나서서 무언가를 하는 것을 좋아하기도 했고 우리 학교 학생자치회는 다른 학교들과 다르게 학생들이 스스로 만들어가는 것이 많은 것 같아서 나도 그 구성원이 되어서 학생을 위한 학교를 만들고 싶었다. - ○현

재미있고 가슴 설레었기 때문이다. 원하는 그림을 상상하고, 그 상상을 실제 기획하고 협의하여 원하는 결과물을 만들어내는 모든 과정이 설레었다. -○섭

Q 학생자치회 활동과 공부의 관계는 어떤 것인가요? 학생자치 자치회에 열심히 활동할수록 성적이 떨어진다는 말에 대한 자신의 의견은 무엇인가요?

'학생자치회 활동이 무슨 도움이 될까?' 하고 고민했다. 다른 친구들처럼 자신의 진로나 꿈과 관련된 활동을 선

택해 더 완성도 높은 학생부와 자소서를 만들 수도 있
는데. 나는 원래 사람 대하는 것이 어려운 성격이었는
데, 학생자치회 활동을 하면서 그 부분이 많이 좋아져
서 만족한다. 리더십과 책임감, 인간관계의 중요성을
배웠고 그게 공부만큼 중요하다고 생각한다. - 수○

나는 학생자치회 들어온 뒤로도 성적이 오히려 올랐다.
학생자치회 친구들이 대체적으로 공부를 잘해서 자극
받을 수 있었다. 개인적으로도 바빠야 더 열심히 하는
타입이어서 성적은 핑계가 되지 않았다. 하지만 학원을
빠지게 될 때 그걸 신경 쓰는 게 힘들긴 했다. - ○정

처음에는 고민이 많았다. 늦게까지 남는 일도 많고, 신
경 쓸 일도 많아져서 성적이 떨어질 것 같았다. 그래서
둘 다 잘해내려고 노력했고, 덕분에 성적이 올랐다. 학
생자치회 활동에 시간을 쓰는 건 사실이지만 다른 시간
을 아끼면 성적도 충분히 챙길 수 있다. - ○린

**Q 학생자치회 활동을 통해 스스로 느낀 보람이나 성장 등이 있다
면 무엇인가요?**

직접 행사를 기획하고 실행하면서 관심 가는 분야로 진
로를 설정하게 되어 내 인생의 방향을 학생자치회 활동

을 통해서 정할 수 있었다. 그리고 나의 공약에 대해 학생들의 반응이 좋을 때, 열심히 준비한 활동에 학생들이 신나게 참여할 때 보람을 느꼈다. - ○현

사회생활을 간접적으로 배우는 것 같다. 이 프로그램은 누가 계획, 준비했을까 하는 생각이 들면서 열심히 참여하게 되었다. 뭔가 어른이 된 것 같은 기분이 든다면 성장일 수 있다고 생각한다. 아! 그리고 피피티 같은 것 만들 때 꼼수(?) 실력이 좀 늘어난 것 같다. - 유○

하나의 공통된 목표를 설정한 후 그에 맞는 방향과 계획을 세우는 과정, 그것을 이루기 위해 다른 사람들과 소통하는 법, 설득하는 방법, 혹은 설득되었을 때의 자기성찰 등 너무 많지만 궁극적으로는 '집단 속 소통법'을 배운 것 같다. -○민

학생자치회 활동을 했던 고등학교 시절은 물론이고 성인이 된 지금까지도 성장은 계속되고 있다고 생각한다. 호기심과 아이디어가 많았지만, 실행에 옮겨본 경험이 별로 없었는데 학생자치회 활동을 하면서 나의 아이디어에 귀 기울여주고, 기획과 실행에 옮기기까지 함께해 주신 분들 덕분에 많이 성장했다. 또한 모두의 의견을

존중하며 부드럽게 리드하는 방법을 터득했고, 작은 아이디어도 성취하려는 용기와 열정이 생겼다. - ○림

Q 후배들에게 학생자치회 활동에 대해 조언을 해준다면?

이 학교에 온 목적은 대학을 잘 가기 위해서고 아무리 성실해도 성적이 나쁘면 원하는 대학을 못 간다. 자기를 잘 챙기면서 학생자치회 활동도 잘할 수 있는 사람이 참여했으면 좋겠다. 처음부터 많은 걸 보여주려 애쓰다 보면 한계를 느낄 수 있다. 남의 말에 신경 쓰지 말고 자기 길 잘 갔으면 한다. - ○준

'좋은 성적-좋은 대학-행복한 미래'라는 편협한 사고에서 빨리 빠져나와야 한다. 중요한 것은 자기가 좋아하는 것과 잘하는 것이 무엇인지 찾고, 그에 맞는 인생을 설계하는 것이다. 그러기 위해선 경험이 필요하고 학생자치 활동이 학교생활에서 필연적임을 알아야 한다. 나는 이 활동을 통해 태어나서 처음으로 '진정한 나와 나의 가능성'을 알게 되었다. 이 모든 것들을 중점으로 교육정책이 수립(사실상 개혁)된다면 이런 게 당연하게 받아들여지는 사회가 되지 않을까? - ○섭

1515도, 숨은 어벤져스도 '당신'이라는 빛을 기다린다

정시 전형을 중시하는 소위 명문고를 가든, 수시 전형을 중시하는 학교에 가든 불행한 명제(입시 지옥에서 학생들은 늘 시간이 없다거나 공동체간 협업이 힘들다거나 또는 권위적인 관리자를 만나거나 등)는 언제나 같다. 그러나 어떤 상황과 만나더라도 '틈'을 찾으면 '숨은 어벤져스'를 만날 수 있으니 그다지 나쁜 배팅만은 아니라고 생각한다. 그들도 '당신'이라는 빛을 만나면 호기심 가득한 눈빛으로 웃어줄 것이다. 그러면 당신은 손만 내밀면 된다. 함께 손을 잡은 극소심이 1515와 당신이 아고라 광장에 첫 벽돌을 올리는 어쩌면 위대한 건설자일 것이다.

이 글은 극소심이 1515로 학창 시절을 보내고, 교사가 되어 만난 또 다른 극소심이 1515에게 나와는 다른 전철을 깔아주고 싶어 좌충우돌한 기록이다. 민주주의에서 과정이 중요하듯 여전히 좌충우돌하며 일상을 꾸려나가는 학생과 교사에게 보탬이 되는 안내서가 되기를 바란다.

4장

교직원
자치

학교자치에 관한 이야기에서 가장 중요한 부분이 바로 교직원자치라고 생각합니다. 책을 마무리하는 과정에서 이 장에 담긴 이야기를 맨 앞으로 옮길까 잠시 논의한 적이 있습니다. 학생자치에 관심을 둔 교사들이 모여 이야기를 나누고 공부하다 보니 학교자치에 자연스럽게 관심을 두게 되었습니다. 광주, 전라남도, 경기도에서 학교자치 조례가 만들어진 후 그 과정을 공부했습니다. 앞으로 실천해야 하는 것에 관해서도 많은 이야기를 나누었습니다. 그러다보니 학교자치의 중심에 교사와 교직원이 있다는 생각을 내려놓을 수 없었습니다. 아직까지도 학생자치를 가로막는 문제점의 상위권 순위에 자리 잡은 관리자의 경직된 모습, 소통이 없는 학교 문화는 모두 교직원자치의 부재 때문에 드러나는 문제가 아닐까 하고요. 하지만 아직까지도 교직원자치를 잘 진행하고 있는 학교의 예나 행복한 학교자치를 만들어내는 움직임이 없으니, 무엇을 써야 할지 난감하기도 했습니다.

그러니까 이 글에는 정말 좋은 해결책이나 누구나 할 수 있는 쉽고 빠른 교직원자치의 매뉴얼 같은 것은 담겨 있지 않습니다. 오히려 왜 자꾸 안되는지 좌절하고, 고민한 흔적만이 있습니다. 다 아는 답답함을 글로 풀어내는 것이 적절한 일인지에 관해 끊임없이 고민하고, 가장 마지막까지 '더 써야 하는 것 아닌가?'를 고민하게 만든 부분입니다. 알맹이가 없다고 느껴진다면 글을 쓴 저희의 경험이 아직 부족하기 때문입니다. 그래도 알맹이를 찾아가는 여정을 시작하기에 좋은 글이라고 주장해 봅니다. 학교 문화의 크고 작은 지점을 자치의 눈으로 살펴보고 고민했으니까요. 글을 읽고 난 다음에 막연한 모습이라도 학교자치를 위한 방향을 잡을 수 있다면 좋겠습니다. 덩어리가 없다면, 같이 만들어가면 된다고 초대하는 글이니까요. 초대장을 받아주세요.

환대와 상상의 문화 만들기

어느 교사 회의의 풍경에서 시작하기

아이들이 학교에 없는 코로나 시기에도 교사는 출근했다. 교사가 휴가라도 얻은 듯 노는 줄 아는 사람도 있겠지만, 정신없이 바빴다. 기약 없는 수업을 기다리고, 난데없는 원격수업을 준비했다. 드디어 아이들이 등교한다는 소식이 전해졌다. 아이들이 나온다기에 안심 반, 두려움 반으로 등교 수업 준비에 들어갔다. 구체적인 등교 방법을 협의해서 정할 수 있었기 때문에, 등교 횟수도 방식도 학교마다 모두 다를 수 있었다. 구체적인 방안을 전체 회의를 통해 결정하기로 했다. 하지만 쉬운 일이 아니었다. 며칠부터 등교하는지를 뉴스를 통해 볼 수 있는 상황에 분노가 터져나오고, 원격과 등교 수업을 병행하는 누구도 해보지 않은 일 때문에 혼란은 극에 달했다. 밑바닥의 상황에서는 누구도 쉽게 말하지 못하고, 내뱉은 말이 가시가 되기 십상이다.

"아니, 그러면 3학년은 언제 나와요? 고등학교 입시도 있는데?"

"1학년 애들은 중학교 수업에 적응도 못 했는데, 이때까지 원격수업하라고요?"

"1학년은 수행평가와 지필평가가 없잖아요."

"1학년도 수행평가 해요. 점수를 안 내서 그렇지."

"저희 2학년이 자꾸 논의에서 빠지는 게 불편한데요."

자꾸 목소리가 커졌다. 마스크를 쓰고 있어서 목소리가 커진 것은 아니었다. 답답한 마음 탓이었다. 그렇다고 목소리 크기로 답답함이 해결되지도 않았다. 한쪽에서 목소리가 커질수록 다른 쪽 구석에 앉아있는 사람들 안색이 어두워졌다. 언제 끝날지 모르는 코로나의 어두운 상황보다 언제 끝날지 모르는 회의를 견디는 게 더 힘들다는 표정이었다. '그냥 아무나 결정해주면 그에 따르겠다'는 말이 마스크 너머로 튀어나오려는 것을 참는 중인지도 몰랐다.

"교실 내 밀집도를 낮추는 방법은 없나요? 15명 정도면 딱 좋겠는데."

"30명이 넘는 아이들이 한 반인데, 그걸 15명씩 반으로 쪼개면 시간표가 나옵니까? 수업이 두 배가 되잖아요."

"그게 문제가 아니라 애들도 우리도 최대한 감염은 막아야죠."

"외부에서 전파되어 학교에 들어오면 집단 감염이 안 일어날 수는 없을 것 같은데요?"

정해진 회의시간을 넘겨서도 도서관에 띄엄띄엄 거리를 두고 앉은 교사들의 이야기가 끊이지 않았다. 돌아가며 발언하는 시간이 길어지자 결국, 학년별로 모여서 이야기를 하고 다시 전체적으로 공유하기로 했다. 다수결로 결정할 수 있는 문제가 아니라는 점은 알고 있었지만, 전체가 다시 모여도 어느 한쪽으로 의견이 모이지 않았다. 서로를 설득하기 힘들었다. 괜찮은 방안이 앞으로 튀어나왔다가 후퇴하기를 반복했다. 다른 학교가 어떻게 하는지 보자고 결정 시기를 늦출 수도 없는 노릇이었다. 결국, 등교 방식을 어떻게 할 것인지를 두고 큰 방향만 결정하고, 일을 할 수 있는 소수가 다시 모여서 논의하기로 했다.

우리 학교는 교사 회의문화를 바꾸기 위해 노력해서, 그 문화가 점차 정착되어가는 중이었다. 학교자치 조례가 만들어지기 전에도 한 달에 한 번 전체 교사가 모여 안건이 있는 회의를 진행했다. 단순 전달 회의는 머나먼 옛날의 일이었다. 회의 안건은 때에 따라 크기도 모양도 달랐다. 생활교육 방향을 정하는 큰 생각을 나누는 회의도 있었고, 학생 식당 신축 위치를 정하는 구체적인 것도 있었다. 회의 방법을 실험하고, 결정에 실패하고, 회의를 준비하는 과정이 고통스러운 적도 있었다. 하지만 이런 회의를 통해 민주적인 소통의 방식을 마련해나가고 있다는 사실은 대부분 공감하는 것 같았다.

하지만 바이러스가 세상을 흔들자 여기저기서 삐거덕거리는 소리가 들렸다. 감염의 위험으로 모이는 대부분의 자리는 두려워졌고, 며칠만에 상황이 돌변해 결정이 번복되는 경우가 생겼다. 어려움에 떠밀려 차선의 결정이 반복되자 이런 모든 노력이 가치 없게 느껴졌다. 그러면서 코로나가 없던 시기의 회의문화를 그리워했다. 하지만 첫사랑이 아름답게 포장되듯, 우리가 해왔던 회의를 단순히 미화하고 있는 것은 아닌가 하는 생각도 들었다. 우리는 공동체를 더 나은 모습으로 발전시키기 위한 따뜻한 회의를 했던가? 아니, 우리는, 과연 학교는 공동체인가? 그런 시간으로 따뜻한 공동체가 만들어졌다면, 이 어려운 시기를 더욱 슬기롭게 헤쳐나갈 방안을 머리를 맞대고 고민할 수 있지 않았을까?

주인 없는 학교의 자치 가능성

학교는 주인이 없는 장소다. 학생이 학교의 주인이라고 말하지만, 우리 역사에서 학생이 학교의 주인인 적 없다. 이벤트로 주어지거나, 말뿐인 공허함 속에서 잠시 학교의 주인으로 불려 나올 뿐이다. 하물며 학부모는 학교의 주인으로 호명될 기회조차 얻지 못한다. 교사도 마찬가지다. 대부분의 교육 활동을 기획하고 학생들과 함께 만들어가지만, 교사에게도 학교는 자신이 주체로 당당히 서는 공간이 아니다. 교사는 교육과정, 교육청에 묶이고, 변하지 않아도 괜찮은 분위기에 묶이고, 당위를 뒤집어쓴 다양한 교육 방향에 묶이고, 다양한 이해관계를 가진 사람들의 욕구에 묶인 존재다. 묶여 세워진 존재로 교실에 선다. 혼자 묶여 있는 상황에서 벗어나기란 쉽지 않고,

마음을 읽어주고, 함께 묶인 밧줄을 풀어줄 존재는 다음 교실에나 있다. 닫힌 교실에서 나가지는 못한 채 아이들에게 비뚤어진 권력을 휘둘러대지 않으면 그나마 다행이다.

주인 없는 공간인 학교의 학교자치는 어떻게 시작되어야 할까? 학교의 움직임이 시작되는 지점은 어디일까? 현실적으로 모두가 함께 학교자치의 시작을 말하기는 어렵다. 그렇다면 학생의 관계와 성장을 연결해나가고, 학부모를 교육의 주체로 세우는 교사가 그 시작점에 서야 하지 않을까? 교직원자치가 필요한 이유다. 교사, 더 나아가 교직원 전체가 학교의 바퀴를 굴리기 위해서는 민주적인 의사 결정 구조를 만들고, 함께 교육의 문제를 풀어가는 공동체를 만들어야 한다. 그래야 보이지 않게 자신을 묶은 밧줄을 풀어내고 주체로 설 수 있다.

하지만 교사에게 자치는 무엇일까? 학교자치 시대가 열렸다고 하지만, 지금 우리의 학교는 민주적 공간인가? 수업 안에서 민주적 가치를 가르치고, 민주주의 사회의 시민 역량을 길러낸다고 말하지만, 교사와 교사, 교사와 직원, 직원과 직원의 사이사이에 민주주의가 보이지는 않는다. 물론 민주주의가 보이는 물건일 리는 없지만, 그 보이지 않는 '사이'가 가르치고 배우기에서 가장 중요한 부분이다. 아이들에게 먼저 가르치고, 교사는 나중에 실천해도 된다는 말은 변명이다.

"말한 대로 살아야 하고, 그전에 살아온 대로 말해야 한다." 교육이 성립하려면 이 두 가지 조건이 동시에 이루어져야 한다. 가르치려는 내용은 그것을 가르치려는 사람이 이미 배운 것이어야 하며, 동시에 배우는 사람이 배우고 있는 것은 그것을 가르치는 사람의 삶에서 실현되고 있을 때 비로소 가르치고 배우는 행위가 앎의 과정이 될 수 있다.

동어 반복처럼 들리지만, 이 두 가지 조건이 강조하는 지점이 서로 다르다. 첫 번째 조건을 보자. 가르치는 사람 자신은 가르치려는 내용을 어떻게 배웠을까? 크게 두 가지 경로를 헤아릴 수 있다. 머리로 배운 것을 말로 가르치는 사람이 있는가 하면, 머리로 깨달은 것을 가슴에서 숙성시켜 몸으로 살아 보이는 사람이 있다. 전문가를 양성할 목적이라면 첫 번째 교육 방식이 훨씬 효율적이지만, 사람을 교육하기 위함이라면 두 번째 방식이어야 하며, 이는 우리 모두가 경험적으로 알고 있다.

가르치는 사람이 가르치려는 내용은 적어도 가르치는 사람 자신의 삶에서 이미 경험되고 검증되어야 하며, 그때 비로소 그가 가르치는 앎이 그것을 배우는 사람의 '깨침-깨우침' 사이 여백에 스며들면서 배우는 사람의 삶을 성장시키는 마디나 진동의 기능을 할 수 있다.[1]

1) 고병헌, 『존재가 존재에 이르는 길, 교육』, 이다북스, 2020.

학생자치에 관해 배우고 실천하며 자주 들은 말 중 하나는 '교사는 민주주의를 배운 적이 없어서 민주주의를 제대로 가르칠 수 없다'는 것이었다. 학교에서 학생자치가 제대로 이루어지지 않는 이유를 분석하는 자리에서라면 어김없이 들을 수 있었다. 이 말은 배우지 않아서 가르칠 수 없다는 변명으로 쓰여서는 안 된다. 누구도 배우지 않은 것을 배우고 실천해야 하는 지금, 교사는 학생들과 함께 서서 바로 한 발자국 앞에 있는 존재가 되어야 한다. 효율적인 시험을 통과하는 방식으로 전문가가 된 우리는 머리로 배운 것을 말로 가르쳐왔다. 자신도 주인으로 기능하지 못하면서 학교의 주인이 되라고 학생들을 다그치지는 않았는지 돌아볼 때다. 머리로 깨달은 것을 가슴에서 숙성시켜 몸으로 살아 보이기 위해서 교사의 자치를 꾸려나가야 한다.

안 되는 이유는 말하지 않기

자치가 이루어지기 어려운 이유를 생각하거나, 자치가 잘 안 되는 원인을 찾는 일은 이제 그만하자. 우리는 모두 저마다의 이유로 자치에 대해 생각이 없었을 뿐이다. 생각을 할 수 있었다 해도, 실천에서의 걸림돌도 저마다 다르다. 시간이 없고, 권위적인 관리자가 변화의 방향을 받아들이지 않았을 수 있다. 민주적인 문화의 필요성을 공유하기 어렵고, 추구하는 방향이 다르기 때문에 협의가 잘되지 않았을 수 있다. 협의 과정이 순탄했다 하더라도 그 이후 새로운 쟁점이 생겨났을 수도 있다. 모든 문제를 뛰어넘어 문화를 만들어가기 시작했는데 학교 구성원이 바뀜에 따라 그 과정을 처음부터 다시 시작해야 했을 수도 있다. 그렇다. 수많은 이유로 자치를 할 수 없었거나 '이거, 도저히 안 될 것 같아!'라는 절망에 빠지기도 했을 것이다. 우리가 실천하고 있는 것이 과연 자치인지 의문도 생겼을 것이다.

경쟁이 모든 것을 집어삼키는 학교의 현실, 학교가 정치적으로는 백지상태이기를 원하는 사회, 국가의 교육 정책 방향, 현실에 강림한 비현실적인 성과급제도나 승진제도와 같은 담론으로 교직원자치에 회의적인 시각을 가졌을 수도 있다. 개인주의적인 성향의 교사와 학생이 늘어나고, 협력의 가치를 덮는 공평의 잣대만 남은 곳이 학교다. 누구든 합리적인 선택을 원하고, 차별을 지우기보다는 차별을 재생산하고 재생하는 곳이 또 학교다. 학교를 둘러싼 이런 수많은 말들은 민주주의나 자치의 씨앗을 품기에 너무 메마른 땅이라고 알려준다. 갑자기 포기하고 싶다. 이런 상태에서의 자치가 무슨 의미란 말인가? 하지만 여기에서 포기하기에는 지금까지의 변화가 너무 크다. 사회는 학교에 많은 것을 빚졌다. 더 빚지게 만들 수 있다. 이 모든 고민을 넘어서서 이제 어떤 방식으로 교직원자치를 이루어갈 수 있을지에 집중해보자.

자신이나 자신들에 관한 것을 스스로 책임지고 처리하는 것이 자치다. 그렇다면 교직원자치란 교직원이나 교직원들에 관한 것을 스스로 책임지고 처리하는 것이다. 대상을 교사로 조금 좁혀보면, 교사에게 자신이나 자신들에 관한 것이란 수업과 생활교육, 교육과정 운영이 된다. 즉, 교사에게 자치란 수업과 교육과정 운영, 생활교육에 스스로 책임을 지고 처리하는 것이 된다. 교육과정 운영과 생활교육은 물론 수업도 공공성을 바탕에 두기 때문에 혼자서는 할 수 없다. 이를 위해 다양한 논의 과정과 협의가 필요하다. 그래서 학교에는 '교직원협의회'가 마련되어 있다. 교직원협의회는 교원과 교직원이 모두 모여 학교 내 의사를 결정하는 기구다. 학교자치가 활성화되면 교직원협의회의 위상은 변화할 것이다. 최근 교직원협의회는 포괄적 의미로 학교 내 의사 결정기구를 지칭하는 용어로 사용되고 있으며, 교과협의회, 동학년협의회, 교원연수 등은 교사학습공동체로 통합되는 경향이 있다.[2] 우리는 이러한 교직원협의회나 교사학습공동체를 통해 학교의 다양한 일을 책임지고 처리할 수 있다.

그런데, 그렇게 되는가? 교직원협의회가 정기적으로 열리지만, 그것만으로는 학교 일을 결정할 수 없다. 크고 작은 협의회를 열어야 할 일이 수시로 생긴다. 교사학습공동체도 구성되어 있지만 문서일 뿐, 협력 체계를 만들어내는 데 도움을 주지 못하는 경우가 많다. 이런⋯ 다시 안 되는 이유를 찾고 있다. 다시 잘 되게 하려면 어떻게 할 수 있는지 고민해보자. 안 되는 이야기는 하지 않기로 하자.

---

2) 김은영, 「단위학교의 민주적 협의문화 조성을 위한 조건 탐색: A도 혁신학교 교직원협의회 운영을 중심으로」, 『교육문화연구』 Vol.24 (1), 399-417쪽.

얼마나 기다려야 할까

교사의 대부분이 학교자치나 교직원자치를 위해 필요하다고 내세우는 조건은 바로 '시간'이다. 열린 의사소통구조를 만들기 위해서는 시간이 필요하다. 회의실, 원형 책상 배열 등 물리적 여건을 만드는 것과 동시에, 어떤 사안에 대해서 숙고할 충분한 시간 확보가 중요하다. 자주 만나고, 모두 참여하고, 다양한 협의 주제를 다루고, 안건에 대한 사전 조사와 안내도 필요하다. 모두 시간이 있어야 할 수 있다. 성급한 결정, 결정 후 번복, 실행 과정에서 불만은 충분한 토의를 거치지 않았을 때 발생할 수 있는 문제다.

시간 확보는 당연히 어렵다. 주어진 수업시간과 정해진 퇴근시간을 생각하면 더욱더 어렵다. 물리적인 장치를 이용해 시간을 확보하면 그 장치가 흔들릴 때 시간도 함께 쪼그라든다. 예를 들어, 시간표를 바꿔 회의시간을 확보하면, 다시 시간표가 바뀔 때는 협의시간이 사라지는 것이다. 초등학교의 경우 수업을 블록으로 묶어 운영하는 방식이 좋은 대안일 수 있으나, 중학교나 고등학교에서는 어렵다. 이때 좋은 방법은 회의 단위를 수업, 교육과정, 생활교육과 밀접하게 묶고, 회의를 정례화시키는 것이다. 교육과정 운영과 일과에 밀접한 단위는 학교에서 '학년'이다. 학년 협의를 통해 다양한 것이 결정되고 그대로 진행된다면 회의의 중요도가 올라간다. 중요도로 시간을 확보하고 시간을 고정하면 중요하기 때문에 참석하고, 그 시간을 밀도 있게 쓸 수 있다.

우리 학교에서는 몇 년 전까지 학년 협의시간을 제대로 확보하지 못했다. 수요일에 학습공동체 모임, 매주 금요일에 학년 협의회, 매월 3주 월요일에는 전달 방식의 교직원 연수, 4주 월요일에는 교직원회의가 있었다. 하지만 금요일에 협의가 길어지는 부담이나 학급회로 인한 회의시간 지연 때문에 몰입도가 떨어지고, 쉽게 시간을 바꾸기 일쑤였다. 자꾸만 학년 협의시간이 모자라자 학급별로 다른 불만이 생기고, 교육과정 운영에 허점이 생길 때도 있었다. 대부분 큰 문제가 생기지 않았지만, 학년 교육과정을 운영하거나 학년 생활교육 협의가 제대로 되지 못하면 학급에서 불협화음이 나왔다. '어떤 선생님은 이렇게 해주시는데, 왜 우리 반은 이렇게 못하느냐?'는 불만이 생기기 시작한 것이다.

그래서 학년 협의회를 월요일로 바꾸고, 그 대신 전달 방식의 교직원 연수를 없앴다. 교직원회의가 월요일에 진행되는 마지막 주 월요일의 학년 협의회는 금요일로 이동한다. 이때부터 월요일 학년 협의가 활기를 띠었다. 월요일 회의가 고정적으로 돌기 시작하면, 안건을 모으고 정리하는 과정은 화요일부터 금요일까지의 과제가 된다. 자연스럽게 안건이 모이기도 하고, 교무실에 모이는 시간에 안건에 관해 설명할 수도 있다. 수업과 학년 단위의 직접적인 일과가 밀접하게 연결되어 있고, 되도록 이 단위에서 모든 것이 결정되기 때문에 회의에 모두가 참석하고, 발언하게 된다. 필요한 경우 교감이나 교장이 함께 참여하기도 한다. 학생들과의 관계를 살피고, 수업을 고민하는 시간이 주어지고, 학년 협의회에서 결정되는 것이 그대로 진행되기 때문에 학년 협의는 중요한 자치의 고리가 된다. 이 고리를 다음 고리와 연결해보자.

학년 협의회만으로 모든 것이 결정될 수 없다. 전체적인 학교 운영에 필요한 사항을 결정하기 위해 학년 협의를 거친 내용이 기획회의나 교사 회의를 거치고, 다시 교직원회의로 이어져야 한다. 교사에게 학습이란, 수업이나 교육과정과 연결되므로 교사학습공동체와 교과협의회도 필요하다. 학교 현안을 주제로 모이는 전담 조직(T/F팀)도 협의체를 이루는 중요한 고리가 될 수 있다. 이런 협의체가 시간과 장소에 따라 자율적이고 원활한 의사소통을 하도록 돕는 장치다. 새로 만들어진 것은 없다. 자치를 위한 첫걸음은 이러한 협의체를 어떤 모양으로 만들 것인지 공유하고 그 틀을 잡아내는 데서 시작한다. 교직원자치가 안 되는 이유를 생각하기보다는, 어떻게 하면 우리 학교의 협의 문화를 나누고 그 모양을 만들어낼지 고민해야 한다.

신임교사 시절을 떠올려보면, 학교의 중요한 협의 구조가 어떻게 돌아가는지 도무지 알 수가 없었다. 월요일 아침에 H.R 시간이 있었다. 아이들끼리 회의를 하는 동안 전체 교직원이 모두 한 방향을 보는 넓은 세미나실에 모였다. 교무부장, 연구부장, 3학년 부장 등의 순서로 그 주에 중요한 일을 읊었다. 모두 주간업무계획에 적힌 내용이었다. 그 빽빽한 글자를 한 자도 틀리지 않게 읽는 사람도 있었다. 나는 빈칸에 그림을 그리며 시간을 때웠다. 3년째가 되자 그 빈

칸에 그린 캐릭터에 이름을 붙일 수 있었다. 작년 것과 비교해보면 빈칸의 자리도 똑같을지 모른다고 생각했다. 결정된 내용을 따르기만 해도 괜찮았고, 주간업무가 적힌 종이를 잃어버리면 복사해서 쓸 수 있었다. 내가 결정할 수 있는 것은 캐릭터의 이름뿐이었다. 다른 학교도 마찬가지였다. 여섯 명이 앉을 수 있는 도서관에 모였는데, 부장들이 모둠을 이루어 줄지어 관리자와 함께 앞에 앉았고, 담임들은 최대한 뒤에 앉아서 다른 일을 했다. 대부분 시간에 주간이나 월간 계획을 읽었다. 적을 필요는커녕 들을 필요도 없는 내용이 많았다. 내 수업이나 담임을 맡은 반에 영향을 주는 것이 별로 없었기 때문이다.

그로부터 얼마간의 시간이 흐르고, 학교에서 교사가 결정에 참여하거나 알아야 하는 내용이 있다는 것을 알게 되었다. 그냥 자동으로 알게 되었다. 누구도 설명해주지는 않았다. 알게 되었지만, 여전히 누가 결정했는지 모르는 결정 사항이 전달되었고, 시키는 대로 하면 되는 시간이었다. 벌떡 일어나 의견을 말하기도 했지만, 그건 내 의견일 뿐 받아들여지지는 않았다. 내가 업무를 읽는 자리에 도달한 어느 날에는 "적힌 대로 진행하겠습니다."라고 말하고 주어진 미션을 수행했다. 이런 회의의 마지막은 늘 행정실장님, 교감 선생님, 교장 선생님 말씀으로 끝났다. 어느 날에는 읽는 것도 다 건너뛰고 바로 교장 선생님 말씀으로 넘어가는 때도 있었다. 물론 그것도 들을 필요는 없었다. 교장의 의견일 뿐 교사들의 머릿속에 들어오지 않았기 때문이다. 짜증과 분노와 말도 안 되는 소리를 그저 내지르는 교장도 있었다. 생각하면 소름이 끼친다. 안 되는 이유는 말하지 않기로 했는데, 꼭 짚고 넘어가야 할 것은 한 가지 있다. 바로 자치와 교장의 리더십에 관한 이야기다.

책장에 꽂힌 자치를 뽑아 리더십이라는 먼지를 털어내기

학교자치에 관한 교장의 의견을 듣고 싶어서 퇴직한 교장선생님 한 분을 찾아갔다. 혁신학교의 공모 교장으로 8년 동안 일하고 퇴임한 분이었다. 혁신학교에서 해보고 싶었던 것, 학생자치와 학부모자치를 통해 달라진 학교 모습 등의 이야기를 들었다. 이야기의 중간에 학교장의 권한 이야기가 튀어나왔다.

"해보니까 말이지, 교장이 가진 권한이 생각보다 정말 많아요. 그런데 그 권한 안에 명암이 다 있어. 어두운 면과 밝은 면이 있다는 거예요. 할 수 있는 일이 한정되어 있으면 교장 혼자서 절대로 학교 교육을 망칠 수 없어요. 그런데 권한이 생각보다 많아서 교장 한 사람으로 인해 학교 교육을 망칠 수도 있고, 잘될 수도 있어요."

학교장 한 사람을 만나서 학생자치, 교직원자치, 학부모자치에 관한 이야기를 모두 나눌 수 있다는 사실만 보아도 알 수 있었다. 교장은 학생, 교직원, 학부모와 한 지점에서 만나고 세 교육주체의 의견을 모아 학교의 중요 사항을 결정할 수 있는 오직 한 사람이다. 교장이 결정할 수 있는 일이 많아서 교장이 권한을 위임하고, 중간 리더들이 결정할 수 있도록 도와야 한다는 이야기를 더불어 나눌 수 있었다. 하지만 권한을 나눴는데 그에 대한 책임은 나뉘지 않는다면 어떻게 될까? 교장의 권한이 아닌 책임에 관해 물었다.

"권한만큼 책임이 무겁고 또 두려워서, 교사가 뭔가를 하려고 할 때나 학교자치 조직에서 뭔가를 협의해왔을 때, 그걸 받아들이기 어렵지 않나요?"

현재 학교자치를 구성하는 조직에서 결정된 사항을 최종적으로 결정하는 것은 교장이다. 학생자치회의 결정, 교직원회의의 결정, 학부모회의 결정은 모두 학교장에게 전달되지만 이를 받아들이느냐는 학교장이 어떻게 생각하느냐에 따라 달라진다. 학생들의 요구사항을 들어주지 않는 답답한 사람도 교장이고, 교직원회의의 결정을 뒤집는 권위적인 사람도 교장이다. 책임을 지는 단위가 학교장이기 때문이다. 답변은 역시 제도가 만들어져야 한다는 것이었다.

"맞아요. 그래서 학교를 보호하기 위한 법적인 장치가 있어야 합니다. 될 때까지 기다리면 안 되죠. 그리고 그런 장치가 마련될 때까지는 학교장이 확실하게 책임을 져야만 합니다. 권한보다 책임을 더 무겁게 생각하고, 잘못되는 것에 대해 철저하게 책임을 져야 합니다. 우리나라 교장 승진제도도 바뀌어야 하죠. 선출 보직이나 공모 교장을 늘려야 해요. 그래야 책임 안 지려는 교사들이 교장이 되지 못합니다. 그리고 어떻게 책임을 지는 것이 좋은가도 고민해야 합니다. 학교장이 할 수 있는 걸 많이 해야죠. 결재했다는 것은 책임을 진다는 겁니다."

교직원회의와 교사회 등의 자치 기구가 법적인 권한을 갖고, 결정된 내용을 교장이 실행하도록 해야만 교장의 권한을 견제할 수 있다는 이야기도 이어졌다. 또한, 빠른 결정과 실질적인 교직원회의를 위해서 교장이 회의에 함께 참여하고, 교육과정이나 정책 결정과 같은 논의에 함께할 수 있어야 한다. 교사와 동등한 위치에서 하나의 의견으로 교장의 의견이 처리되기는 어렵다. 교장의 생각이 그렇다고 해도, 받아들이는 사람의 위치에서는 학교장의 의견이 하나의 의견이 아닌 '이미 결정된 사항'으로 받아들이는 경우가 생긴다. 이전의 경험 때문에 비슷한 무게로 보이지 않는 것이다. 하지만 노력해야 한다. 같은 무게로 받아들일 수 있도록 때로는 한 표의 권리만을 행사하기도 하고, 어떤 문제로 교장과 교사가 의견이 다를 때 교장의 뜻대로만 결정하지 않는 경험도 해보아야 한다. 이것이 소통의 위계를 무너뜨리고 대화의 물꼬를 틀 수 있는 중요한 지점이 될 수 있기 때문이다.

교장이 '조정자'의 역할이 되는 것도 좋다. 교사회와 직원회, 교직원회의에서 나눈 이견을 조율하거나 조정하는 것이다. 이를 통해 교직원 전체가 함께 결정하는 구조를 만들거나, 학생자치회, 학부모회와 함께 학교자치 조직의 모두가 함께 결정하는 구조를 만들 수 있다. 모두가 협의해서 결정한다면, 겉모양으로 책임을 교장이 지지만, 교장에게만 책임이 있다고 생각할 수 없게 된다. 이런 식으로 분배하는 것이 권한이다. 어차피 결재는 교장이 한다. 물리적으로는 권한을 내려놓을 방법이 없다. 권한은 모두가 함께 결정하는 구조에서만 분배될 수 있다.

학교민주주의 지수에 관해서도 물었다. 학교민주주의의 조건이 학교장의 민주적인 소통 노력에만 있는 것은 아니나, 교장을 견제하기 위한 수단이나, 학교자치를 진단하는 최소한의 장치라고 생각하기 때문이다. 교직원자치가 이루어진다면 학교민주주의 지수 수치는 낮게 나올 수 없을 것이다.

"그런데 크게 의미를 두는 것 같지는 않아요. 특히 어떤 교장들은 오히려 수치만 좋게 나오도록 어설픈 노력을 하는 경우가 있어요. 피부로 느끼는 것이 설문 수치에 잘 반영되어야 할 텐데, 오히려 수치만 높게 나오게 하는 거죠."

어떻게 수치만 좋게 나오게 할 수 있는가에 상상력을 낭비할 필요는 없다. 이런 비열한 시도야말로 우리가 추구하는 자치를 가로막는 요인이다. 학교민주주의 지수만으로 이런 나쁜 의도의 노력이 계속된다면, 이를 보완하기 위한 장치 또한 필요하다. 학교장이 먼저 점검할 수 있는 부분을 찾고, 이를 보완할 방안을 마련해보는 상상을 해본다. 학교장 한 명의 리더십만으로는 이루어지지 않는다. 리더에게 필요한 조건이나 세세한 규정으로 권한을 나누는 것만으로도 실현될 수 없다. 책으로 배운 자치가 현실에서 빛을 보기 위해서는 대화하는 방법을 모색하고 길을 열어 구성원을 초대하는 수밖에 없다. 오랜 시간 단단히 쌓인 리더십에 관한 먼지를 털어내야 권한을 나눔과 함께 결정한다는 문화가 흐를 수 있을 것이다. 이제는 교직원자치에서 늘 의도적으로 빼먹는 이야기를 할 차례다. 바로 교원과 직원을 나누는 보이지 않는 선에 관한 이야기다.

서로 다른 역할을 수행한다고, 다르게 소통하지 않기

"선생님, 1억 5,000만 원이에요. 목공실."
"맞아요. 이거 어떻게 쓰죠?"
"목공실 만들어야죠. 선생님이 받아오신 거잖아요."
"저 아니에요. 이번에 전출 가신 ○○ 선생님이 받은 예산이에요."

그해 나는 1억 5,000만 원을 썼다. 정확하게 기억나지 않지만 대략 그 정도의 돈이었다. 목공실과 관련된 업무가 몰려들었고, 자세한 지시가 없는 상태에서 행정실과 이야기를 나누며 목공실을 만들었다. 건물 밖으로 문을 내고, 집기를 옮기고, 목공실에 설치할 기계와 장비를 구입했다. 목공의 'ㅁ'자도 모르는 내게 장비 명세와 목공실 인테리어보다 더욱 미스터리했던 것은 예산이었다. 물품선정위원회와 에듀파인, 나라장터의 콜라보가 나를 뒤덮었다. 행정실과 교무실은 전혀 다른 방식으로 일을 처리한다는 생각이 들었다. 상세한 설명도 구체적인 협의도 없었다. 행정실 측에서도 '아무것도 모르는 교사' 때문에 힘들었을 것이다. 업무 매뉴얼에 있는데 그 정도 예산 규모라면 입찰을 해야 하는지, 수의계약을 해야 하는지도 모르는 게 말이 되는지 의아했을지도 모르겠다. 그렇다고 차분하게 앉혀놓고 가르칠 수도 없고, 하나하나 모든 걸 처리해줄 수도 없었을 테다. 그 때문이었을까? 목공실이 완성되고 행정실장도, 계장도 모두 다른 학교로 떠났다.

　교육행정직 공무원은 학교행정 중에서 회계 및 시설관리 업무를 맡아보는 공무원이다. 각급 공립학교 행정실에서 근무하며 교육부 소속인가 교육청 소속인가에 따라 국가공무원과 지방공무원으로 구분되며, 대부분 각 시도교육청에 소속되어 있는 지방공무원이다. 같은 공무원이지만 교육공무원이 아닌 일반직 행정공무원이기 때문에 교사들 사이에서도 행정실장을 제외한 다른 사람들을 어떻게 불러야 하는지도 헷갈릴 정도다. 계장님, 주무관님으로 통칭해 부르지만, 어느 해에 오신 실장님은 명칭을 바꿔달라고 하기도 하고, 이듬해에는 다른 명칭이 붙기도 했다. 행정실 직원들과는 예산 문제를 다룰 때 가끔 만나거나, 연말 정산으로 만나는 정도라 어떤 직원은 얼굴 몇 번 못 마주쳐본 채 헤어지기도 한다.

같은 공간에서 근무하더라도 국가공무원, 지방공무원, 교육공무직원 등 정규직 여부가 다르고, 예산과 인사관리 업무 등은 대부분 예민한 성격이라 철저하게 일을 처리해야 하므로 동료 교육 행정직원, 교육공무직원 또는 교원과의 갈등이 없을 수 없다고 한다. 업무 처리 과정에서 다른 사람들과 업무적으로나 개인적으로 스트레스를 주고받는 일도 생길 터다. 교사의 일을 교육행정직 공무원에게 떠넘긴다는 불만의 기사가 나오기도 했다. 교사는 학생을 가르치는 일에 집중하고, 학교의 회계와 행정을 행정실이 처리한다는 큰 원칙이 있지만, 학교의 일이라는 것이 함께하지 않으면 어려운 점이 있다. 아이들을 먹이고, 가르치는 일에 학교 예산이 들어가고, 관리하는 건물에서 함께 생활하는 이상 서로의 일을 모르는 척 지낼 수는 없을 것이다.

특히 공문을 매개로 교육청과 연결되는 상황에서 예산 계획을 작성하고, 결재를 받고, 집행하는 과정이 복잡하고 행정실에 문의하고, 서로 의논하는 일은 생길 수밖에 없다. 실제로 교육과정에서 필요한 돈을 요구하고 사용하는 이는 교사다. 어디에서 얼마큼, 어떻게 사용하는지 좋을지를 행정실과 끊임없이 조정해야 한다. 대충 쓰다가는 회계 지침에 어긋나기도 하고, 심지어 사업비가 모자라거나 남는 경우가 생기도 하기 때문이다.

서로 다른 일을 하지만, 같은 목적의 일을 하므로 교사와 직원이 만나 '교직원회'를 두고 함께 필요한 일을 논의하는 일은 꼭 필요하다. 상호 역할은 분담되어 있으면서도 역할 수행은 협조체제로 구성되어 있어 갈등의 소지도 있다. 이러한 갈등이 일어나지 않도록 원천봉쇄할 방법은 없다. 하지만 갈등이 어떤 수준을 넘어서면 학교 조직이 정상적으로 움직일 수 없음은 자명하다. 특히 시설관리, 교육과정에 수반되는 경비, 학교 기본 운영비의 효율적 관리, 학교 예산 편성과 집행업무, 학교 급식업무, 학부모회와 학교운영위원회 업무, 교재교구를 포함한 물품 관리, 급여, 연금, 문서관리, 보안업무, 세입 업무 등 교육을 수행하는 과정 중 교육 활동 이외의 상당한 업무를 행정실에서 부담하고 있는 이상, 이에 대한 서로의 이해가 없이는 교육 활동을 잘 펼친다고 할 수 없을 것이다.

하지만 교육행정직 공무원과 교사 사이에 교육 활동에 관한 견해 차이가 생기기도 한다. 행정실과 교무실의 교류가 사라지거나 실제로 인간관계가 나빠지기도 한다. 특히 충분한 의사소통이 없을 때 이런 일이 더 많이 생길 수밖에 없다. 의사 결정을 위한 합리적인 의견 수렴이 아닌, 지시와 전달식 회의 운영방식이 의사소통을 막기 때문이다. 실제 생활 속에서 보더라도 그런 일을 찾을 수 있다. 교사들은 기안하고, 결재 받는 과정이 비효율적이고 크게 필요가 없는 일이라고 생각하는 반면, 교육행정직 공무원의 경우 문서의 합법성을 중요시하는 경우가 많다. 조직이 이원화되어 서로 복잡하다고 생각하며, 왜 거기에 돈을 쓰는지 이해하지 못하는 일이 생기는 것이다.

이러한 갈등을 완화하려면 서로 업무 한계를 명료화하고, 공정한 의사 결정과 업무 수행의 과정이 있어야 한다. 예산 집행의 합리성과 투명함이 더해지고 있는 요즘에는 이해할 수 없는 갈등은 줄어드는 편이다. 이에 더해 서로 업무를 이해하기 위한 만남을 갖고, 의사결정에 공동으로 참여하는 기회를 늘릴 수 있다면 '행정실 때문에 뭘 못 하겠다'라는 불만이나, '교사들은 이것도 모르나?'와 같은 비난은 사라질 것이다. 업무 처리 과정에 서로 협조하는 일은 이러한 이해와 참여의 기회가 없으면 확대되지 않을 것이다.

우리는 늘 시간이 없다. 업무 이해를 위해 연수를 진행하자고 말을 꺼내는 순간, 발화의 당사자는 공공의 적으로 몰리기 쉽다. 행정실의 업무를 이해하기 위한 연수가 우리에게 왜 필요하냐는 교사들의 눈치도 봐야 하고, 우리가 하는 일이 없어서 요즘 교사들이 뭐 하는지 들어야 하냐는 교육행정직 공무원의 눈치도 봐야 할 것이다. 업무 공유를 위한 행사가 아닌, 학교 교육과정의 공유와 업무 소통 강화를 위한 정기적인 협의를 마련하는 것이 좋겠다. 특히 예산 협의를 위해 각 부서의 부장과 행정실장만 모여서 이야기할 것이 아니라, 전체 교직원이 내용을 공유할 필요성이 있는 경우 함께 협의하는 구조를 만들어야 한다.

학기 말에 교직원회의 주제로 교육과정 공유, 예산 협의를 할 수 있다면 교육 활동을 이해하고 어떤 예산 편성이 필요한지, 어떤 협의가 필요한지 알 수 있을 것이다. 또한, 모든 직원이 함께 공동의 문제를 해결해나가고 있다는 인식을 공유하고, 공식적, 비공식적 모임으로 충분한 대화를 나누는 것도 중요하다. 서로 다른 역할을 수행한다고 해서 다르게 소통할 필요는 없는 것이다.

또한, 교육공무직원에 관한 교사의 인식과 동료성도 회복할 필요가 있다. 교육공무직원은 교육부 산하, 시도교육청 산하 각급 교육기관에서 교육 실무와 행정실무를 담당하는 직원이다. 주로 교무실에서 각종 행정 업무를 담당하는, 행정실무사가 이 교육공무직원에 해당한다. 전산 실무사, 과학 실무사, 방과 후 업무 실무사 등 학교급에 따라 그 업무가 조금씩 다른 예도 있다. 요즘 대부분 학교에는 행정실무사가 있다. 교육공무직원은 교육행정직 공무원과는 하는 일도, 채용 방식도 다르다. 그래서인지 행정실에서는 행정실의 직원이라는 인식이 적고, 또 교무실에서는 교사와는 다르게 존재한다. 필요할 때에는 교무실에서 근무하는 교사와 비슷하게 대우하지만, 어떤 면에서는 완전히 다르게 대하는 것이다.

어떤 일을 행정실무사가 처리하고, 어떤 일을 교사가 처리할지에 관한 업무 조정이 필요하다. 이때 업무 경계를 명확히 하는 것이 중요하다. 어떤 부서의 업무를 실무사가 어떻게 처리하고, 어디까지의 일을 할 수 있는지 명확히 하면 된다. 중간에 업무 조정이 필요할 경우 일방적인 떠넘기기로 여겨지지 않도록 합리적인 협의가 필요하다. 이때 동료성을 바탕으로 이야기 나눌 필요가 있다. 행정실무사의 역할이 교사의 행정업무를 덜어준다. 실무사가 없다면 교사가 종일 공문을 처리하고 공문에서 서로의 이름을 찾고, 어떤 업무가 어디로 가야 하는지 판단해야 하며, 이 판단 때문에 다시 감정 상하는 일이 생긴다. 실무사와 서로 일을 어떻게 나누어서 해야 하는지, 또 어떤 일이 교사의 업무인지 명확히 알아야 한다. '지난 학교에서는 이렇게 하지 않았는데요?', '다른 학교에서는 저렇게 하지 않는데요?' 하는 식의 반응은 교사들끼리도 하지 말아야 한다. 이런 말을 생각 없이 던진다는 것은 행정실무사를 교사의 아랫사람으로, 자신의 뒤치다꺼리를 하는 사람으로 본다는 뜻이 된다. 심지어 '잡무나 도맡아 하는 사람'으로 행정실무사와의 관계를 세우고 나면, 동료성을 발휘할 기회는 사라진다. 학교자치 관련 연수에서 행정실무사의 이야기를 들은 적이 있다.

"우리는 스스로 '떡 셔틀'이라고 불러요. 교장, 교감 선생님이나 부장님이 새로 오시면 그분이 전에 근무하던 학교에서 떡을 보내는 경우가 종종 있어요. 그 떡이 오면 각 교무실 선생님들에게 전달해야 하는데 그 일을 교무실에 있는 행정실무사가 주로 하거든요. 규정된 업무는 아니지만 당연하다는 듯이 저희에게 배달을 부탁하는 경우가 많아 그냥 했어요. 떡을 받은 선생님들은 누가 주셨냐고 물어볼 뿐 왜 저희가 떡을 나르고 있는지는 궁금해하지 않으시더라고요. 학교에서는 행정실무사가 둘뿐이라 얘기 못 하지만, 저희끼리 모이면 올해 몇 번 떡 셔틀을 했다고 한탄하곤 합니다."

교사들은 미처 의식하지 못한 부분일 것이다. 떡을 받으면서 누가 떡을 주었는지 궁금했지, 떡을 나르는 그들의 기분이 어떨지 공감하지 못했다. 교실에서 학생들에게 빵셔틀을 만들지 말라고 단호하게 말하면서 교사들은 자기들이 무엇을 보지 못하는지 모른다. 교직원 자치를 말하면서 교무실의 바로 옆에 앉아 있는 사람과도 제대로 소통하지 못하는 것은 아닌지 돌아봐야 한다. 교육행정직 공무원, 교육공무직원, 교사의 경계를 모호하게 흐리자는 것은 아니다. 서로의 경계를 넘나들며 소통하는 방법의 모색이 필요하다는 것이다. 이는 앞서 이야기한 바와 같이 교육과정을 공유하고, 예산과 학교 시설관리에 관한 협의를 진행하면서 만들어갈 수 있다.

어떤 사람들은 이런 확대된 만남이나 교직원자치회의 같은 것을 하다 보면, 갈등이 더 심해질 것을 우려하기도 한다. 민주주의는 갈등이 없는 것이 아니라 갈등이 합리적으로 해결되는 것이다. 숨겨진 갈등이 드러나면 학교 구성원들은 해결 방법을 찾으려고 할 것이다. 갈등의 원활한 해소를 통해 우리는 더 가까워질 것이다.

환대의 공동체에서 시작하는 자치

"신임교사의 마음으로 열심히 하겠습니다. 많이 가르쳐주세요."

"1년 동안 잘 지켜보면서 적응하겠습니다. 부족하더라도 많이 도와주세요."

자주 듣는 전입 교사의 첫 인사말이다. 새로운 장소에서 자신이 어떤 역할을 하게 될지, 어떤 역량이 요구되는지 모르는 상황에서 한없이 웅크린 말이다. 기존의 교사들이 손뼉 치며 환영한다. 간단한 선물을 전달하기도 하기도 한다. 하지만 이런 환영 인사 뒤에 이어지는 것은 담임 배치와 업무 배정 등 소위 눈치를 보거나 새로 온 사람은 조용히 있어야 하는 편치 않은 자리가 마련된다. 기존의 교사도 박수 이후에는 어색할 뿐이다.

반면, 새로 입학한 학생들을 환영하기 위한 다양한 시도가 있다. 교문에 걸린 '우리의 만남은 꽃으로 피어나리'와 같은 문구를 새긴 현수막, 레드 카펫으로 새로운 학교의 주인공을 환영하는 학생자치회의 교문 맞이, 장미꽃 한 송이를 선물하며 앞으로의 생활을 응원하는 행사 등은 새로운 장소에 대한 환영의 장치이다. 이러한 환영 인사는 새로운 장소에 오게 되면 갖는 필연적인 두려움을 다소 누그러지게 한다. 이런 환영과 환대가 교사와 직원에게도 필요하다. 단순히 따뜻한 느낌을 주기 위해서 화려한 선물과 박수로 환영하자는 것은 아니다. 교직원자치가 잘 굴러가려면 민주적인 문화 세우기와 민주적인 장치 마련이 함께 이루어져야 하기 때문이다. 이 과정이 환대로부터 시작되기를 바란다.

대부분의 학교가 2월 연수를 통해 새로 전입해 온 교사와 신임 발령 교사를 맞이한다. 새 학년을 꾸려나가기 위한 구체적인 작업도 그때 함께 한다. 새로운 교무실과 교실에 자리를 틀고, 교육과정을 살피고, 평가 계획을 세운다. 새로 맡게 될 업무에 배치되고 인수인계도 이루어진다. 이때 한 학교의 소통 구조에 대한 첫인상이 결정된다. 소통할 수 있는 통로가 마련되어 있고, 그 통로 안에 자신의 자리가 있다는 생각이 든다면 자연스러운 의사소통이 시작될 수 있다. '이 학교는 왜 이래?'라고 마지막에 의문 부호가 붙기 시작하면 앞으로의 소통에 그린라이트가 켜지길 기대하기 어렵다.

특히 2월에 집중해서 이야기 나누어야 하는 주제는 교육과정과 학습공동체 세우기다. 2월 연수 시간을 줄여도 이 두 가지 이야기를 나눌 수 있는 시간은 확보해야 한다. 교육과정을 만들어내는 과정은 교육 활동 설계의 핵심이다. 새로운 교사가 함께 참여할 틈을 열어두고 함께 결정하는 것이 좋다. 이전에 근무하던 교사가 만들어둔 내용을 그대로 따라가게 하면 자치도 소통도 어렵다. 새로운 구성원이 원하는 방향을 이야기하고, 앞으로 어떤 내용의 교육을 함께할 것인지 이야기를 많이 나눠야 한다. 물론 시간도 에너지도 많이 들어가는 일이다. 새로 온 교사와 어떻게 수업할지, 무엇을 가르칠지를 함께 논의하기란 말처럼 쉬운 일은 아니지만 않지만 이런 이야기를 나누고, 처음부터 함께 만들었다는 감각은 몸과 마음에 깊게 남는다. 더불어 학습공동체에서 함께 배우고 싶은 것을 논의하고, 시간을 배치하는 것도 중요하다. 회의시간을 정례화하는 것과 같이 학습공동체에 참가하는 시간을 결정하고, 함께 논의하는 과정을 통해 학교의 협의체 기본 구성을 감지할 수 있다. 기획 회의 단위에서 기본 틀을 마련하고, 학년 단위나 협의체 단위에서 함께 의논해 공동 연구와 공동의 문제를 언제 논의할지 결정하는 형식으로 학습공동체 일정을 짠다. 학습공동체에서 함께 연구하는 주제와 일정을 결정하는 과정이 수평적이고 합리적으로 되는지를 보면 조직의 의사 결정 구조가 어떤지를 알 수 있다. 누가 회의를 주도하고, 어떤 방식의 말하기가 이루어지며, 어떤 결정이 받아들여지는지 살피는 과정에서 민주적인 소통이 가능한지 알 수 있는 것이다.

작은 환영의 마음을 모아 이런 소통에 초대하는 것이 환대다. 새로운 참여자는 환대의 경험을 통해 이 조직에서 앞으로 어떤 수준의 발언을 어떻게 할 수 있을지 마음속의 판단이 이루어지며, 어떤 결정에 참여할 수 있을지도 감을 잡을 수 있을 것이다. 이 조직이 어떤 과정으로 합리적인 판단을 내리고, 누구의 의견으로 학교가 굴러가는지 알 수 있다면 역할이 분명해지기도 하고, 역할을 넘나들 수 있는 여지도 생긴다. 교직원자치의 첫 발자국이다.

교직원자치와 이어지는 학교자치를 통해 학교는 어떻게 변할까? 서로의 목소리에 귀를 기울일 수 있게 될 것이다. 목소리가 들리면 서로를 단순히 대상화하거나 적대시 할 수 없다. 삶으로 쓰인 역사, 배경, 그리고 현재의 상황을 이해하게 된다면 관계는 발전할 것이다. 이러한 움직임이 모여 학교문화가 될 수도 있을 것이다. 문화를 만들어가는 것이 학교자치의 목적이며 목표가 될 것이다. 문화가 된다는 것은 한 사람 한 사람의 목소리가 화음을 이루는 것과 비슷하지 않을까? 소통의 학교문화 속에서 구성원들이 의견을 표현하고 서로를 이해할 수 있을 것이다.

5장

학부모
자치

이 책을 쓰는 우리 중 몇몇은 학부모이기도 하지만, 학부모 정체성보다 교사 정체성이 큰 사람들이라 좁은 경험의 글이 될 것 같았습니다. 교사가 아닌 학부모가 느끼는 것은 우리와 다르지 않을까 하는 생각에 인터뷰를 진행하기로 했습니다. 발이 넓은 선생님이 다양한 학부모를 섭외했습니다. 학부모회 활동을 열심히 한 사람, 학부모회 활동을 열심히 하다가 이제는 그만둔 사람, 학부모회를 긍정적으로 보는 사람, 또 부정적으로 보는 사람까지 다양한 학부모를 나름대로 규정하면서 사람을 찾았습니다. 첫 번째 인터뷰 대상자를 선정했는데 그 목록이 화려했습니다. 이분들을 다 만나서 어떤 이야기를 나누고, 어떻게 글을 써야 하는지 막막하기만 했습니다. 인터뷰 질문을 정하고 첫 번째 학부모를 만나고 나서 걱정은 사라졌습니다. 저희에게 들려주는 이야기는 생생하고, 생각이 깊고, 마음이 넉넉해지는 것이었습니다. 이런저런 방식으로 규정하는 학부모가 아니라 그냥 학부모였습니다. 아이들을 중심에 두고 만나지만 사람과 사람이 만나는 일이었습니다.

이번 장을 맡아 쓴 선생님은 어렵다거나 어떻게 써야 할지 모르겠다고 앓는 소리를 하지 않고, 다양한 논문과 책을 읽었습니다. 그 과정에서 뻗어 나간 제안이 '너무 나간 거 아니야?' 느낌으로 저희를 놀라게 하기도 했습니다. 하지만 인터뷰 과정에서 그런 상상을 이미 실현하는 학부모회가 있다는 것을 알게 되었습니다. 학부모를 민원인으로 생각하면, 학교와 교사는 민원처리반이 됩니다. 민원처리반은 눈앞의 일을 처리하고 해결하는데 시간을 쓸 수밖에 없습니다. 다른 데 쓸 수 있는 소중한 시간입니다. 학부모회가 학교자치의 한 축으로 자리 잡고, 교사회나 학생자치회와 함께 연대하는 모습을 그려봅니다.

부모에서 학부모로 지혜로운 변화

학부모가 된 교사

아이가 학교에 들어가면 부모는 학창 시절 느꼈던 것을 다시 경험하게 된다. 그것은, 아이의 학교생활을 결정하는 사람이 바로 교사라는 사실이다. 부모는 선생을 불신하면서도 갓 초등학생이 된, 희망에 가득 찬 아이들을 학교에 맡긴다. 그러니까 교사들에게 맡긴다. 이제부터 일어나는 모든 일은 바로 그 교사들을 거쳐 흘러간다. 아이가 받아오는 모든 도장, 성적, 평가 등을 비롯해 아이에 대한 판단, 칭찬과 특히 비판 등 모든 것이 교사의 입이나 손에서 비롯된다. 내 아이가 평균보다 느리다고? 교사가 그렇게 주장했다. 내 아이가 집단에서 잘 어울리지 못하고 겉돈다고? 교사가 그렇게…. 내 아이의 사회적 태도에 문제가 있다고? 교사가…. 그러다 엄청난 재앙이 일어나기도 한다. 부모가 그렇게도 바라던 학교에 자녀가 들어갈 수 없는 것이다. 부모가 바라는 학력을 자녀가 얻지 못하게 된다는 말이다. 그것도 부모로서는 어찌할 도리가 없는 교사들 때문에.[1]

이 내용을 부모가 되기 전 교사의 마음으로 읽었다면 '학생이 못한 걸 왜 교사 탓을 하지?'라고 생각하며 억울해했을 것이다. 9살 아이의 부모가 된 현재 학부모의 마음으로 읽으니 이해가 된다. 딸이 받아 온 선생님의 평가 중 '이해가 빠르지는 않지만'이라는 구절만 마음에 콕 박혀서 아팠다. 교사인 내가 보호자에게 무심코 한 말을 떠올렸다. 교사들은 주로 문제 행동을 보인 학생의 보호자에게 잘못을 전달하고 행동 수정을 부탁한다. 부모의 마음은 헤아리지 못한 채 나도 그랬다.

교사도 학부모를 만나면 불안하고 두렵다. 학생이 집에 가서 교사에 관해 전한 말들, 학교를 부정적으로만 바라보는 시선들, 교육청을 통해 해결하겠다고 하는 사람들 등에 대한 두려움이 있다. 그래서 학부모를 만날 때 교사들은 방어적으로 변한다. 아이를 매개로만 하여 대화 주제를 한정하고, 풍부한 대화는 되도록 피한다. 나뿐만 아니라 다른 교사들도 그럴 것이다. 이러한 현실에서 마주한 학부모 자치는 어떻게 해야 할까?

---

1) 하이데마리 브로셰, 이수영 역, 『교사가 알아야 할 학부모 마음 학부모가 알아야 할 교사 마음』, 시대의창, 2012.

학부모자치의 현실

　부모에서 학부모로 변화하는 시작은 대부분의 학교에서 학년 초에 실시하는 학부모 총회이다. 그러나 총회의 모습을 구체적으로 살펴보면 학부모가 교육주체로 인정받는 과정과 거리가 멀다. 첫 학부모 총회의 모습을 학부모의 관점에서 스케치해보자.

　　총회 시간인 오후 3시에 맞춰 홈페이지에 공지된 장소인 강당으로 들어갔다. ㉠아버지는 거의 보이지 않고 나와 비슷한 또래의 어머니가 대부분이다. 입구에는 등록부, 유인물, 다과가 놓여 있고, 정장을 입은 교사가 웃으면서 학부모를 맞이하고 있다. 등록을 하고 들어오면 단상을 향해 있는 의자가 놓여 있다. 맨 앞은 임원석으로 정해져 있고 뒷자리부터 채워진다.

　　사회를 맡은 교무부장이 앞자리부터 채워달라고 부탁해 주섬주섬 짐을 챙겨 앞으로 자리를 옮긴다. 300여 개의 좌석이 마련되었지만 반도 채워지지 않았다. ㉡초등학교 학부모 총회에서는 자리가 다 채워져 서서 들었던 기억이 있는데 중학교는 많이 다르다고 생각했다. 교장이 개회사와 인사말을 하고, 전년도 학부모 임원에게 감사패를 전달하겠다고 한다. 앞자리에 있던 학교운영위원회위원장, 학부모회장, 학부모폴리스회장, 녹색어머니회장, 학부모동아리회장이 일어서서 단상에 오른다. ⓒ잘 아는 사이인지 대화를 하면서 올라갔고, 교장도 함박웃음을 지으며 상장을 수여한다.

다음으로 교감이 학교교육과정을 설명하고 교직원을 소개한다. ⓔ담임이 소개되자 학부모들이 바빠진다. 내 아이 담임이 누구인지 찾고 있고, 주변 학부모에게 담임교사에 대한 정보를 묻는다. 인사가 끝나자 교무부장이 마이크를 넘겨받아 올해 학부모위원을 선출하겠다고 말한다. ⓜ가정통신문을 통해 위임장을 받은 것을 강조하고 지금 모인 학부모 중 입후보할 사람을 물어보자, 전년도 학부모회장이 주변을 둘러보면서 머뭇거리다 손을 들고 지원한다. 여기저기에서 박수가 나오고 학부모회장이 정해진다. 단출한 선거가 끝나자 학부모들은 각 반 교실로 이동한다.

반에 가니 담임교사가 다른 학부모들과 이야기를 나누고 있다. 총회에 참석하지 않고 바로 교실로 간 학부모와 상담하고 있었다. 교실에 들어가서 어색하게 인사하자 먼저 온 학부모는 일이 있다면서 나간다. 나를 포함해 3명의 학부모가 둘러앉자 담임교사는 부탁을 드릴 일이 많다면서 멋쩍어한다. ⓑ칠판에는 학급대표 1인, 시험감독 3인, 급식 모니터링 2인, 도서관 봉사 4인이 적혀 있다. 학급대표는 서로 하지 않으려고 해서 뽑지 못했고, 3명의 학부모가 두 가지의 역할을 맡아도 부족했다. 교사는 반장 학부모에게 전화를 해서 학급대표를 부탁했고, 정하지 못한 역할은 다른 부모님들에게 전화를 돌려야겠다고 말한다. 그러나 방송을 통해 오늘까지 꼭 배정된 인원을 채워달라는 단호한 목소리가 학교 전체에 울린다. 결국 한 학부모가 같은 반 아는 어머니에게 직접 전화해 인원을 채우니 오후 5시가 되어 퇴근 시간이다. 담임교사는 개인 상담이 필요하신 분은 따로 하고 가라고 말했지만, 어린아이를 둔 교사를 붙잡고 얘기하기가 미안해 다음에 오겠다고 하며 교실을 나섰다. 집에 오면서 다음부터는 학부모 총회에 가지 않겠다고 다짐했다.

총회에 참석했던 학부모는 학교에 다시 올 이유를 잃어버린다. 특정한 사람들이 선점한 것 같고, 학교에서 일을 시키려고 부른 느낌이 든다. 총회가 부담스러운 건 교사도 마찬가지다. 첫 만남부터 부탁해야 하고, 하기 싫은 일을 억지로 떠맡기는 것 같다. 학년 초 아이를 알아가는 단계에서 학부모와 무슨 말을 해야 할지 모르겠다. 왜 그런 일이 일어나는지 스케치 내용을 차근차근 살펴보면서 해결 방법을 찾아보자.

㉠: 학부모 총회라고 하지만 사실은 어머니 총회다. 아니 직장을 다니지 않고 집에서 아이 양육만 하는 보호자를 위한 총회다. 모든 학부모를 대상으로 한다면 오후 3시에 행사를 잡을 수 없다.

㉡: 초등학교 〉 중학교 〉 고등학교 순으로 아이가 클수록 학교에

오는 학부모 수는 적어진다. 단순히 학부모의 관심이 줄어들었다기보다는 학부모 총회가 학부모를 위한 자리가 아님을 알아가면서 가지 않게 되는 것이 아닐까?

ⓒ: 학부모 임원은 한 사람이 맡으면 아이가 학교에 다니는 동안 계속하고, 친한 사람들과 같이하는 경우가 많다. 어떤 단체가 특정 사람들의 대표 기관으로 기능하려면 친분이 아닌 역량에 따라 조직되어야 한다.

ⓔ: 학부모가 총회에 오는 주목적은 담임교사에게 눈도장을 찍기 위해서이다. 내 아이에게 좋은 부모가 되기 위해 내키지 않지만 담임교사를 만나러 가는 것이다. 그렇기 때문에 학부모회장이 누가 되든지 상관없고 담임교사와 따로 면담하는 것이 중요하다.

ⓜ: 민주적인 선거는 입후보자가 자발적으로 나서고 공약을 비교하면서 투표를 거쳐 이루어진다. 학부모회장을 뽑는 선거는 민주 선거의 규칙이 지켜지지 않는다. 오히려 입후보자는 떠밀려서 나가고, 박수 소리로 선출 여부가 결정된다.

ⓗ: 학교에서 학부모를 부른 욕망이 그대로 드러난다. 행정기관은 학부모를 학교 일에 참여시키기를 강요하고, 학교는 어쩔 수 없이 자리를 만들어 할당한다. 학교는 그 자리만 채우면 된다. 그 과정이 어떻든 상관없다.

경험을 토대로 상상하여 기술했지만 학부모 총회를 경험한 학부모, 교사라면 이러한 분석이 결코 과장이라고 할 수 없을 것이다. 학교와 처음 만나는 과정이 이렇다면 학부모자치를 하겠다는 학교를 신뢰할 수 있을까. 우리가 만난 학부모도 비슷한 경험을 들려주었다.

저는 나름대로 학교에 가려고 마음을 먹은 학부모예요. (초등학교 학부모 총회 때) 학교에 가면 중앙에서 방송으로 하는 행사를 보고, 역할을 정하고, 그게 다였던 것 같아요. 어떤 선생님들은 아이들과 어떻게 수업을 하겠다는 이야기를 하기도 했지만 대부분은 (학부모) 역할을 정하는 것을 주로 했어요. 역할이 없으면 학부모가 학교에 가는 게 편하지 않아요. -A학부모

학부모가 편한 학교

'학부모가 편한 학교'라는 말은 두 가지 의미를 내포한다. 하나는 학부모가 찾아가기 어렵지 않은 학교라는 뜻이고, 다른 하나는 학부모를 학교(학생과 교직원)가 대하기가 편해야 한다는 것이다. 대부분은 두 가지 다 기대에 못 미친다. 미완의 의미를 채우기 위해서는 먼저 학부모가 학교를 어떻게 생각하는지를 알아야 한다. 학부모는 학교를 생각하면 어떤 감정이 들까?

> 첫 아이가 간 학교는 딱딱하고 형식적이었어요. 환영받는다는 느낌이 들지 않았어요. 학부모회도 신입생 학부모가 들어가기 어려운 분위기고요. 담임선생님과 만날 때는 대립한다는 느낌도 들었고요. -A학부모

> 저는 3월에 학기를 시작하는 것이 마음에 안 들어요. 그 이유는 단순해요. 너무 춥잖아요. 제 아이가 중학교 1학년이 되어서 처음 학교에 다녀와서 하는 말이 선생님이 코트를 벗으라고 했대요. 선생님도 추워서 코트를 입으면서 학생들에게 입지 말라고 하는 게 이해가 안 간다고 하는데 할 말이 없었어요. 그래서 아이가 중학생 때는 학부모회 활동을 전혀 하지 않았어요. -B학부모

'학교를 생각하면 떠오르는 감정은 무엇인가요?'에 대한 학부모들의 대답이다. 학부모는 학교 가는 것이 편하지 않다. 학생과 교직원은 자연스럽게 학교에서 만남이 이루어지지만 학부모는 시간을 내서 약속을 하고, 일부러 찾아가야 한다. 학교에 가서도 반기는 사람이 적고, 있을 공간도 마땅치 않다. 그래서 특별한 일이 있지 않으면 학교에 가지 않게 된다.

지금 학교와 학부모는 어떤 관계를 맺고 있을까? 정확히 말하면 학생, 교직원과 학부모가 어떤 사이인지 알아봐야 한다. 학부모와 학생은 부모 자식 사이지만 학교에서 만나면 불편하다. 나도 학창시절 부모님이 학교에 올 일이 있으면 아는 척하지 말아달라고 부탁했고, 지금 아이들을 봐도 학교에 온 보호자를 살갑게 맞는 경우가 거의 없다. 어쩌다가 학교에 온 학부모를 볼 때 교직원은 민원을 제기하려고 온 건 아닌지 불안한 눈빛을 드러내기도 한다. 학부모와 교직원 사이는 한마디로 어색하다. 어색해서 만남이 불편하다. 불편해서 자주 보지 않으려고 한다. 자주 만나지 않으니 서로를 모른다. 모르니 사이가 멀어진다.

학생, 학부모, 교직원을 교육 3주체로 꼽지만 학교 운영에서 학부모를 학생, 교직원과 동등한 위치로 보지 않는 경우가 많다. 교육행정기관은 학부모를 학교의 주체라기보다 가정교육을 책임지는 역할로 한정하고, 학교를 도와 학생이 올바로 성장하는 데 기여해야 한다고 여기는 경향이 있다. 학부모를 가르치거나 계몽시켜야 하는 존재로 보고 학교 운영에 부차적인 역할만 맡기는 경우도 많다.

학부모 운동을 하면서 교육부나 교육청에서 주최하는 토론에 참여한 적이 있는데 학부모는 구색을 맞추기 위해 초청한 것이 아닌가 하는 느낌이 받았어요. 소외감을 느낄 때가 많고, 심지어는 학부모는 무식하다는 얘기를 들을 때도 있었어요. 어떤 장학사가 교사들과 대화가 되려면 공부를 많이 하셔야 된다고 말했거든요. 그때는 무시당한다고 생각했어요. -B학부모

학부모자치가 이루어지기 위해서는 학부모가 학교 구성원들과 학교에서 쉽게, 자주, 편하게 만날 수 있어야 한다. 학교가 문을 먼저 열지 않으면 학부모자치는 이루어지기 힘들다고 학부모들은 지적한다. 특히 관리자가 학부모에게 학교를 개방하려고 노력해야 한다고 말한다.

교육청에서 학부모 활동 교육을 받고 단위 학교에서 실행하려고 하면 학교가 반기지 않는 경우가 많아요. 특히 교장 선생님 생각에 따라 활동 여부가 많이 좌우되었어요. -B학부모

중학교에 갔을 때는 초등학교 때와 분위기가 전혀 달랐어요. 교장 선생님이 나서서 학부모를 환영하시고, 학부모교육 프로그램도 꾸준히 진행했어요. 그래서 학부

모들이 편하게 학교에 가서 활동할 수 있는 힘을 얻었
어요. -A학부모

학부모가 학교 교육에 참여하는 결정적인 요인은 학교의 정책이
나 노력 정도이다.[2] 학교는 학부모가 학교 교육주체로 참여할 수 있
는 구조로 바뀌야 하고, 교직원이 나서서 학부모의 마음을 먼저 열
면 학교와 학부모 간의 신뢰를 쌓을 수 있다. 학교장이 중심이 되어
학부모가 머물 수 있는 공간을 확보하고, 매일 나와도 불편함을 느
끼지 않도록 분위기를 만들어야 한다. 꼭 무엇을 하기 위해서가 아
니라 학교 구성원으로서 관계를 형성하기 위해 자주 마주칠 필요가
있다. 다음 학부모의 말과 같이 함께 있다 보면 새로운 상상이 가능
하다.

처음에는 특별한 목적 없이 수다를 떨려고 모였어요.
학부모 상주실에서 이야기하다가 밥도 만들어 먹으면
서 친해졌죠. 그렇게 두 달을 학교에 매일 나갔는데 누
군가가 같이 책을 읽자고 했어요. 세 명이 동의해 책모
임을 시작했는데, 선생님들이 그 소식을 듣고 같이하자
고 했어요. 그렇게 학부모와 교사가 함께하는 책모임으

---

2) 류춘근 외, 「학부모의 학교 참여와 학교교육의 효과성 인식」, 서울특별시 교육
정보 연구원, 2011, 82쪽.

로 발전했는데, 서로를 이해하는 계기가 되었어요. 학부모와 교사의 관점이 달랐거든요. 한 선생님은 전근 가면서 학부모님과 책 읽는 이런 모임을 그 학교에서도 하겠다고 했어요. 그렇게 학교에 자주 오니까 학생, 교직원이 보는 눈빛이 달라졌어요. 아이들이 찾아와서 먹을 것 좀 달라고 하고, 선생님들하고 내 아이 얘기가 아니라 학교 얘기를 하게 되었어요. -B학부모

교육주체로 서는 학부모회

학부모가 학교에 오기를 기다리지 않고, 오게 하려면 어떻게 해야 하는가? 학부모가 학교 교육에 참여하기 어려운 이유로는 경제적 상황으로 인한 시간 부족, 기존 학부모회의 고착화, 학교에 대한 선입견, 학교의 폐쇄성 순으로 조사되었다.[2] 직장인 학부모가 참석 가능하도록 모임 시간을 조정하고, 학부모회를 민주적으로 조직하고, 학교가 마음의 문을 열어 먼저 손을 내밀어야 한다. 진심으로 학부모를 반갑게 맞이하고 머물 공간을 마련하면 좋다.

학부모가 학교에 올 수 있는 분위기가 형성되면 학교에 올 이유가

---

3) 김현정·이종각, 「학교자치 실현을 위한 학부모 학교참여의 진단과 과제」, 『학부모학연구』 제6권 제2호, 한국학부모학회, 2019.

있어야 한다. 매일 아이 상담을 하기 위해 학교에 오기는 어렵다. 학교 교육에 학부모가 기여할 수 있는 일이면 좋다. 요즘 많은 학교에서 사회적 협동조합의 형태로 매점을 열고, 친환경 먹거리를 제공하는 사업을 하고 있다. 매점에 학부모가 상주하면서 지역 주민을 포함한 많은 사람들이 학교 교육에 참여할 수 있게 되었다.

> 처음에 학생자치회가 매점을 협동조합 형태로 만들자고 제안했어요. 아이들에게 좋은 음식을 맛있게 제공한다는 취지에 공감해서 참여했는데, 3년이나 걸릴 줄은 몰랐죠. 학생들이 조합원이 되려면 보호자의 동의서를 비롯해 수많은 서류가 있어야 한다는 것을 나중에 알고 고생했지만 학생들과 매점을 만들고 나니 더 자주 만나 가까운 사이가 된 것 같아요. -B학부모

그러나 학부모가 학교에 와서 할 일이 있는 것과 교육주체가 되는 것은 다르다. 신생아가 걸음을 익히는 데 1년 남짓한 시간이 걸리듯이, 학부모가 학교에서 교육주체로 서기 위해서도 시간이 필요하다. 국가가 교육 정책을 주도하고, 학교가 교육 정보를 독점하는 상태에서 학부모가 스스로 교육주체가 되기는 어렵다. 학부모를 교육주체로 설 수 있게 하는 힘과 장치가 필요하다.

학부모회를 중학교에서 담당하면서 몇 년 동안 체계를

잡아놓았어요. 아버지 학교를 열어 학부모 모두 학교에 올 수 있는 상황을 만들었어요. 그런데 제가 학부모회 업무를 하지 않으면서 제가 만들어놓았던 것이 금방 없어지더라고요. 생각해보니 교사인 내가 계획, 운영, 평가까지 주도해서 학부모들이 스스로 설 수 있는 기회를 드리지 못한 것 같아요. 그 점이 아쉬워요. -A교사

학부모회 회의에 선생님들이 참여했지만 논의를 이끌지는 않았어요. 학부모가 주도해서 계획을 세우고 운영 방식을 결정하면 학교에서는 행정 지원을 해줬어요. 예산이 많이 필요한 강사를 추천해도 학부모들의 결정을 존중해서 어떻게든 해주려고 했어요. -A학부모

학부모자치는 학부모끼리의 자치를 의미하는 것은 아니다. 학교 구성원 모두가 함께 만들어가는 것이다. 이를 위해서는 먼저 학부모를 교육주체의 한 축으로 인정하는 새로운 인식이 선행되어야 한다.

학교 교육의 목적이 학생의 성장이라고 할 때 학부모는 아이가 어릴 때 중요한 역할을 담당해왔고, 아이의 미래를 함께할 사람이다. 학교와 교사는 1~6년 동안 학생과 만나서 교육하지만 학부모는 20여 년의 시간 동안 아이의 성장을 책임지고 있다. 학부모와 교사는 학생의 성장이라는 공동의 목표를 위해 서로의 통찰과 경험을 공유하고 교육의 동반자로 관계를 새롭게 형성할 필요가 있다.

또한 학부모는 시민의 자격으로 학교 교육에 참여한다. 학부모의 학교 교육 참여는 공공적 성격을 띤다. 미래의 시민을 길러내는 중요한 일을 교직원과 같이하는 공동체적 활동이다. 교직원은 학생의 부모가 아닌 교육 시민에게 학교를 개방한다고 여기고, 다양한 의견을 수용하여 함께 교육을 만들어야 한다. 학부모는 자녀의 부모만이 아니라 스스로 교육주체로 인식하고 거시적인 관점에서 학교 교육을 바라보면 좋다. 학교의 중요 의사 결정에 학부모가 참여하는 과정을 통해 투명하고 민주적으로 학교를 운영하는 시스템이 자리 잡아야 한다.

학생, 학부모, 교직원 모두가 학부모자치를 주제로 대화하는 자리(연수, 간담회 등)가 있으면 좋다. 학교 운영 과정에서 학부모회가 학생자치회, 교직원회와 연결되어야 한다.

학부모회는 누구나 참여할 수 있는 형태를 갖추면서 학교의 중요한 의사 결정에 참여할 수 있는 권한을 갖고 있어야 한다. 학부모회가 교육주체로 인정받지 못하는 상황이라면 학교운영위원회와 학부모회가 밀접하게 연결되면 새로운 가능성이 열린다. 학교운영위원회에서 처리할 안건과 관련된 소위원회를 학부모가 중심이 되어 만들면 의견을 반영할 수 있다. 소위원회(예결산 소위원회, 학교 급식 소위원회 등)는 안건들을 사전에 조사하여 실질적인 논의가 되도록 한다. 학부모는 소위원회 활동을 통해 학교 운영에 더 다가갈 수 있고, 직접적인 영향을 미칠 수 있다.

학부모교육을 통해 거듭나기

학교는 배우는 곳이다. 학생은 사람이 되는 과정을 배우고, 교직원은 학생을 성장시키는 방법을 배운다. 마찬가지로 부모가 학교에 와서 교육주체로 서려면 배움이 필요하다. 현재 학부모교육 프로그램은 주로 교육청이나 학교에서 만들어 운영한다. 학부모회가 학부모들의 의견을 조사하여 프로그램을 계획하고 학교가 예산과 장소를 제공하는 형태가 많다. 학부모회가 제대로 조직되어 있지 않은 학교에서는 학부모 업무 담당교사가 계획부터 결산까지 모두 처리하는 경우도 있다. 단위학교에서 일반적으로 볼 수 있는 교육 프로그램은 아래 표와 같다.

학부모대상 재능기부지원	● 리스 만들기 - 내용 : 조화를 이용한 인테리어 소품, 리스 만들기 수업 - 강사 : 학부모 재능기부(1학년 학부모 김○○) - 일시 : 20○○년 ○월 ○일 - 방법 : 재능기부, 소규모 대면강의 ● 천연화장품 만들기 - 내용 : 물광피부 천연에센스 만들기 - 강사 : 외부강사(추○정) - 일시 : 20○○년 ○월 ○일 (1학년 학부모) 20○○년 ○월 ○일 (2학년 학부모) 20○○년 ○월 ○일 (3학년 학부모) - 방법 : 소규모 대면강의

세부사업명	활동내용
학교교육 모니터링활동	● 학교교육활동 모니터링을 위한 학부모 모임
학부모대상 특별강연	● 효과적인 자기주도학습법에 관련된 학부모강좌 - 주제 : 자녀의 효과적인 자기주도학습법을 어떻게 도울까? - 강사 : 외부강사(손○숙, 심○진) - 일시 : 20○○년 ○월 ○일 - 방법 : 온라인 강의(ZOOM)

    학교 학부모교육 프로그램은 자녀 공부법 강좌, 취미 활동 등을 주 내용으로 한다. 학교교육과 관련된 활동이 있지만 구체적이지 않고, 활동을 했더라도 그 결과가 학교교육에 반영되었을지는 의문이다. 학교는 학부모가 가정에서 아이를 잘 키우기를 바라면서 계몽적인 방식으로 교육을 실시한다. 학교 철학, 학교교육과정 등 핵심적인 내용은 비껴가고 공예품 만들기, 김장해서 전달하기 등 변죽만 울리는 프로그램이 대부분이다. 주로 1회성 프로그램이 만들어져 학부모교육이 일부 학부모만을 대상으로 단편적으로 이루어짐을 알 수 있다.[4] 우리가 인터뷰한 학부모들도 같은 문제를 지적한다.

    초등학교에서 들었던 학부모교육은 부모교육과 관련된 것이었는데, 강사가 와서 강의하는 형태였어요. 그

---

4) 서울대학교 학부모정책연구센터, 『학부모교육』, 교문사, 2011, 16쪽.

자리에서 고개를 끄덕였는데 그 시간이 다였어요. 한
번에 많은 학부모들이 모여서 강의를 들었는데, 그 이
후 모임이 이어지지 않아 그게 끝이었죠. -A학부모

　처음부터 학교자치와 학부모자치를 이해하고 교육주체의 역량을
지닌 학부모는 드물다. 학부모도 성장하는 과정이 필요하다. 독일은
학부모와 교사가 협동해야 학교 교육이 성공할 수 있음을 20세기 초
반부터 인지하고 학부모 참여, 학부모 활동, 학부모교육을 실시하였
다.[5] 독일에서 1970년대에 부모 자격증 교육 프로그램을 개발하고,
2000년대에 이민자, 저소득층 등 소외계층을 위한 학부모 지원에 힘
쓰고 있는 것은 우리에게 많은 시사점을 준다. 대만은 2003년 가정
교육법을 제정해 행정기관이 부모교육을 해야 할 의무를 명시하고
학교에서 학부모에게 이러한 교육을 제공한다.[6]
　우리나라는 부모교육이 강제되지 않은 상황에서 학교가 그 역할
을 담당해야 하는 상황이다. 현재 우리나라 학교에서 이루어지고 있
는 학부모교육은 크게 부모교육, 평생교육, 학교참여교육 등으로 나
눌 수 있다.[7]
　다음은 학부모가 학교 교육주체로 성장하기 좋은 학부모교육 프

5) 박성희, 「독일 학부모 교육의 역사 및 활동 사례」, 『학부모학연구』 제2권 제
　2호, 한국학부모학회, 2015.
6) 세계법령정보센터(https://world.moleg.go.kr/web/main/index.do)
7) 서울대학교 학부모정책연구센터, 『학부모교육』, 교문사, 2011, p. 4.

로그램을 구성한 것이다.

주제	활동내용
나(부모)에 대한 이해	-내면 아이를 발견 -자신에 대한 이해를 바탕으로 자녀를 이해
우리에 대한 이해 (학교자치 비전 공유)	-학생, 학부모, 교사가 모두 참여하여 학교자치와 학부모 자치에 대한 철학을 세우고 방향을 만든다. -아이 교육의 중심이 학부모가 되어야 함을 인식하고, 교직원이 할 일을 새롭게 설정한다.
학교에 대한 이해 (학교교육과정설명회)	-우리 학교에서 이루어지는 교육과정과 교육프로그램을 이해한다. -학교교육과정 중 학부모가 참여할 수 있는 것을 학생, 학부모, 교직원이 같이 고민한다.

학부모교육은 나에 대한 이해, 우리에 대한 이해, 학교에 대한 이해로 넓어지면 좋다. 이 중 반드시 학부모가 자신의 삶을 돌아볼 기회가 있어야 한다. 덕양중학교에서는 '이슬비 사랑교실'이라는 이름으로 이 과정을 체계적으로 진행하였다.[7] 그 내용을 요약하면 이 교실의 교사는 교장으로, 학부모가 가진 '내면 아이'를 발견하게 하여 서로를 신뢰하는 관계를 만들어 '내 자녀'의 문제를 '모든 자녀'의 문제로 함께 생각하게 한다. 이후 학부모들은 가정에서뿐만 아니라 학교에서도 자신들이 할 일을 찾아 나섰고, 선배 학부모가 후배 학부모를 교육하는 전통이 만들어지고 있다. 덕양중 학부모교실은 특별

8) 이준원·이형빈,『평화의 교육과정 섬김의 리더십』, 살림터, 2020.

한 조건에서 만들어졌지만 몇 가지 배울 점이 있다. 첫 번째로 학부모교육은 학부모의 자기 이해 과정이 선행되어야 한다는 것이다. 자신에 대한 이해는 애니어그램, MBTI 같은 성격 파악 프로그램이 아니라 내면까지 들어가는 프로그램이어야 한다. 자신을 알아야 다른 사람이 보이는데, 부모와 자녀의 관계는 더욱 그렇다. 두 번째로 학부모교육은 학교장이 주도해야 한다. 교사는 수업과 교육만으로도 시간이 모자란다. 담임과 수업을 맡은 교사는 학부모와 현실적으로 얽혀 있기 때문에 편한 관계를 만들기 쉽지 않다. 학교장은 학부모기 대화하고 싶어 하는 존재이고 노력하면 학부모가 쉽게 마음을 열 수 있다. 학부모와 교사가 좋은 관계를 유지하길 가장 바라는 사람은 교장인 경우가 많다. 절실한 사람이 그 일을 가장 잘할 수 있다. 세 번째로 학교에서 이루어지는 학부모교육은 학교 교육과정과 연결되어 학생과의 만남이 이루어져야 의미가 있다. 어느 중학교에서는 회복적 생활교육 강의를 수강한 학부모들이 중심이 되어, 학급별로 '회복적 정서지원단'을 구성하여 아이들의 상담사 역할을 하였다. 학부모들은 자신들의 활동이 학교와 학생들의 미래에 직접적으로 영향력을 행사할 수 있을 때 더 적극적으로 참여한다.

학교에서 이루어지는 모든 활동의 목적은 학생 교육이다. 학부모 활동도 학교와 교실에서 지속적으로 모습을 보일 수 있어야 하고, 실제로 교육 활동에 참여해서 의미를 찾아야 한다. 학부모가 교육과정, 예산, 인사 등 학교의 주요 의제에 접근할 수 있도록 하고, 학생과 직접 만나는 기회를 만들어 교육 활동에 참여하면 좋다. 그 과정에서 학부모는 학교의 교육철학을 이해하고, 교사의 교육 방식을 존중하며, 새로운 의견을 학교에 제안할 수 있다. 단순한 민원이 아니라 참여를 바탕으로 한 대안의 제시는 학교자치 발전에 기여할 수 있다. 더불어 학부모도 스스로 학교 일에 주체로 참여할지, 객체로 개입할지 생각해야 한다. 참여(participation)가 학부모 자신이 학교공동체 일원으로 인식하고 지속적으로 학교 교육에 기여하는 것이라면, 개입(involvement)은 자녀의 부모라는 제한된 관념 속에서 수동적으로 학교 운영에 일시적으로 관여하는 것을 의미한다.[9] 학부모는 시민으로서 교육에 대한 권리와 책임을 다하고, 학교 교육의 동반자로서 활동하며, 학교의 중요한 의사 결정이 영향을 미칠 수 있어야 한다.

소수 학교의 이야기지만 학부모가 중심이 되어 학교를 만들어가는 사례를 참고할 필요가 있다. 이우학교는 100인의 공동 설립자가 설립 주체가 되어 2003년 개교하였다. 학교 운영은 학부모 위원회를 중심으로 삼고 교과지원위원회, 교육문화위원회, 지역연대위원회, 급식위원회, 도서관위원회, 달콤샘위원회, 환경안전위원회를 두었다.[10] 모든 학부모는 7개의 위원회 중 한 개 이상 참여해 활동을 하면서 유대감을 쌓고, 공동체성을 기른다. 위원회 이외에도 여러 개의 학부모 동아리도 있어 학부모가 교육주체로 학교 일에 참여할 기회가 많다.

---

9) 서울대학교 학부모정책연구센터, 『학부모교육』, 교문사, 2011, 44-45쪽.
10) 이우교육문화위원회, 『신박한 이우생활』, 2021.

학부모자치 실천하기

내가 생각하는 이상적인 학교자치의 모습은 학생, 학부모, 교직원이 같은 크기의 목소리로 학교교육과정을 설계하는 것이다. 이 글을 쓰면서 학교 구성원이 학교교육과정을 함께 만드는 학교를 찾았지만 실패했다. 특히 학부모가 학교교육과정을 주도적으로 만드는 사례가 없었다. 그래서 나부터 돌아봤다. 2020년 자녀가 대안학교에 입학하면서 초등학생 학부모가 되었다. 아이 학교는 한 달에 한 번 반 모임을 통해 교사와 학부모가 만나 아이들의 학교생활을 함께 나눈다. 그렇지만 교사가 만든 수업이 어떻게 진행되는지를 주로 이야기했고 학생, 학부모, 교직원이 함께 학교교육과정을 성찰하고 논의하는 자리는 없었다. 이런 문제의식을 학교 전체 모임에서 이야기했다.

"학생, 학부모, 교사가 함께 교육과정에 대해 이야기하는 자리가 정기적으로 마련되면 좋겠습니다. 아이는 하나의 우주입니다. 한 명의 아이가 우리와 함께 하게 되면 그 아이를 위한 고유한 교육과정과 수업을 생각해야 합니다. 또한 인문학이 발전하고 뇌과학이 발달하면서 아이들과 어떻게 만날지를 새롭게 고민해야 합니다. 예를 들어 텃밭 활동을 하더라도 단순히 농사하는 법을 배우는 것에 그치지 않고 식물에 대한 이해로 이어지고 먹거리와 환경 문제를 고민하는 것으로 확대되면 좋겠습니다. 학생, 학부모, 교사가 함께 지속적으로 만나 고민하면 다양한 아이들에게 맞는 교육과정이 만들어진다고 믿습니다."

남에게 기대하지 않고, 다른 학교에서 찾지 않고, 내가 있는 공동체에서 시작하려고 한다. 나의 제안에 몇몇 학부모가 같이 학교교육과정을 살펴보기를 원했다. 앞으로 학부모가 먼저 학교교육과정을 고민하면서 교사를 초대하고, 학생의 의견을 청취하여 학교 구성원에게 맞는 교육과정을 만들 계획을 하고 있다.

민주주의가 이루어지는 공동체는 다 다르기 때문에 꼭 맞는 사례를 찾기 힘들다. 맞춤복을 찾는 소비자가 아니라 나에게 맞는 옷을 직접 만드는 재단사의 역할을 하면 어떨까? 재단사가 옷감, 가위, 바늘, 실로 딱 맞는 옷을 만들 듯 사람, 용기, 희망, 관계로 우리 공동체에 맞는 공동체를 만들어보자.

학교자치기구 의견청취모델

각자의 삶의 궤적과 그 과정에서 만들어진 다양한 생각은 사람들 사이에 다름을 만든다. 교육현장은 인간관계의 밀도가 대단히 높은 편으로 다름이 갈등으로 표출되기도 한다. 학교는 구성원 간의 갈등이 많은 곳이다. 갈등을 꼭 부정적으로 볼 필요는 없다. 사람들이 의사 결정에서 배제되었을 때는 갈등이 보이지 않기도 한다. 민주주의는 갈등을 합리적으로 해결하는 방법이다. 갈등은 피한다고 해결되는 것이 아니기에 관계를 개선하는 방향으로 처리되어야 한다. 특히 학교에서 벌어지는 갈등은 교육적 차원에서 이루어져야 한다.[11] 그러나 학교에서는 합리적인 방식으로 갈등이 해결되지 않고 있다. 학교 구성원에 의해 제기된 민원이 학교 교육을 잠식하는 현상도 종종 발생한다. 교사는 학부모 민원을 가장 두려워하고, 학부모는 자신들의 의견이 존중받지 못한다고 생각한다. 민원은 국민이 행정기관에

---

11) 강영진 외, 「서울시 교육현장 갈등유형별 효과적 대응 및 시스템 구축방안 연구」, 서울시교육정보연구원, 2018

원하는 바를 요구하는 일을 뜻한다. 서비스를 제공하는 행정기관과 서비스를 제공받는 국민이 나뉜다. 학부모의 요구는 민원의 성격과 다르다. 학부모는 학교 교육주체이기 때문에 학부모들의 생각들은 민원이 아니라 의견이다. 그 의견은 학교 구성원들이 함께 고민하고 해결해야 할 문제이다.

　학교에 제기된 의견을 해결할 사람은 누구일까? 원칙적으로 따지면 학생 의견은 학생자치회가, 학부모 의견은 학부모회가, 교직원 의견은 교직원회가 처리해야 하겠지만 현실은 그렇지 않다. 학생이나 학부모가 학교 운영에 대해 의견을 말할 수 있는 소통 구조가 체계화되어 있지 않은 학교가 많다. 학생, 학부모의 의견 제시는 정당한 활동이지만 표현 방식이나 처리 과정에서 갈등이 유발되기도 한다. 교직원은 학생, 학부모의 의견을 해결해야 할 숙제처럼 여기거나 학교에 대한 공격으로 받아들이기도 한다. 학교에 제기되는 의견에 대한 교직원의 부정적 인식을 해결하기 위해서는 교직원 스스로 변해야 하지만 인식 변화에는 오랜 시간이 필요하다. 또한 학교자치가 자리 잡지 못한 현 상황에서는 중간 단계가 필요하다. 그래서 학부모가 중심이 되는 '학교의견청취모델'을 제안하고자 한다. 학교의견청취모델은 작은 목소리를 들을 수 있는 민주적 장치이다. 학생자치회, 학부모회, 교직원회의 공식적인 기구에 포함되지 못한 이들의 목소리를 청취할 수 있고, 그 목소리가 전체에게 울릴 수 있도록 도울 수 있다. 이러한 제안은 새로운 것은 아니다. 학부모가 교육주체로 선 학교에서는 다음과 같이 학부모회를 운영하고 있다.

학부모회 임원이 정기적으로 한 달에 한 번씩 전체 학부모들의 의견을 받는 자리를 마련했어요. 학부모가 학교에 직접 의견을 전달하는 것은 서로 부담스러워서 학부모회에서 공식적으로 의견을 받았어요. 그 의견을 교감, 교무부장 선생님께 전달하고 해결 방법을 함께 고민했어요. -B학부모

학부모가 주도하여 학교 의견을 청취하면 좋은 점이 많다. 첫째, 의견을 편하게 낼 수 있다. 학교에 대한 여러 가지 생각이 있더라도 교직원에게 말하기 부담스러워 망설이는 경우가 많은데 학부모가 나서면 학생은 부모에게 말하는 것처럼, 학부모는 동료에게 말하는 것처럼 말할 수 있다. 둘째, 의견을 다양한 관점에서 살펴볼 수 있다. 지금까지 학교에 제기된 의견의 수용이 특정한 운영 방법, 특별한 사람에 초점을 맞춰 진행되었다면 학교의견청취모델은 학교교육을 중심에 두고 구성원 전체에게 도움이 되도록 해결할 수 있다. 학부모는 내부인이자 외부인의 성격을 가지고 있어 의견을 객관적, 합리적으로 처리하는 것이 가능하다. 셋째, 의견이 새로운 학교를 만드는 원동력이 된다. 부정적 견해가 학교에 직접 전달되지 않고 학부모를 중심으로 학생, 교직원이 함께 논의하기 때문에 새로운 대안이 마련될 수 있다. 이 과정을 통해 학교 구성원 간의 오해가 줄어들고 신뢰가 두터워진다. 그렇다면 어떠한 과정과 방법을 통해 '학교의견청취모델'을 만들어야 하는지 구체적으로 제시해보겠다.

1) 학부모회를 통해 학교에 대한 의견을 받는다.

의견을 받을 때는 대면을 원칙으로 해야 한다. 왜냐하면 의사소통은 언어적 표현과 표정, 몸짓 등 비언어적 표현이 함께 어우러져 이루어지는 것이기 때문에 직접 보고 말해야 그 의도가 온전히 전달된다. 다만 현실적 여건을 고려하여 홈페이지, 가정통신문 등을 활용하되 직접 의견 청취가 필요할 때는 얼굴을 마주하고 의견을 수렴하는 과정을 반드시 거쳐야 한다.

2) 학부모회는 의견을 목록화하여 정리한다.

의견 중 단순 처리가 가능한 것과 학교 구성원이 함께 논의해야 할 것을 구분한다. 정보 전달이 필요한 경우 학교에 정보를 요청하여 해당 사람에게 설명한다. 교육과정, 수업방법 등 학교 전체 논의가 필요한 경우 다음 단계로 넘어간다.

3) 학생, 학부모, 교직원이 모여 해결 주체 및 방법을 결정한다.

학교 구성원 모두의 의견을 들어야 할 때 학생자치회장, 학부모회장, 교장, 부장교사 등 자치기구를 대표하는 사람들이 모여서 주로 논의한다. 그러나 의제에 따라 논의 주체는 달라져야 한다. 대표들이 모여 그 의제에 가장 적합한 사람을 선정하고 모임을 구성한다. 예를 들어 특정 과목 수업방법을 논의할 때는 수업한 교사, 수강한 학생, 동교과 교사, 연구부 교사 등이 모여서 이야기한다. 의제마다 그에 맞는 사람으로 구성되면 문제가 실질적으로 해결될 수 있다.

4) 학교 구성원 모두가 그 과정을 공유한다.

의견 제시, 논의 과정, 해결책 및 대안 마련의 과정이 학교 구성원 모두에게 적절히 설명되어야 한다. 또한 설명에 대한 의견을 받아 논의를 다시 할 수도, 새로운 이야깃거리를 만들 수도 있다. 민주주의는 지난하고 만들어가는 데 오랜 시간이 필요하다.

5) 위 과정을 매달 정기적으로 실시한다.

학교 구성원의 의견을 공식적으로 청취하는 기간을 한 달에 한 번 정기적으로 해야한다. 의견이 들어오지 않더라도 꾸준히 구성원의 목소리를 듣는 시스템은 작동되어야 한다.

학교의견청취모델이 각 학교에 만들어지면 학생은 학교에 대한 자신의 생각을 편하게 이야기할 수 있고, 교직원은 민원에 시달리지 않을 수 있으며, 학부모에게는 학교교육에 직접 참여할 수 있는 기회가 마련된다. 교육주체 모두에게 도움이 되는 시스템이다.

먼지가 쌓여가는 '건의함'이 치워지고, 번듯한 홈페이지 한 곳에 '게시판'이 자리 잡고 있지만 의견은 텅 비어 있다. 우리의 말이 학교 구성원에게 존중받지 못한다면 학교의견청취모델도 건의함, 게시판과 비슷하게 사라져갈 것이다. 시스템보다 더 중요한 것은 사람이다. 서로 눈을 맞추며 이야기를 듣고 한마디의 말도 귀하게 여기면 사람들이 믿기 시작할 것이다. 만족할 만한 해결책이 나오지 않아도 말을 했고, 누군가 들어주었다면 다음을 기다릴 수 있다. 만남과 대화를 통해 관계를 만들어가야 공동체에 도움이 되는 시스템으로 자리 잡을 수 있다.

6장

학교
자치와
조례

경기도에서 학교자치 조례가 만들어지고, 각 학교로 조례의 내용과 시행 지침 공문이 전달되었을 때의 일입니다. 당시에 학생자치를 담당하는 교사로 일했는데, 공문 제목에 '자치'가 들어갔다는 이유만으로 공문이 제게 전달되었습니다. 학교자치의 비전과 우리의 조직을 만드는데 적합한 자리가 아니었지만, 공문은 그냥 공람되고 학생자치 폴더에 들어갔습니다. 나중에서야 이 공문이 무엇을 담고 있는지 살펴보게 되었습니다. 다른 학교 선생님들께 물어보니, 학교마다 처리하는 부서도, 협의의 방향도 달랐습니다. 학교자치에 관해 잘 아는 사람도, 관심을 두는 사람도 없었습니다.

그래서 어떤 이야기를 담을 수 있을지 가장 고민한 장입니다. 학교자치에 관해 공부하면서 자치 조례를 제대로 들여다보기가 중요하다는 것을 알게 되었습니다. 하지만 학생인권조례가 만들어졌을 때와 비교하면 학교자치 조례는 많은 주목을 받지 못했습니다. 학생인권조례의 무게가 학교자치 조례보다 무겁기 때문일까요? 교사, 학생, 학부모가 모두 연결되어 학교 문화를 새롭게 만들어갈 수 있는 토대가 되는 조례인데도 관심 밖이었습니다. 팬데믹 상황으로 안타깝게 묻혀버렸다고 지나기에는 고민할 부분이 많은데 함께 들여다보지 않는 학교가 많아 아쉬웠습니다. 물론 조례가 완벽하고 모든 것의 해결책이기 때문은 아닙니다. 오히려 완벽하지 않아서, 생각하고 토론할 지점들이 있어서 관심이 필요합니다. 그래서 먼저 공부하고 살펴본 입장에서 쓴 글입니다.

다소 딱딱한 면이 있는 글이라 전체적인 책의 흐름을 깨는 것은 아닌지 고민했지만, 6장으로 인해 앞선 이야기와 고민에 무게를 더하고 체계적으로 정리된다는 느낌이 있어 그대로 담았습니다. 조례에 관해 상세히 설명하기보다는 만들어진 배경과 그 쓸모에 관해 고민했습니다.

학교자치 조례와 학교에서의 자치

학교민주주의와 학교자치

민주주의를 역사적으로 정의하면 '왕, 귀족 등 소수의 사람이 독차지한 권력이 다수의 국민들에게 나누어지는 과정'이라고 할 수 있다. 학교민주주의는 학교와 관련된 일을 교장, 교감이 결정하던 구조에서 벗어나 학생, 교직원, 학부모가 대화를 통해 합의하는 구조를 만드는 것이다. 자치는 자신에 관한 것을 스스로 책임지고 처리하는 것을 뜻한다. 학교자치는 학교 일을 학교 구성원이 스스로 책임지고 처리하는 것을 말한다.

학교민주주의와 학교자치는 떨어질 수 없다. 학교민주주의에 의해 권력이 학생, 학부모, 교직원에게 나눠지면, 학교자치를 통해 교육주체는 자신들만의 공동체를 만든다. 학교민주주의를 통해 학교 구성원들은 자신의 말을 할 수 있는 환경을 조성하고, 학교자치로 우리의 이야기를 만들어간다. 학교민주주의가 탄탄한 뿌리 역할을 하고, 학교자치는 실속 있는 열매 속 씨가 되어 다른 곳에서 민주주의가 자리 잡을 수 있게 한다.

자치는 민주주의의 주요한 원리이다. 인간은 자유로운 의사에 따라 자기 삶에 영향을 미치는 일들을 스스로 결정함으로써 자기 지배를 실현해야 한다. 학교 구성원 누구든지 민주주의 과정에 참여해야 한다. 권력의 분산을 의미하는 학교민주주의가 전제되지 않은 학교자치는 현재 법적으로 학교에 대한 통할권을 부여받은 학교장의 자치가 될 가능성이 크다.

'자치'라는 용어는 교육계에서 다양하게 사용된다. 교육자치는 교육부(장관)가 가지고 있는 권한을 광역시·도 교육청으로, 광역시·도교육청(교육감)이 가지고 있는 권한을 교육지원청으로, 교육지원청(교육장)이 가지고 있는 권한을 학교로, 학교(학교장)에서 가지고 있는 권한을 구성원들의 협의체(학생자치회, 학부모회, 교직원회)로 나누는 것이다.

학교자치는 법적·학문적으로 규정된 개념이라기보다는 어떤 상황에서 언급되느냐, 누가 쓰느냐에 따라 다르게 사용되고 있다. 학교자치라는 단어의 용례는 '학교 교육행정을 단위 학교가 자율적으로 경영하는가', '학교 업무에 구성원들이 참여하여 의사 결정이 민주적으로 이루어지는가'로 나눌 수 있다. 제정된 조례를 토대로 볼 때 현재 학교자치는 학교 구성원인 학생, 학부모, 교직원이 회의체를 만들어 학교와 관련된 논의를 하고 민주적인 방법으로 결정하고 실행하는 것을 주요 내용으로 한다.

학교자치 조례가 만들어지기까지

2002년 시작된 학교자치에 대한 법제화에 대한 요구를 요약하면 학교운영위원회의 하부 조직으로 학생자치회, 학부모회, 교직원회를 각각 법적 기구로 하여 학교 구성원의 참여를 제도적으로 보장하자는 것이다.[1] 이는 2010년 이후 시작된 교육감 직선제[2] 선거 공약으로 등장해 광주광역시와 전라북도에서 조례 제정이 논의되었다.

학교자치 조례 제정 과정

날짜	내용
2013.03.	광주광역시 학교자치 조례 제정
2016.01.	전라북도 학교자치 조례 제정
2016.12.	대법원의 광주광역시 학교자치 조례 무효 판결
2017.01.	대법원의 전라북도 학교자치 조례 무효 판결
2019.02.	전라북도 학교자치 조례 공포 및 시행
2019.03.	광주광역시 학교자치에 관한 조례 시행
2019.11.	경기도 학교자치 조례 공포 및 시행

1) 홍석노, 「학교자치 조례의 제정 범위와 한계」, 『고려법학』 제82호, 2016, 142쪽.

2) 2006년 12월에 지방교육자치에 관한 법률이 개정됨에 따라 교육감 선출이 주민직선제로 바뀌었고, 2010년 6월을 기점으로 모든 시도 교육감을 지역주민이 뽑을 수 있게 되었다.

광주광역시에서는 2012년 주민들의 서명으로 「광주광역시 학교
자치에 관한 조례」가 발의되어 2013년 시의회에서 의결되었다. 그
러나 당시 교육과학기술부가 광주시의회를 상대로 조례에 대한 무
효확인 소송 및 집행정지를 신청했다. 2016년 12월 대법원은 교원
지위에 관한 사항은 국가 사무에 해당함을 이유로 조례 무효 판결을
내렸다. 광주광역시교육청은 법적으로 문제가 된 사항을 수정하여
2019년 조례를 시행하였다.

전라북도는 김승환 교육감이 학교자치를 주요 정책으로 추진하
였다. 학교자치 활성화를 위해 조례 제정의 필요성이 제기되었고,
전북교육연구원에서 관련 연구를 진행하였다.[3] 연구를 바탕으로
2016년 「전라북도 학교자치 조례」를 제정하여 공포하였으나 교육
부는 대법원에 무효확인 소송을 제기하였다. 2017년 대법원은 조례
무효 판결을 내렸다. 전라북도는 조례를 수정하여 2019년 2월 가장
먼저 학교자치 조례를 공포와 동시에 시행하였다.

경기도는 도의원의 발의로 조례 제정이 추진되었다. 경기도는
2016년 1월 박승원 의원이 경기도 학교자치 조례안을 만들기 위해 두
차례 공청회를 하고 발의하였으나 상임위에서 기한이 지나 자동 폐기
되었다. 2019년 천영미 의원이 다시 학교자치 조례안 제정을 추진하
였고, 「경기도 학교자치 조례」를 발의하여 2019년 11월 시행되었다.

---

3) 정재균 외, 「학교자치 운영모델 개발」, 전라북도교육연구정보원, 2012. ; 정재
   균외, 「학교자치 운영사례 연구」, 전라북도교육연구정보원, 2014. ; 정재균 외,
   「학교자치에 대한 전북 교직원의 인식」, 전라북도교육연구정보원, 2016.

2021년 현재 광주광역시, 전라북도, 경기도, 전라남도, 인천광역시, 강원도에서 학교자치와 관련된 조례가 제정되어 시행되고 있다. 여러 조례 중 조례 제정에 선도적 역할을 한 광주광역시, 전라북도, 경기도의 조례를 살펴보겠다.

1) 「광주광역시 학교자치에 관한 조례」의 특징
   : 차별금지조항, 학교자치기구 협의체

광주광역시 학교자치에 관한 조례는 11조로 이루어져 있다. 그중 제3조에 학교운영 원칙을 명시했는데, "광주광역시교육감(이하 "교육감"이라 한다)과 광주광역시교육청 관내 학교의 교장 및 원장(이하 "학교장"이라 한다)은 「교육기본법」 제9조 제3항에서 규정하고 있는 학교 교육의 방법과 목표를 준수하여 학교를 운영하여야 한다"라고 하여 교육감과 학교장이 조례를 지켜야 함을 규정해놓았다. 단순한 선언이 아니라 지켜야 할 내용을 5개 조항으로 구체적으로 정했다.

제3조 2항 "성별, 종교, 나이, 신체조건, 경제적 여건, 학업성적 등을 이유로 차별하여서는 아니 된다"라는 차별금지에 대한 규정은 전라북도, 경기도 조례에서는 찾아볼 수 없다.

2007년부터 입법이 시도된 차별금지법은 2021년 현재까지 국회를 통과하지 못했는데, 광주광역시 의회는 조례로 이를 선제적으로 명문화하였다. 이러한 시도가 가능했던 이유는 광주광역시는 「학교 민주인권친화 지수」 2011년 개발해 2013년, 2015년, 2017년, 2019년 실시하면서 차별금지에 대한 학교 구성원의 인식을 조사해

왔기 때문이다.[4] 지수에서 '차이를 존중하고 차별이 없는 학교'라는 평정척도로 차별에 대한 학교의 인식 수준을 조사해서 분석한 흐름이 조례에도 반영된 것으로 보인다.

광주광역시 조례의 다른 특징으로 제8조 학교자치회의가 있다. "제4조 제4항에 따라 학교자치회의는 학생회·학부모회·교직원회 각 자치기구별 임원 2명과 학교장으로 구성하여 운영한다."라고 하여 학교장을 운영 주체로 정해 자치기구의 협의 사항들을 학교운영에 반영하도록 하였다. 초·중등교육법에 따라 교장은 교무를 통할할 수 있기에 조례의 내용과 기존 법이 상충되지 않으려면 학교자치기구와 교장 사이 논의가 있어야 한다. 광주광역시 조례에서는 학교자치회의를 통해 민주적 절차에 따라 학교가 운영될 수 있도록 하였다.

2) 전라북도 학교자치 조례
: 교사회와 직원회, 교무회의

전라북도 학교자치 조례는 4장 13조로 되어 있다. 조례 제4조 자치기구의 종류에 대해 "학교에는 자치기구로서 학생회, 학부모회, 교사회, 직원회를 둔다. 다만, 유치원, 통합학교, 소규모학교 등의 자치기구 설치에 대한 예외 사항은 교육규칙으로 정할 수 있다."라고

---

4) 안진 외, 「학교 민주인권친화 지수 개발 연구」, 전남대학교 공익인권법센터, 2012.

하여 교사회, 직원회를 따로 두었다. 교사회와 직원회를 분리한 이유는 교사와 행정직원의 업무 성격이 상이하고, 협의해야 하는 주제가 다르기 때문이다. 교사와 직원을 통합하여 교직원회를 운영할 때는 교사 위주로 운영될 가능성이 크고, 소수 의견이 존중받지 못할 가능성이 있기 때문에 교사회와 직원회를 구분한 것으로 보인다.

제5조 학생회 규정에 "학생회 정·부회장은 학생의 대표로서 학교운영위원회와 교무회의에 참석하여 의견을 제안할 수 있다."라고 하여 학생회의 의견이 학교운영에 반영될 수 있는 장치를 마련했다.

제3장에 교무회의에 대해 상세히 규정했다. 교무회의 설치와 구성, 기능, 운영원칙을 나눠서 기재하였고, 교무회의의 정의도 새롭게 했다. 학교자치 조례 해설서에 "지금까지는 대부분 학교에서 학교의 장, 교감, 교사, 행정실장 등이 참석하여 학생을 가르치는 일에 대한 사무를 전달하는 교무회의(教務會議)를 해왔습니다. 이에 비해 교무회의(校務會議)는 업무전달식의 회의가 아니라 학교의 장, 교감, 교사와 직원들이 모두 참여하여 상호 토론을 바탕으로 학교운영과 관련한 주요 사안들을 논의하고 결정하는 회의체입니다. 참여자 모두가 주역으로 소통하는 교무회의를 통해 민주적인 학교문화와 학교자치를 실현할 수 있습니다."[5]라고 기존 학교에서 이루어지는 회의와 다른 형태의 회의체임을 명확히 하였다.

교무회의를 정기적으로 시행할 수 있게 "정기회의는 학기 중 월

---

5) 전라북도 교육청, 「전라북도 학교자치 조례 해설서」, 2019, 26쪽.

1회 실시하고, 임시회의는 학교의 장 또는 교직원 4분의 1 이상의 소집 요청이 있는 경우 실시한다."라고 정했다. 교무회의에서 학교장의 역할에 대해서는 "학교의 장은 교무회의를 주재하고, 사무 처리를 위해 소속 교직원 중에서 간사를 임명한다."라고 하여 교장의 회의를 주재할 수 있도록 하였다. 또한 "학교의 장은 교무회의의 심의결과에 대하여 특별한 사유가 없을 때에는 이를 받아들인다. 다만, 학교의 장은 교무회의의 심의결과에 이의가 있을 때 교무회의에 재논의를 요구할 수 있으며, 재논의의 절차 및 의사 결정에 관한 사항 등은 교무회의 운영규정으로 정한다."라고 하여 교무회의에서 결정된 사항에 대해 교장이 함부로 무시할 수 없도록 하였다.

3) 경기도 학교자치 조례
: 느슨한 규정, 다양한 회의체

경기도 학교자치 조례는 10조로 이루어져 있다. 경기도 조례는 학교의 정의를 초등학교·중학교·고등학교로만 하여 광주광역시, 전라북도와 다르게 유치원이 빠져 있다. 다만 경기도 조례 시행세칙(2021) 제2조 1항에 "유치원, 특수학교, 각종 학교는 학교 구성원의 의견에 따라 조례를 적용할 수 있다."라고 하여 모든 학교의 조례 적용을 권장하고 있다. 유치원 교직원회와 학부모회 제정에 대해 언급하고 있다.

광주광역시와 전라북도와 비교할 때 경기도 조례는 강제성이 덜하다. '노력한다, 존중한다, 둘 수 있다, 지원할 수 있다' 등으로 문장이 끝나 조항을 읽는 사람에 따라 다르게 해석할 가능성이 있다. 느슨한 규정은 다양한 욕구가 공존하는 학교 현장에서 혼란을 일으킬 수 있다. 실제로 조례가 처음 적용되는 2020년, 교육청에 조례에 대한 해석과 지침을 요구하는 경우가 많았다.

하지만 느슨한 규정이 반대의 효과를 가져올 수도 있다. 교사회, 직원회, 교직원회를 '둘 수 있다'고 하여 회의체가 다양한 형태로 구성될 수 있다. 학교의 상황에 따라 교사회, 직원회, 교직원회 모두 둘 수도 있고 교사회, 직원회 또는 교사회, 교직원회 또는 직원회, 교직원회 또는 교직원회만 둘 수 있다. 그러나 이를 좁게 해석하면 모든 회의체를 구성하지 않아도 될 수 있으나 이는 조례의 목적이나 취지를 고려할 때 정확한 해석은 아니다.

광주광역시, 전라북도와 다르게 경기도는 도의원의 발의로 학교자치 조례 제정이 추진되었기 때문에 교육 현장의 다양한 요구가 반영되기 힘들었다. 이를 보완하기 위해 경기도교육청에서는 학교자치 도움 자료집인 「학교자치 한해살이」를 발간하였다.[6] 이 자료집에서는 학교민주주의와 학교자치는 다양한 학교구성원의 목소리를 듣는 것임을 확인하고 학생회, 교직원회, 학부모회의 유기적인 연결을 강조하며 한해 학교 업무 중 자치의 관점으로 해결할 수 있는 일을 계절별로 제시하였다.

---

6) 정태윤 외, 「학교자치 한해살이」, 경기도교육청, 2021.(http://wzine.kr/goe_sourcebook/index.html)

학교에서 자치의 쟁점

3개의 자치단체의 조례가 추구하는 목적은 비슷하다. 세 지역의 학교에서 조례를 적용해 학교를 운영할 때 그 모습은 크게 다르지 않을 것이다. 우리는 실제로 조례에 언급된 내용들이 현장에서 어떻게 적용될지 예상할 필요가 있다. 법과 현실은 엄연히 다르다. 학교자치가 이루어지는 학교에서 실제로 벌어질 수 있는 상황에 대해 살펴보자.

1) 교장과 지혜로운 동행

학교자치 조례는 학교자치의 주체를 학생, 학부모, 교직원으로 정하고 학교장은 교육주체들의 의견을 존중해야 한다고 규정하고 있다. 교장 중심으로 운영되는 현재 학교의 현실, 학교장의 법적 지위, 학교자치 조례의 내용을 고려할 때 교육주체와 학교장의 관계를 어떻게 맺느냐가 학교자치의 성패를 좌우한다.

초·중등교육법 20조에 의하면 학교장은 교무 통할권, 교직원 지도·감독권, 학생 교육권 등 학교 내 많은 권한과 책임을 가졌다. 교장에게 주어진 권한으로 학교마다 자율적인 운영이 가능하였지만, 권한에 따른 책임은 자유로운 학교 운영을 위축하기도 했다. 한 사람에게 집중된 권한과 책임은 그것을 가진 사람의 의지와 성향에 따라 학교가 운영되는 방식이 결정되는 원인이 되었다.

학교 구성원들은 이러한 문제를 인식하고 있다. 서울시 교원들을 대상으로 한 설문에서 학교자치를 위한 권한들이 학교로 위임되었을 때 우려되는 점이 업무 증가 27.4%, 학교장 위주의 학교운영 23.7%, 구성원 간의 의견 차이로 인한 갈등 23.3% 순으로 조사되었다.[7] 설문 조사 결과를 보면 학교 구성원은 '학교자치가 실시되면 교장이 학교를 마음대로 할 수 있는 상황을 만들어주는 것 아닌가?' 하는 의문을 가지고 있었다. 이러한 우려를 불식시키기 위해 전라북도 조례에는 학교장의 권한을 제한하는 조항이 포함되어 있으나 나머지 조례에는 구체적인 내용이 없다. 학교장이 수용적인 태도를 지니고, 민주적 방식으로 결정된 내용을 존중한다면 문제가 없을 것이다.

그러나 우리가 가정해야 할 상황은 학교장이 그렇지 않을 경우 학교자치를 어떻게 꾸려갈 것인가이다. 지금까지 교내 협의체를 통해 민주적으로 결정한 내용이 학교장에 의해 바뀌는 경우가 많았다. 그때 구성원들은 회의감을 느낀다.

그런데 교장 탓만을 할 수는 없다. 입장을 바꿔 책임을 나 혼자 온전히 져야 한다면 결정에 따라 발생할 수 있는 문제가 더 크게 보일 수 있다. 학교 일에 대한 대부분의 책임을 교장이 지는 상황에서 학교자치기구들의 의견을 무조건 수용하라고 요구하는 것은 맞지 않다. 그렇다면 좌절하고 그만둘 것인가? 아니다. 방법을 찾아보자.

교장도 사람이다. 누군가를 설득하려면 그 사람의 이야기를 먼저

---

7) 손동빈 외, 「혁신미래학교의 토대로서 학교자치 실현을 위한 정책방안 연구」, 서울특별시교육청 교육연구정보원, 2018, 48쪽.

들어주는 것이 좋다. 학교자치기구에서 나온 안건에 대한 교장의 생각을 먼저 들어보자. 이전과 다른 점은 교장의 말로 결정되는 것이 아니라 교장의 말로 논의가 시작되는 것이다. 그 주장이 현실적인가? 지속 가능한가? 우리 학교에 맞는가? 법적으로 문제가 없는가? 등 다양한 측면에서 분석하고 수정한다.

교장의 말로 시작해서 수정안이 나왔는데도 교장이 자신의 주장을 굽히지 않는다면 다음 단계로 넘어가자. 교직원 외에 다양한 학교 구성원의 목소리를 들어봐야 한다. 학생, 학부모, 지역주민, 교육전문가 등이 모여서 이야기할 수 있는 자리가 있으면 좋다. 광주광역시 조례에 언급된 학교자치회의가 미리 구성되면 좋다. 그 자리에서 학생, 학부모의 의견을 들으면 교장도 쉽게 자신의 주장을 고수할 수 없을 것이다. 또는 학생, 학부모의 의견에 따라 수정안을 다시고칠 수도 있다. 교장은 학교자치기구 회의에서는 다양한 의견을 조율하는 조정자 역할을 맡는다. 이렇게 학교 구성원과 교장이 합의과정을 함께 하면 별도로 학교장의 결재 없이 학교 운영과 관련된 사항을 결정할 수 있다.

이렇게 해도 교장이 주장을 고수한다면 다음을 기약하자. 다음 안건에서 다시 위와 같은 과정을 거치는 것이다. 사람은 인정 욕구가 있기 때문에 계속 그럴 수 없을 것이다. 그래도 안 된다면 다음 사람을 기다리자. 교장이 언제나 같은 자리에 있을 수 없다. 다음 교장과 민주적인 방식으로 합의를 해나갈 방법을 준비하고 있자. 민주주의가 멈춰서는 안 된다.

2) 학교 구성원의 모두의 자치

학교자치기구 중에서 학생회, 학부모회는 교직원회와 동등한 위치에 있다고 보기 어렵다. 학생회는 교사의 지도와 관리를 받아야하고, 학부모회 역시 교직원의 지원과 안내를 받아야 하는 것이 현실이다. 학부모회가 학교 운영에 참여하는 것에 대해서 교원은 부정적으로 인식하고 있었다.[8] 또한 현재 학생회가 학교운영에 참여하는 것처럼 보이지만 학생위원은 학교 법적 최고기구인 학교운영위원회의 위원으로 인정받지 못한다.[9]

학생, 학부모와 비교할 때 교사는 현재 학교에서 가장 많은 권한을 가지고 있다. 교직원을 교사와 다른 구성원으로 나눌 때 교사는 인원이 많고 학교의 중요한 의사 결정을 내린다. 따라서 학교자치가 교사자치로 인식될 가능성이 있다. 실제로 민주주의와 자치를 적극적으로 도입한 몇몇 혁신학교에서는 소수의 교사가 의사 결정을 주도하고, 회의가 핵심 사안에서 벗어나 주변부로 흘러버리는 현상, 소수의 소외 현상 등의 문제가 발생했다.[10]

---

8) 학부모회의 역할에 대한 교원의 인식 조사에서 학교운영에 대한 의견 제시는 더 낮게(25.8%→16.1%) 나타났다. 반면에 학교문제 공동해결(5.6%→13.6%)과 지역사회와 연계한 교육사업(5.1%→10.8%)은 두 배 이상 높게 나타났다.(손동빈 외, 「혁신미래학교의 토대로서 학교자치 실현을 위한 정책방안 연구」, 서울특별시교육청 교육연구정보원, 2018, 53쪽.)

9) 손동빈 외, 「혁신미래학교의 토대로서 학교자치 실현을 위한 정책방안 연구」, 서울특별시교육청 교육연구정보원, 2018, 50쪽.

10) 윤석주, 「혁신학교의 민주적 학교 운영에 관한 질적 연구: 서울S초등학교의 교사회를 중심으로」, 『한국교원교육연구』, 32(3), 2015.

이러한 문제는 개인의 노력으로 바뀌기를 기다리는 것보다 학교를 공동체로 변화시키는 시스템을 만드는 것이 중요하다. 먼저 교직원회를 공동체로 만들기 위해 어떤 사람들이 있는지 알아보자. 학교에는 교과교사, 담임교사 말고도 사서교사, 학교복지사, 상담교사, 과학 실무사, 특수 실무사, 영양교사, 조리사, 학교보안관 등 여러 사람들이 다양한 일을 하고 있다. 모든 사람들이 함께 교육공동체를 만들고 있으며, 공동선(common good)을 위해 자기의 역할을 다하고 있다. 모든 교직원은 노동의 형태와 상관없이 존중받아야 하고, 의견을 자유롭게 표현할 수 있어야 한다. 따라서 교직원회에서도 모든 사람이 말할 수 있는 회의 주제, 각자에게 맞는 회의 방식 등을 찾아보자. 회의를 불편하게 여기고 참석을 기피하는 사람들이 있다면 천천히 적응할 수 있는 방법을 마련하면 좋다.

학교가 공동체가 되기 위해서는 학생, 학부모, 교직원이 만나는 자리가 정기적으로 만들어져야 한다. 그 자리에서는 각자가 어떤 일을 하는지를 알아가는 과정이 필요하다. 서로 어떤 일을 하는지 알아야 다른 사람을 이해할 수 있다. 사람은 누구나 자신만의 눈으로 세상을 보기 때문에 학교 일을 바라보는 학생, 학부모, 교직원, 관리자의 시각이 다르다. 다양한 사람이 모여서 이야기하면 동일한 현상을 다른 시각에서 볼 수 있다. 관행이라는 이유로 이루어졌던 여러 가지 일들을 다르게 인식할 수 있다. 여러 사람 목소리가 모이면 학교 안의 낡은 것들을 바꿀 가능성이 열린다.

서울의 한 초등학교에서 2019년부터 실시한 '공동체자치위원회'가 대안이 될 수 있다.[10] 이 위원회 구성은 교장, 교감, 교사대표(6명), 학부모대표(6명), 학생대표(5명)로 이루어졌고, 공동체 회의를 분기별로 개최하였다. 공동체 회의에서 학부모회, 교사회, 학생회가 제안하는 내용을 검토하고, 학교를 둘러싼 갈등이나 교육과정운영에 대한 실질적 토론 및 협의기구 역할을 하였다. 논의 내용은 학교운영위원회 안건으로 상정될 수 있다. 실제로 2020년 코로나-19 확산이라는 상황에서 등교방식결정, 급식지도 문제, 원격수업 등에 대한 학부모의 의견을 수렴하고, 학교의 상황과 결정 사항을 알리는 중요한 창구 역할을 하였다. 회의에 참여한 학부모는 관리자에게 의견을 전달하는 방식에서 바뀌어 소통 과정이 풍부해져서 좋다고 말했다.[12] 다만 이 위원회에서 아쉬운 점이 있다면 교사 대신 교직원 대표가 포함되었다면 학교 구성원 모두를 대표할 수 있었을 것이다.

3) 직접 민주주의와 일상민주주의로

2019년 학교자치 조례가 공포되자 교육청은 단위 학교 학생회, 학부모회, 교직원회 설치 현황을 조사하였다. 보고를 위해 학교에서는 급하게 각 기구의 임원을 뽑고 규정을 만들었다. 조례의 의도와는 다르게 실제 회의에서는 각종 위원회와 기구에 참여할 사람을 선

---

11) 김미숙 외, 「혁신자치학교 2년차 성과분석 연구」, 서울특별시교육청교육연구정보원, 2020, 58-59쪽.

12) 김미숙 외, 「혁신자치학교 2년차 성과분석 연구」, 서울특별시교육청교육연구정보원, 2020, 78쪽.

정하고 학사일정, 행사 진행 여부 등 동의가 필요한 안건이 주로 논의되었다. 회의는 활발한 토론보다는 빨리 다수결로 결론을 내서 절차적 정당성을 얻는 방식을 따랐다.

수업 시간에 배운 민주주의에 대해 떠올려보자. 아테네에서 시작된 직접 민주정은 인구가 많아지고 공동체가 커지면서 모든 사람이 모일 수 없게 되자 국민이 뽑은 대표가 국정을 운영하는 대의제로 바뀌었다. 대의제는 효율적으로 정치를 할 수 있지만 국민들의 정확한 의견을 반영하기 어렵다. 직접 민주주의를 실현할 여건과 상황이 된다며 모두와 함께 이야기를 나눌 수 있는 방법을 시도해야 한다.

학교는 직접 민주주의를 실행할 수 있는 최적의 조건을 갖췄다. 첫째, 학교 구성원의 수는 1,000명 내외이고, 학급으로 조직되어 있다. 운동장에 모두 모일 수 있고, 학급 단위로 생각을 모을 수 있어 학교 구성원 전체가 이야기를 나눌 수 있는 물리적 조건이 갖추어져 있다. 둘째, 학생과 학부모는 한 집에서 항상 같이 있고, 학생과 교직원은 학교와 교실이라는 한 공간에, 일주일에 5일 동안, 6시간 이상 함께 생활한다. 언제든 대화를 나누며 의견을 조율할 수 있는 공간적 시간적 여건이 만들어져 있다. 셋째, '학교생활'이라는 공동의 관심사가 있고, 제도나 규정의 변화로 구성원들의 생활이 직접적으로 영향을 받는다.

이처럼 직접 민주주의가 가능하다면 실시하는 것이 맞다. 학교자치를 학교에서 실행할 때 학생회, 학부모회, 교직원회와 같은 회의체를 조직하는 것에만 그쳐서는 안 되고, 학교 생활을 사람들과 나눌 수 있는 공론장이 펼쳐져야 하고, 그 자리에서 학생, 학부모, 교직원이 함께 논의할 수 있어야 한다.

"선거는 4년이나 5년에 한 번씩 투표할 때만 주인과 자유인이 되고 선거만 끝나면 다시 노예로 돌아가는 제도이다."라고 루소가 지적한 민주주의의 한계에 동의한다. 학교에서 민주주의와 자치는 정치를 넘어서는 생활이다. 존 듀이의 말대로 민주주의가 삶의 양식으로 표현되고 공동생활의 형식으로 규정되며 경험을 전달하고 공유하는 방식으로 여겨져야 한다.

민주주의와 자치가 절차적 정당성을 얻는 수단에 그치지 않고 일상에서 이루어져야 한다. 일상민주주의는 어떤 일을 결정할 때 모든 사람의 의견을 듣고, 대화를 통해 서로를 이해하며, 모두가 행복할 수 있는 가장 좋은 방법을 찾는 것이다. 학교자치는 학교에서 자기 언어로 말하는 기회가 주어지고, 소외된 목소리를 찾아서 들어야 한다. 능력이 모자라고 무언가 결핍되었더라도 모든 학교 구성원을 같은 정치적 권리를 가진 사람으로 소중히 여기고, 부족한 점을 함께 채워가는 것이 민주주의와 자치의 근본적인 지향점이다. 학교 구성원 각각 자기 존재를 드러내는 과정을 통해 여러 사람이 만든 다른 일상이 비슷한 크기로 여겨지면 좋다. 학교자치를 통해 모두의 일상이 존중받기를 바란다.

4) 민주주의 정원사로서 교육청

학교에서 민주주의나 자치를 외치면 외로워진다. 내가 그랬다. 첫 학교에서 교무회의 시간에 전달 위주의 회의 대신 주제를 중심으로 모두가 이야기할 수 있는 회의를 하자고 제안했다. 그 말을 들은 관리자나 부장교사들은 부담스러워했고, 다른 교사들은 귀찮아했다. 그렇다고 실망하거나 그만두지 않고 나에게 맞는 공동체를 찾아다녔다. 민주주의가 멈춰서는 안 된다고 생각하고 나에게 맞는 공동체를 찾았다. 10여 년 동안 6개의 학교를 옮겨 다니며 나의 소망을 실현하길 원했지만 아직 정착하지 못했다.

새로운 학교에 갈 때마다 민주주의와 자치를 원하는 교사가 많길 바랐다. 그러나 민주적인 구조로 학교가 운영되지 않는 상황에서 학교 시스템에 갇힌 사람들이 민주적으로 행동하는 것은 어렵다. 그래서 나는 학교 밖으로 나가 비슷한 생각을 하는 교사들과 모임을 찾았다. 비슷한 사람끼리 모이니 훨씬 쉬워졌다. 나의 경험을 토대로 학교자치에서 행정기관의 역할에 대해 새로운 방식으로 논의해보겠다.

교육 정책이 시행될 때 교육청은 시범학교나 연구학교를 지정해 우선 실시하고 그 내용을 토대로 연수를 열어 여러 학교에서 그것을 배워 실행하도록 한다. 그 과정에서 단위 학교가 할 일을 공문의 형태로 내려보낸다. 학교자치를 이런 방식으로 실시할 수 있을까?

민주주의와 자치는 다양성을 핵심 가치로 하기 때문에 기존 방식으로 추진하는 것은 맞지 않다. '자치'의 뜻이 자기 일을 스스로 다스린다는 것인데 학교가 아닌 다른 기관이 결코 대신할 수 없다. 학교자치 조례가 발표되었다고 학교에서 자치가 저절로 실현되지도 않는다. 그럼 도대체 어쩌란 말인가?

학교 내 자치기구를 만드는 것 못지않게 학교와 학교를 연결하는 작업도 중요하다. 다양한 상황에서 비슷한 고민을 하는 사람이 모이면 외롭지 않고 위로와 힘이 된다. 다른 경험을 토대로 해결방법을 서로 제안해줄 수 있고, 새로운 아이디어도 떠오른다. 만나면 만날수록 학교자치는 발전한다.

이 만남을 교육청에서 제도로 만들면 좋다. '학교자치 클러스터'라는 이름으로 지역 연결망을 형성하는 것이다. 지역적으로 가까운 서너 개의 학교를 묶어 학교자치기구 구성원이 만나는 자리를 마련하여 네트워크를 형성할 수 있게 돕는다. 여기에서 행정기관이 더 중요하게 고려할 것이 있다.

단순히 클러스터를 만드는 것을 넘어 실질적인 업무를 교육청이 담당해야 한다. 날짜를 정하고, 장소를 물색하고, 간식을 준비하고, 참여자들에게 공지하고, 회의를 진행하고, 회의록을 작성하는 등 만남을 위한 행정 절차나 세부적인 일을 교육청이 나서서 해야 여러 학교 사람들이 부담을 갖지 않고 만날 수 있다. 만약 기존처럼 교육청이 공문을 통해서 지침을 내리기만 하고 스스로 행동하지 않으면 각 학교는 하는 '척' 할 것이다.

회의 후 각 학교에서 이루어지는 진행 상황을 교육청에서 점검할 필요도 있다. 학교자치 클러스터에서 협의한 내용이 단위 학교에서 시행되려면 학교장의 동의가 필요하다. 만약 관리자가 그 내용을 동의하지 않는다면 그대로 묵살되거나 갈등이 발생한다. 그때 교육청이 중재자로 나서서 협의 내용을 학교 구성원들에게 설명하고 실행 과정을 점검하면 진행이 원활해진다. 특히 관리자들은 교육청이 나설 때 비민주적으로 행동하지 못한다. 학교 내 권력 남용을 견제할 역할을 교육청이 담당하면 좋다.

민주주의를 정원에 비유한 책에서 이런 구절이 와 닿았다.

> 훌륭한 정원사는 절대 '자연 그대로' 내버려두지 않는다. 그들은 자신의 정원에 대해 책임을 진다.[13]

교육청이 민주주의 정원사 역할을 훌륭하게 수행하길 기대한다.

13) 에릭 리우·닉 하나우어, 김문주 역, 『민주주의의 정원』, 웅진지식하우스, 2017.

학교자치는 우리를 연결할 것이다

학교 구성원이 바라는 자치는 무엇일까? 자치가 일상이 되면 학교는 어떤 모습일까? 자치가 이루어지면 무엇이 좋지? 이런 질문들이 머리에서 떠나지 않았다. 이 질문에 대한 저자들의 대답은 '학교자치가 퍼지면 학교 구성원들이 서로 연결된다'라는 것이다. 왜냐하면 우리가 그랬으니까. 10여 년 전 학생자치를 고민하는 3명의 교사에서 시작한 '소중한학생자치실천연구회'는 민주주의, 자치를 렌즈로 학교를 살펴보면서 같은 방향을 바라보는 사람들이 늘어나 '소중한학교자치실천연구회'가 되었다.

우리는 같은 곳을 다른 방법으로 읽었다. 시민단체와 민주주의를 함께 고민하는 기회를 갖고(이민영), 매일 학급회의를 열어 교실에서 대화를 나누고(정태윤), 학부모에게 교실을 열어 함께하고(이강복), 학생에게 결정할 수 있는 권한을 주어 시민으로 성장할 수 있게 하며(백원석), 현재 시민인 초등학생을 위해 교사가 해야 할 일을 고민하고(정해은), 그물 모양의 민주주의를 꿈꾸며 다양한 학생의 목소리를 듣고(서강선), 극소심이 1515가 말할 수 있게 마당을 만들어주며(정신영숙), 환대의 공동체로 교직원자치를 시작하고(서강선), 학부모 손을 잡아 교육주체로 설 수 있게 하고(정태윤, 조성현), 학교자치 조례가 학교에 줄 영향을 생각했다(정태윤).

서로 다르다는 것을 인정하고 함께할 것을 찾았다. 우리가 함께한 생각을 다른 사람들과 나누고 같은 길을 함께 걸어갈 동료를 찾기 위해 연수를 열고, 우리의 방식을 성찰하기 위해 글을 썼다. 2017년 『학생자치를 말하다』를 펴내면서 많은 선생님과 학생들을 만났고, 연구회를 구성하여 학교에서 실천할 수 있는 인권과 자치, 생활공동체에 관한 이야기꽃을 피웠다. 그 과정에서 우리가 연결되었음을 느꼈다.

학교자치를 통해 학교는 어떻게 변할까? 먼저 다양한 목소리를 듣게 될 것이다. 학생, 학부모, 교직원 3주체가 각각의 무리로 설명되는 것이 아니라 그 안에 한 명 한 명의 목소리가 들리게 될 것이다. 학생들이 아니라 1·2·3학년 학생들. 1학년 5반 학생들, 1학년 5반 15번 학생의 목소리가 들릴 것이다. 학부모가 아니라 우리 반 누구의 어머니, 아버지, 보호자의 목소리가 들릴 것이다. 교직원이 아니라 청소노동자 ○○씨, 급식노동자 ○○씨, 행정직원 ○○씨, 교사 ○○씨의 목소리가 들릴 것이다. 학교 속에 감춰져 있는 한 사람 한 사람의 목소리가 복원될 것이다. 이를 통해 서로를 이해하게 되면서 학교 구성원의 관계도 좋아질 것이다. 학교자치의 목적은 구성원들이 자기 이야기를 스스럼없이 표현하고, 이야기를 들으면서 서로를 이해하며, 모두가 행복하기 위한 방법을 찾아가는 것이다.

학교에 매일 새로운 주인공이 출현하면 좋겠다. 1교시 주인공, 역사 시간 주인공, 체육대회 주인공, 축제 주인공 등 다양한 사람들이 자신을 표현하는 것을 주저하지 않길 원한다. 이제까지 우리가 책에서 말한 민주주의와 자치는 다양성을 인정하고 관계를 맺어가는 것이다. 우리는 서로를 궁금해하고 한 사람의 이야기에 감응하며 모두에게 맞는 공동체를 만들어 가는 학교자치를 꿈꾼다. 이 책이 같은 꿈을 꾸는 사람들에게 응원과 희망이 되길 바란다.

2021. 8.
소중한학교자치실천연구회

소중한학교자치실천연구회

2016년 　　　　'소중한학생자치실천연구회' 결성
2016~2018년 　학생자치를 주제로 경기도교육청 공모연수 진행
2016년~현재 　각 시도교육청 및 연수원 학생자치 연수, 학교 리더십 캠프 출강
2017년 　　　　『학생자치를 말하다』 출간 (에듀니티)
2018~2019년 　경기도교육청 「학생자치 길라잡이」 편찬 참여
2020년 　　　　'소중한학교자치실천연구회'로 명칭 변경
2020년 　　　　경기도교육청 「학교자치 한해살이」 편찬 참여
2020~2021년 　학교자치를 주제로 경기도교육청 공모연수 진행

　우리 연구회는 현재 10여 명의 교사들이 함께 학교의 삶을 나누고 있습니다. 학
교자치를 함께 할 공동체를 찾으시는 분은 언제든지 연락(gilini22@daum.net)
을 주시기 바랍니다. 그 어디라도 뛰어가서 귀를 활짝 열겠습니다. 민주주의와 자
치는 듣는 것에서 시작하니까요.